Baldur R. Ebertin

Wenn die Seele den Körper nicht gesunden läßt

Baldur R. Ebertin

Wenn die Seele den Körper nicht gesunden läßt

Ebertin-Institut Publikationen,
Bad Wildbad/Schwarzwald
Im Vertrieb Chiron-Verlag Tübingen

Die Deutsche Bibliothek – CIP-Einheitsaufnahme

Ein Titeldatensatz für diese Publikation ist bei
Der Deutschen Bibliothek erhältlich

5. Auflage 2002
ISBN 3-925100-88-1

Druck und Bindung: Clausen & Bosse GmbH, Leck
Printed in Germany

Von guten Mächten wunderbar geborgen,
erwarten wir getrost, was kommen mag.
Dietrich Bonhoeffer

Inhalt

Einige Vorbemerkungen zur Arbeit mit diesem Buch

Am 10. Januar 1991 zeigte das Zweite Deutsche Fernsehen den Film »Wahn oder Heilung – Spirituelle Erfahrungen in unserer Gesellschaft«. Darin traten Menschen auf, deren Symptome nach bisherigen psychiatrischen Kriterien in die Schublade »Geisteskrankheit« eingeordnet werden könnten. Wir müssen jedoch heute davon ausgehen, daß in früheren Jahrhunderten und noch in den letzten Jahrzehnten viele Menschen als seelisch krank und »verrückt« bezeichnet wurden, deren para-normale Symptome nicht in übliche wissenschaftliche Kategorien hineinpaßten. Was sie erlebten und erlitten, war eben nicht allgemein nachvollziehbar und galt deshalb als mehr oder weniger absurd.

Beispiele für außergewöhnliche Zustände unserer Seele sind das Hören von Stimmen, das Auftreten von Visionen oder Erscheinungen, das »Abschalten« der Stimmungen und Gefühle, das zwanghafte Wiederholen von »sinnlosen« Tätigkeiten, die Vorstellung, keinen eigenen Willen mehr zu haben, manipuliert zu werden, das Sehen von Verstorbenen und auch Spukphänomene. In den folgenden Kapiteln werden zwei Einsichten in körperliche und seelische Erkrankungen gezeigt. Einer der Ansatzpunkte geht von der »Ausdruckssprache der menschlichen Seele« aus und gibt Anregungen zur Aufzeichnung der eigenen Lebensgeschichte.

Die Polarität zwischen Gesundheit und Krankheit wird erarbeitet, einmündend in ein besonderes Verständnis für psycho-somatische Zusammenhänge, bis hin zu einer »Ausdruckssprache der kranken menschlichen Seele«.

Der andere Ansatzpunkt umfaßt die Gedanken der Reinkarnation, also der wiederholten Existenzen auf der Erde, und die Wirkung von negativer Gedankenkraft, Verwünschungen und Flüchen. Hierzu werden die Erlebnisse von über einem Dutzend Menschen sowohl in ihrem gegenwärtigen Leben als auch in früheren Inkarnationen besprochen.

Über dreißigjährige Erfahrungen mit klassischer Psychotherapie und fast fünfzehn Jahre mit der Reinkarnations-Therapie führten zu der Erkenntnis, daß Hintergründe für körperliche und seelische Erkrankungen jahrelang unentdeckt bleiben können, weil sie nicht mehr erinnerbar waren oder verdrängt wurden. Sie können auch weit in Zeiten vor Geburt und Zeugung des gegenwärtigen Lebens zurückreichen und damit in unbewältigten Konflikten aus früheren Erdenleben liegen. So kann die Seele so lange den Körper nicht gesunden lassen, als die Symptome einer Erkrankung »gebraucht« werden, sei es als Schutz, Bestätigung der eigenen Meinung, Hilfe, Bestrafung, Sühne, Märtyrerhaltung, Ermutigung zur Selbsterkenntnis.

Die in diesem Buch berichteten Ausschnitte aus Lebensgeschichten gegenwärtiger und früherer Existenzen stammen größtenteils von Menschen, die einige Wochen in unserem »Haus Waldesruh« lebten. Sie wendeten den Blick zurück, um bisher unbewußte Vergangenheit zu erkennen und zu verarbeiten. Sie wollen ihr gegenwärtiges und zukünftiges Leben sinnvoller als vorher gestalten. Was diese Menschen nacherlebten und ihre Seele ihrem »inneren Auge« eröffnete, wurde von mir protokolliert. Um der Schweigepflicht zu genügen, wurden bestimmte Details verändert, ohne daß die Gesamtbetrachtung Schaden erleidet.

Das vorliegende Buch ist nicht nur als Lesebuch, sondern auch als Arbeitsbuch gedacht. In dem dafür geschaffenen »Freiraum« können und sollen Sie, verehrte Leser, ankreuzen und unterstreichen, eigene Erfahrungen hinzufügen, Anmerkungen notieren.

Falls Sie einem bestimmten Text zustimmen, können Sie mit roter Farbe, falls Sie ihn ablehnen, mit blauer Farbe unterstreichen. Kritische Anmerkungen können Sie mit einem grünen Stift markieren. Wenn Sie selbst Stellung beziehen – zustimmend, bestätigend oder kritisierend, ablehnend –, haben Sie mehr Gewinn für sich selbst, als wenn Sie nur blättern und lesen.

Ich wünsche Ihnen, daß beim Lesen Ihr Gedächtnis mitmacht und Ihre Erinnerungsfähigkeit zunimmt, denn im allgemeinen wird nur »die Spitze des Eisbergs« ins Bewußtsein gehoben. Wer weiß schon mehr als ein Dutzend Kindheitserlebnisse aus der Zeit vor Kindergarten oder Schulbeginn?

Auch wenn Zorn, Wut, Haß, Trauer, Tränen in Ihr Bewußtsein treten sollten, gehen Sie darauf ein. Stecken Sie nichts weg, schreiben Sie es lieber auf, und Sie werden bemerken, daß dadurch schon etwas Erleichterung eintritt. Empfehlenswert ist es auch, wenn Sie sich ein Ringbuch anlegen und alles notieren, was Ihnen über sich selbst und Ihre Mitmenschen einfällt. Auch Ihre Träume gehören zu Ihrem Leben. Sie sollten deshalb bewußt angenommen und aufgezeichnet werden.

Nehmen Sie nicht nur andere Menschen, sondern auch sich selbst wichtig! Alles, was Sie erinnern können, hatte einmal für Sie Bedeutung. Deshalb kann und soll es in Ihr Bewußtsein zurückkehren, damit es wieder entdeckt, bewertet und in naher Zukunft verarbeitet werden kann.

Sollten Sie irgendwann einmal in kritischen, gefährlichen, lebensbedrohlichen Situationen gewesen sein, dann bekamen Sie vielleicht das Gefühl, daß Sie Hilfe »von drüben«, aus der Transzendenz, von Ihrem geistigen Führer oder Ihrem Schutzengel erhalten haben. Nehmen Sie solche Erfahrungen ernst und verschanzen Sie sich nicht hinter der Forderung nach der »wissenschaftlichen Beweisbarkeit«. Auf Ihre eigenen Erlebnisse kommt es an und nicht darauf, andere Menschen überzeugen zu müssen, daß Sie recht haben und »geistig normal« sind. Wahrscheinlich ist es viel wichtiger, zu seiner Individualität zu stehen und die Auffassung der anderen zu respektieren.

Ich hoffe, daß die Anregungen und Erfahrungen, die ich dem Leser anbieten kann, als eine Hilfe zur Selbsthilfe und zur Selbsterkenntnis dienen.

Wildbad, Februar 1991 *Baldur R. Ebertin*

Vorwort zur fünften Auflage

Die erste Auflage dieses Buches im Jahre 1991 war innerhalb weniger Monate vergriffen. Zahlreiche Briefe, Telefonate und persönliche Gespräche mit Lesern zeigten, daß der Inhalt des Buches den Zugang zu eigenen Erlebnissen öffnen kann. Was bisher als außerhalb der Normalität angesehen, verdrängt, vor anderen Menschen geheimgehalten wurde, konnte nunmehr leichter angenommen, einsichtig und verständlich werden. Man denke dabei nur an das Hören von inneren und äußeren Stimmen, ein häufiger Vorgang, der jedoch gern in den Bereich der Psychiatrie geschoben wird.

Die in diesem Buch angesprochenen Fragen und Themen haben im Laufe der letzten Jahre zunehmend Interesse gefunden, so daß jetzt das Buch erneut vorgelegt werden kann.

Mit dem alten Haussegen »Friede den Kommenden, Freude den Bleibenden, Segen den Scheidenden« übergebe ich dieses Buch seiner fünften Auflage.

Bad Wildbad, Januar 2002 *Baldur R. Ebertin*

Denk-Anstöße

Innsbruck ist eine landschaftlich reizvoll gelegene Stadt, die nicht nur gern von zahlreichen Touristen besucht wird, sondern auch zu den beliebtesten Universitätsstädten gehört. Ich studierte dort zwar nicht, aber am 29. Februar 1956 fuhr ich erwartungsvoll von München, meiner Universitätsstadt, in die Tiroler Landeshauptstadt. Ein Praktikum von knapp zwei Monaten wartete auf mich an der Psychiatrisch-neurologischen Universitätsklinik, für einen Psychologiestudenten eine damals nicht sehr häufige Gelegenheit.

Ich wünschte mir reichhaltige Informations- und Lernmöglichkeiten aus den Grenzbereichen der Psychologie: leidenden und kranken Menschen zu begegnen und und mit ihnen sprechen zu können, mit den Behandlern darüber nachzudenken, wie man ihnen helfen oder zumindest ihre körperlichen und seelischen Schmerzen lindern könnte; erkennen zu lernen, sei es aus der Krankengeschichte, psychologischen Tests, dem körperlichen und mimischen Ausdruck, welche Hintergründe eine Manie, eine Depression, ein Zwang, eine Epilepsie, eine Schizophrenie und andere sogenannte Geisteskrankheiten haben könnten.

Professor Urban, als Ordinarius für Psychiatrie und Neurologie Leiter der Klinik, ließ damals nicht nur mit den gängigen psychiatrisch-neurologischen Methoden arbeiten, sondern war auch offen für ergänzende psychotherapeutische Behandlungen und bis dato »nicht wissenschaftlich anerkannte Methoden«. So wurde damals schon eine Arbeits- und Beschäftigungstherapie eingesetzt: jeden Donnerstag nachmittag war Tanz für die Patientinnen und Patienten mit Kaffee und Kuchen, Ausfahrten mit Spaziergängen auf den zahlreichen Wanderwegen gehörten zur Therapie, und der begonnene Sozialdienst zur Nachbetreuung von Patienten, wenn sie wieder zurück in ihren Familien waren und sich integrieren lernen sollten, wurde weiter ausgebaut. Auch mit der Heil-Hypnose wurde experimentiert.

Geisteskrankheiten wie Manie, Wahn, Zwang, Depression, Epilepsie, Katatonie, Stupor, Schizophrenie (1) wurden damals in den fünfziger Jahren mehr oder weniger unter rein körperlichen Gesichtspunkten gesehen. Deshalb standen die über den Körper wirkenden Methoden im Vordergrund. Man beschäftigte zwar die Patienten mit gestalterischen Aufgaben wie dem Umgang mit Farben und Holz. Die Anleitung zu kreativen Prozessen, wie wir sie heute in einigen gut geführten psychiatrischen Kliniken und Landesanstalten haben, gab es jedoch noch nicht. Auch die schöpferischen Möglichkeiten der Gestalt-Therapie waren noch unbekannt.

Zu den über den Körper wirkenden Methoden gehörte noch die von dem Wiener Psychiater Sakel 1935 vorgestellte Insulinkoma-Behandlung: Durch tägliche Insulingaben wurde ein sogenanntes hypoglykämisches Koma erzeugt, wobei man mit zwanzig bis dreißig Insulin-Einheiten begann und sie bis auf dreihundert Einheiten steigern konnte. Der Patient fiel durch die Überdosen an Insulin in eine tiefe Ohnmacht, die an Todesnähe grenzte. Nach dreißig bis fünfundvierzig Minuten wurde er durch eine Traubenzuckerlösung, die durch eine Nasensonde eingeführt wurde, wieder ins Bewußtsein zurückgeholt.

Unangenehm war, daß die Patienten durch den vielen Zucker oft dick wurden; erwünscht dagegen waren die cerebralen (vom Gehirn ausgehenden) epilepsieartigen Krampfanfälle, die Jahre später leichter mit den Elektroschocks ausgelöst werden konnten. Meistens traten erhebliche Gedächtnisstörungen auf, die sich jedoch meistens innerhalb von Tagen und Wochen auflösten (2).

(*Die Zahlen in Klammern beziehen sich auf das Literaturverzeichnis am Ende des Buches ab Seite 258.)

Eine andere noch häufig angewandte Behandlungsform war die seit 1939 durch die beiden italienischen Psychiater Cerletti und Bini entwickelte Heilkrampfbehandlung, der Elektro-Schock. Ströme von vierhundert bis achthundert mA und sechzig bis einhundertdreißig Volt wurden ungefähr eine halbe Sekunde lang durch Elektroden an der rechten und linken Schläfe durch den Kopf geleitet (3). Auch hier fiel der Patient sofort in Ohnmacht und erlitt einen epilepsieartigen Krampf, der ihn durchschüttelte und ihn sogar blau anlaufen ließ. Danach konnte der Patient für einige Stunden bewußtlos sein, bis er wie aus einem tiefen Schlaf wieder erwachte.

Diese den Patienten aufs äußerste belastenden, meist täglichen Behandlungen waren nicht ungefährlich (4):

»Bei der Heilkrampfbehandlung kommt es infolge der Heftigkeit der Muskelkontraktion zuweilen zu Knochenbrüchen, besonders Wirbelfrakturen. Eine andere unerwünschte Nebenwirkung der Heilkrampfbehandlung sind Gedächtnisstörungen; sie verschwinden aber gewöhnlich in einigen Tagen oder Wochen.«

Für einen Psychologiestudenten wie mich wirkten diese damaligen Methoden im wahren Sinne des Wortes schokkierend und bedrückend, aber man muß der Psychiatrie der Vor- und Nachkriegszeit zugutehalten, daß die Pharmakotherapie, wie sie heute klinisch und ambulant angewendet wird, noch in den Kinderschuhen steckte. Immerhin war schon seit 1922 die von dem Schweizer Psychiater Klaesi eingeführte Dauerschlafbehandlung bekannt und wurde in der Innsbrucker Klinik auch eingesetzt. In höherer Dosierung wurden Narkose- oder Schlafmittel injiziert, so daß der Patient tagelang schlafen konnte und nur zur Entleerung von Blase und Darm das Bett verlassen mußte (5).

Der Münchner Psychiater Kurt Kolle, bei dem ich auch studierte und einen Teil meines Rigorosums ablegte, schrieb darüber (6):

»Das seelische Leben wird für einige Zeit ausgeschaltet.

Nach dem Erwachen soll der Kranke den Weg ins gesunde Leben zurückfinden. Hier setzt die eigentliche ärztliche Arbeit ein, indem der Arzt den Kranken mit kundiger Hand führt. Gelingt es nicht, mit dem wie aus einem Rausch oder Dämmerzustand erwachenden Kranken Rapport zu finden, mißlingt der Versuch.«

Angenehmer und optimistischer klingt ein Beispiel, das Kolle über ein Erlebnis Klaesis berichtet. Klaesi sollte einen schwer kontaktgestörten Londoner Patienten aus seinem Heimatland zu einer Schlafkur in sein Züricher Sanatorium bringen. Da der Patient freiwillig nicht mit ihm gereist wäre, folgte er einem plötzlichen genialen Einfall (7):

»Er ging mit dem Kranken in ein vornehmes Hotel, das dem Lebensstil des Kranken in früheren Zeiten entsprach, hieß ihn einen Smoking anziehen und sich mit ihm zum Dinner setzen. Zum größten Erstaunen aller Beteiligten benahm sich der Kranke tadellos. Mit dem Anziehen des Smokings und dem Umzug ins Hotel hatte er auch seine schizophrenen Manieren abgelegt. Als wir in Zürich ankamen, sagte Klaesi in seinem Vortrag scherzhaft, war der Kranke schon fast gesund, bedurfte jedenfalls keiner Schlafkur mehr.«

Diese Geschichte zeigt uns, wie schon das Ernstnehmen des leidenden Menschen und seiner Symptome, Veränderungen in der Umwelt und neue Eindrücke, ja, der berühmte »Tapetenwechsel«, bereits eine helfende und heilende Wirkung haben können. Auch die Erfahrungen der modernen Psychotherapie zeigen in diese Richtung. Die Verarbeitung von einschneidenden Erlebnissen in Kindheit und Jugend und in der Eltern-Kind-Beziehung muß in Zusammenhang mit dem familiären und beruflichen Umfeld gesehen werden.

Als ich 1959 an meiner Dissertation arbeitete, für die mir das medizinisch-psychologisch-philososophische Thema »Gehirn und Seele« (8) gestellt wurde, dachte ich an meine Innsbrucker Klinikzeit zurück und erarbeitete eine Theorie über die möglichen Wirkungen der Insulin- und Elektroschocks. Klinische Berichte und eigene Beobachtungen ließen mich vermuten, daß belastende Gedächtnisinhalte durch die Schocktherapien eine Zeitlang zurückgedrängt und vergessen werden konnten. Damit erhielt der Patient gleichsam eine »Verschnaufpause«. Verbesserten sich nach der Behandlung die familiären, sozialen, beruflichen Verhältnisse, dann war eine Chance für einen Neuanfang ohne die Erinnerung an die früheren Traumata gegeben. Änderte sich nichts zum Positiven hin, dann mußte über kurz oder lang mit einem Rückfall in die frühere Symptomatik gerechnet werden (9).

Was für Patienten waren nun auf der Station? Da war der zweiundzwanzig Jahre alte Karl, der vor einigen Wochen zu Hause mit dem Kopf gegen eine Wand gerannt war. Er hatte sich dabei einen Halswirbel angebrochen und mußte deshalb eine »Halskrause« tragen, einen Gipsverband. Außerdem sprach er nicht. Versuche, mit ihm Kontakt aufzunehmen, führten zwar nach einigen Tagen zu einem leichten Lächeln, aber er schwieg weiterhin. Klinisch gesehen litt er unter einen Stupor.

Dann war da ein einundfünfzigjähriger lediger Bahnarbeiter. Er hatte deutlich Angst vor Begegnungen mit anderen Menschen, vor allem mit Frauen. Er hatte exhibitionistische Verhaltensweisen gegenüber jungen Mädchen entwickelt. Deshalb war er auch mehrfach angezeigt und gerichtlich bestraft worden. Als er in einer Kirche vor einer Marienstatue bei gleichem Tun onanierend überrascht worden war, begab er sich freiwillig in die psychiatrisch-neurologische Klinik, weil er meinte, geisteskrank zu sein. Seine Gewissensnot ging so weit, daß er auf Empfehlung eines Arztes auch mit einer Sterilisation einverstanden gewesen wäre.

Klinisch gesehen dachte man damals an eine Reihe von Elektroschock-Behandlungen, um ihn von den ihn bedrängenden sexuellen Gedanken und Wünschen zu befreien. Der Fall dieses Patienten wurde damals auch von der kosmobiologischen Seite aus behandelt (10).

Auch auf einen fündundsechzigjährigen Patienten wurde ich aufmerksam. Er war der Typ eines freundlichen Großvaters. Was ihn umtrieb, waren Angstzustände, die ihn unfähig zu irgendeiner Tätigkeit gemacht hatten. Wenn ich ihn fragte, wie es ihm gehe, antwortete er stets: »Angst, Angst, Angst! Wenn ich sie bloß endlich los wäre!«

Täglich fragte er den Oberarzt, ob er ihm nicht helfen könne, er halte es einfach nicht mehr aus.

Nach einem Wochenende, das für Herrn Steidl besonders entsetzlich war, fragte er nach einer Operation, durch die er vielleicht die ihn umtreibende Unruhe verlieren könnte. Der Oberarzt berichtete ihm von einer solchen Möglichkeit, die jedoch nicht frei von Risiken wäre. Gemeint war die Leukotomie, die damals in Deutschland schon verboten, in Österreich aber noch erlaubt war. Das Verfahren: In die Schädeldecke mußten zwei Löcher gebohrt werden, durch die ein feines Skalpell in das Gehirn zu führen war. Die damit ausgeführten Schnitte sollten das Mark der beiden Stirnlappen des Gehirns durchtrennen, so daß eine nervliche Verbindung zwischen Stirnhirn und Thalamus nicht mehr gegeben war. Als Folge entstand dann eine emotionale Armut, das heißt, es konnten keine Gefühle und damit auch keine Angst mehr erlebt werden.

Die Leukotomie wurde 1927 von dem spanischen Neurologen und Psychiater Egas Moniz (1874-1955) entwickelt und angewendet, und in den dreißiger Jahren erhielt er für seine Operationsmethode den Nobel-Preis.

Herr Steidl stimmte einer solchen Operation zu, um nicht mehr so entsetzlich beunruhigt und bedrängt zu sein.

Die Operation wurde durchgeführt, weil man sich bei diesem Patienten keinen anderen Rat mehr wußte. Am folgenden Tag befand sich der Patient wieder in seinem Bett auf der psychiatrischen Station. Als er gefragt wurde, wie es ihm gehe, antwortete er, daß er keine Angst mehr spüre, er sei zufrieden.

Nun passierte ein Zwischenfall. Herr Steidl wollte sich im

Bett aufrichten, um dem Professor die Hand zu geben. Der Oberarzt bat ihn, liegenzubleiben. Der schon leicht erhobene Kopf und Oberkörper sanken wieder zurück, jedoch stieß der operierte Patient mit seinem eingebundenen Kopf auf die eiserne Querstange am oberen Teil des Bettes und schlug ihn auf. Vermutlich löste dieser Aufprall eine Gehirnblutung aus, denn am nächsten Tag war Herr Steidl verstorben. Er war Opfer seines Befreiungswunsches geworden. Seine Angst war weg, aber er bezahlte gleichsam mit seinem Leben.

Ich hatte Mitleid mit diesem mir sympathischen Patienten und trauerte um ihn, obwohl er mir an sich ja fremd war. Ich wußte, daß die Operation nicht ohne Risiko war, der Patient sie jedoch dringend gewünscht hatte.

In Österreich gab es damals ein Gesetz, wonach jeder in einer Klinik verstorbene Patient, dessen Todesursache man nicht genau wußte, obduziert werden mußte. Für den nach der Operation Verstorbenen galt dieses Gesetz natürlich auch.

Als junger Student war ich überzeugt, Haltung bewahren und mir mit zwei anderen Studenten den geöffneten Leichnam und seine herausgenommenen Organe anschauen zu müssen. Ich meinte, ich müsse mich auch im Angesicht des Todes eines Menschen »abhärten«. Eine ganze Reihe solcher und ähnlicher Abhärtungsversuche führten nach einigen Wochen zu einer psychosomatischen Reaktion. Ich bekam eine schwere Angina, die mich tagelang schwächte. Der mit mir das Zimmer teilende indische Arzt empfahl mir einige Penicillin-Tabletten, von denen ich auch einige schluckte, um meine vermeintliche Erkältung zu kupieren. Aber es ging mir tagelang nicht besser. Noch fiebernd beendete ich mein Praktikum und fuhr zurück nach München. Damals merkte ich noch nicht, daß meine Seele sich mit einem körperlichen Symptom bemerkbar machen wollte.

Ich hatte mich damals bei meinen Abhärtungsversuchen, bei möglichst vielen Elektro- und Insulinschocks, Punktionen der Wirbelsäule, Injektionen, Luftfüllungen des Gehirns als Vorbereitung für die Röntgenaufnahmen, weiteren Sektionen verstorbener Patienten dabei zu sein, zu beobachten und zu lernen, völlig übernommen. Hinzu gekommen waren natürlich auch die Krankenberichte und psychodiagnostischen Arbeiten. Ich konnte es einfach »nicht mehr schlucken«.

Damals war mir auch noch nicht bewußt, daß man mit auf den Körper bezogenen Methoden kaum die Angstzustände und unbewußten Todeswünsche eines Menschen behandeln konnte. Aber ich mußte mich wohl auch mit den Erfahrungen der »Schulmedizin« und »Schulpsychologie« auseinandersetzen, bevor mir klar wurde, in welch hohem Maße unsere Seele am Entstehen von seelisch-geistigen und auch körperlichen Erkrankungen mitwirkt.

Die heutigen Erfahrungen mit der psychosomatischen Denkweise, der Tiefenpsychologie und Psychotherapie zeigen demjenigen, der beobachten, sich einfühlen und helfen will, Möglichkeiten, Körper und Seele wieder miteinander in Einklang zu bringen, ohne daß gewaltsame Methoden angewendet werden müssen.

Und wenn wir noch in spirituelle Bereiche unseres Wissens vordringen, dann wissen wir, daß die Seele ja schon im voraus auf ihre Zukunft eingestellt ist, also eine prophetische Gabe besitzt. Eine genauere Aufnahme der Lebens- und Krankengeschichte des Patienten Steidl mit dem heutigen Wissen hätte vielleicht mehr Licht in die Hintergründe seiner Angst und seines unbewußten Todeswunsches bringen können. Es kann aber sein, daß die Todes-Sehnsucht des Patienten schon so unausweichlich für ihn geworden war, daß ihm nur noch der Tod als Erlösung übrigblieb.

Professor Urban beobachtete zwei Medizin-Studentinnen und mich immer wieder, wenn wir auch abends noch auf Station bei den Patienten saßen und mit ihnen sprachen oder tagsüber mit ihnen Tischtennis spielten. Eines Tages fragte er uns, ob wir denn wüßten, was wir da im Umgang mit den

Patienten eigentlich tun würden. Wir konnten nur antworten, daß wir hier möglichst viel mit den Patienten sprechen, ihre Krankengeschichte erfahren und über Hilfen für sie nachdenken wollten. Er meinte dagegen, wir würden, wie man das in Österreich nenne, »Herzl-Therapie« machen. Die Patienten würden unser persönliches Engagement spüren, und das würde ihre Seele öffnen und sie sich aussprechen lassen.

Als Studenten wurden wir so einerseits mit den auf den Körper hin ausgerichteten medizinischen Maßnahmen bekannt, die beiden schon erwähnten Schocktherapien und beruhigende oder krampfunterdrückende Medikamente, und andererseits hörten wir von der Herzl-Therapie, die die Seele der Patienten ansprechen sollte. Aber dieses Verfahren wurde wohl viel zu selten angewendet!

Es soll an dieser Stelle angemerkt werden, daß in den fünfziger Jahren die Psychotherapie noch relativ unbekannt war und die Tiefenpsychologie bei weitem nicht genug ernst genommen wurde. Dabei mag mitgewirkt haben, daß die moderne Tiefenpsychologie auf den jüdischen Psychiater und Neurologen Sigmund Freud zurückgeht, deshalb während des Dritten Reiches in Deutschland alles Jüdische, auch die Psychoanalyse, verspottet, verlacht, verdrängt wurde und wir uns nach dem Krieg erst auf den neuesten Erkenntnisstand bringen mußten.

Während meines nächsten Praktikums im Herbst 1956 an der »Psychosomatischen Beratungsstelle für Kinder« in der Universitäts-Kinderpoliklinik in München lernte ich die Spiel-Therapie kennen, die bei psychosomatisch erkrankten Kindern und Jugendlichen angewendet wurde. Diese Behandlungsform geht auf S. Freud selbst und seine Schüler zurück (11). Ansätze dazu finden wir auch bei Maria Montessori (12). Ausgegangen wurde an der »Psychosomatischen Beratungsstelle« von einer sehr ausführlich aufgenommenen Krankengeschichte (Anamnese) mit den Eltern, psychologischen Tests und Gesprächen mit den jungen Patienten und der genauen Beobachtung ihres Verhaltens, ihrer Mimik und Sprechstimme.

Behandelt wurden Kinder und Jugendliche mit Symptomen wie Bettnässen, Einkoten, Stottern, Asthma bronchiale, schweren Kontaktstörungen wie Autismus und Mutismus (13), Verwahrlosung, Aggressionen mit mutwilliger Zerstörung, milieubedingtem Leistungsversagen in der Schule (psychogener Intelligenzhemmung), um nur einige Beispiele zu nennen. Diese Kinder und Jugendlichen wurden gebracht, weil man weder zu Hause noch unter ärztlicher Betreuung die Symptomatik ausheilen konnte.

In schwierigen Fällen wurden die Patienten in der Kinderklinik aufgenommen, in anderen wurden sie ambulant behandelt.

Im Vordergrund standen Farben, vor allem die damals aufgekommenen Fingerfarben (14), Bauklötze, Gesellschaftsspiele. Hinzu kamen Gespräche über Eltern, Schule, Kameraden, Interessen und was sonst noch den kleineren und größeren Jungen und Mädchen am Herzen lag.

Es zeigte sich, daß vor allem über die Fingerfarben eine Nachreifung vollzogen werden konnte. Die Kinder schmierten und malten ohne autoritäre Einengung nach Herzenslust. Symbolisch gesehen konnten sie nochmals in die Kleinkinderrolle im Sinne der Schmutzphase, die zwischen anderthalb und zweieinhalb Lebensjahren liegt, hineinschlüpfen und damit eine Art Nachreifung vollziehen, von der aus sie ihr Charaktergebäude stabil aufbauen konnten.

Wie intensiv sich Konflikte in der Spieltherapie auswirken können, wurde mir seinerzeit an den erheblichen Aggressionen des vierzehnjährigen Hans-Joachim gegenüber seinem Vater bewußt. Eines Tages betrat er sehr aufgeregt das Spielzimmer und verlangte nach einem Blatt Papier und zwei Reißzwecken. In eiligen Strichen skizzierte der erheblich gestörte Junge das Bild eines Mannes, heftete dann das fertige Bild an die Wand, zückte sein Taschenmesser und zielte damit auf das von ihm gezeichnete Bild. Hans-Joachim hatte das Bild seines Vaters gemalt. Indem er auf ihn anlegte, brachte er seinen Vater symbolisch um.

Aus der Anamnese des Jungen wußte ich, daß die Ehe der Eltern sehr gestört war. Der Vater war ein extremer Pedant, den jede Fliege an der Wand aufregte. Die Auseinandersetzung zwischen Vater und Sohn war damals so weit gediehen, daß Hans-Joachim das Wohnzimmer verlassen mußte, wenn der Vater heimkam.

Die psychotherapeutische Arbeit mit dem Jungen erwies sich nur dann als weiterhin sinnvoll, wenn für ihn ein Platz in einem guten Internat gefunden werden konnte. Das Milieu mußte gewechselt werden. Ansonsten war jede Form der Therapie zum Scheitern verurteilt, weil der Vater selbst nicht im geringsten zu einem beratenden und klärenden Gespräch bereit war.

Nach meinem Examen hatte ich die Möglichkeit, für knapp zwei Jahre an die »Psychosomatische Beratungsstelle« zurückzukehren und mich intensiv in die Kinderpsychotherapie einzuarbeiten, bevor ich eine eigene freie Praxis für Erziehungsberatung und Kinderpsychotherapie eröffnete. Ich erkannte immer deutlicher, daß Spielen heilende Kräfte wecken kann, wie einer der Pioniere der Kinderpsychotherapie und Heilpädagogik, Hans Zulliger, in seinem lesenswerten Buch »Heilende Kräfte im kindlichen Spiel« (15) zum Ausdruck brachte. Das gilt auch für die Zeit im Krankenbett (16).

Nicht nur in Kindern, sondern auch in Erwachsenen schlummern im Spiel außerordentliche kreative und heilende Kräfte. Beobachten Sie nur in Kurorten die Dame- und Schachspiele oder die Minigolf-Anlagen, und Sie entdecken, mit welchem Ernst und welcher Spannung die Spieler und die Umstehenden bei der Sache sind! Wir werden deshalb auch einige Spiele besprechen.

Vom Lebenslauf zur Krankengeschichte und Lebensgeschichte

Ist es nicht erstaunlich, wie bruchstückhaft ein Lebenslauf ist, den man für eine Bewerbung geschrieben hat? Nur nicht zuviel aussagen! Das scheint die Devise vieler Bewerber zu sein, die eine bestimmte berufliche Position suchen. Dabei wäre es doch wichtig, daß ein möglicher Arbeitgeber schon vor der persönlichen Vorstellung abwägen kann, ob sich der »richtige Mann für den richtigen Platz« gemeldet hat.

Im persönlichen Gespräch werden dann sicher nicht nur der Ausbildungsgang während Schule, Lehre und Studium, Zeugnisse und Berufsabschlüsse geprüft; auch das Verhalten, die Sprechstimme, die Wortwahl, der Verhandlungsstil, das zwischenmenschliche Klima lassen ein bestimmtes Fluidum entstehen, das einen Bewerber umgibt.

Auch wenn wir uns gar nicht unbedingt darüber klar sind, was denn den vielzitierten »ersten Eindruck« vermittelt – wir gewinnen ein bestimmtes Gefühl für einen anderen Menschen, seien es Sympathie, Antipathie, Zutrauen, Vorsicht oder Reserve. Da kann eine Krankengeschichte, die Anamnese, schon individueller sein, sofern nicht nur Symptome, Beschwerden, Operationen aneinandergereiht werden.

Die Anamnese soll dazu dienen, die Entstehung eines Leidens von seinem gegenwärtigen Stand zurückzuverfolgen. »Wie hat es denn angefangen?« wird der Patient häufig gefragt. Der Behandler versucht aus dem Blick in die Vergangenheit und dem gegenwärtigen Zustand eine Prognose abzuleiten, ob die volle Gesundung oder nur eine Besserung möglich sein würden oder ob mit dem Status quo oder sogar einer Verschlechterung zu rechnen sei.

Wenn wir als Psychologen und Psychotherapeuten heute

eine Anamnese aufnehmen, kann sie als dreiteilig angesehen werden:

1. der eigentlichen Krankengeschichte mit allen erfaßbaren Symptomen, Organschwächen, möglichen Entwicklungen von einer Krankheit in eine andere, Operationen;
2. der Genese mit dem bisherigen Verlauf des Lebens, angefangen von der Schwangerschaft über die Geburt bis zum Stillen, zu Ernährung, Stoffwechsel, Sauberkeitsgewöhnung, Kinderkrankheiten, Kindergarten, Schule, Interessen, Ausbildung, Partnerschaft, Beruf;
3. den Beziehungspersonen wie Eltern, Geschwistern, Verwandten, Kindergärtnerinnen, Lehrern, Kameraden und Freunden, Lebensgefährten, Ehepartnern und sonstigen Menschen, die in irgendeiner Art prägend wirkten. Auch die Trennung von bestimmten Menschen bis hin zu deren Krankheiten oder Tod gehören in diese Rubrik.

Gerade wenn der Genesungsprozeß schwankt, stagniert oder sich gar verschlimmert, ist zu fragen, ob das mit dem Krankheitsbild als solchem zusammenhängt oder ob es Hintergründe gibt, die eine Gesundung hinauszögern oder gar verhindern.

Schmerz und Krankheit können Indizien für einander entgegengerichtete Kräfte sein. Der Leidende will vielleicht einer ihm unangenehmen Situation aus dem Wege gehen, etwas verzögern, vermeiden, Konsequenzen aus einem Gesundungsprozeß verdrängen.

In den letzten Jahren lernte ich immer wieder Menschen mit Symptomen kennen, die unter psychiatrischen Gesichtspunkten als verrückt oder sogar schizophren bezeichnet worden wären. Sie hörten Stimmen, die ihnen beispielsweise zuflüsterten, daß sie nie mehr gesund werden dürften, weil sie irgendeine Schuld auf sich geladen hätten. In diesem Zusammenhang denke ich auch an eine Patientin, die vom einen Tag zum anderen wechselnde schmerzhafte Symptome haben konnte, ohne daß ein klinischer Befund festgestellt werden konnte. Sie hatte schon eine ganze Reihe von Behandlern ratlos gemacht und verschlissen, und sie konnte mit voller Inbrunst stets verkünden, daß sie »doch alles versucht« habe, um wieder gesund zu werden, sie habe aber noch niemanden gefunden, der ihr wirklich helfen könne. Für diese Frau war ihre Krankheit zum fast ausschließlichen Lebensinhalt geworden. Da sie mit Schmerzen ihre Arbeit verrichtete, konnte sie ein Martyrium leben. Sie fühlte sich unverstanden, dabei selbst pflichtbewußt bis zum äußersten, und sie sorgte in Ehe, Familie, Bekanntenkreis stets für genügend Gesprächsstoff mit ihrem Leiden. Letztlich machte sie jeden Gesprächspartner mundtot, denn auf jeden Vorschlag wußte sie es stets besser.

Der Ehemann versank immer wieder in Schweigen, weil er mit der Situation nicht mehr zurecht kam. Ihm konnte dann die Ehefrau vorwerfen, daß er ihr nicht zuhöre und sie mit ihren Schmerzen allein lasse. Sie hatte in ihm und anderen Personen dann jemanden gefunden, auf den sie die Schuld an ihrem Elend projizieren konnte. Das brachte ihr eine gewisse Erleichterung.

Aber etwas Außergewöhnliches ereignete sich eines Tages. Sie drückte aus, daß wohl ein Fluch auf ihr lasten würde, sie Schmerzen haben müsse und nicht gesund sein dürfe. Ein Fluch? Solche Überlegungen scheinen weit hergeholt zu sein, aber wir entdeckten bei der reinkarnationstherapeutischen Arbeit tatsächlich als Rückerinnerung eine Person in einem früheren Leben, die der Patientin übel wollte und ihr eine Verwünschung entgegengeschleudert hatte. Wenn derlei weit zurückreichende Programme wie »Du sollst ewig leiden, du darfst nicht mehr gesund werden!« erkannt und auf ihre Zusammenhänge hin untersucht und verarbeitet werden, dann ist Erlösung davon möglich. Wir werden in späteren Kapiteln auf solche Beispiele zu sprechen kommen.

Eine der fruchtbarsten Möglichkeiten, sich selbst kennenzulernen, ist nach meinem Dafürhalten das Aufzeichnen einer offenen, ehrlichen und individuellen Lebensgeschichte. Man braucht dafür Zeit und muß zur kontinuierlichen Ergänzung bereit sein. Man kann so beginnen, daß man sich zunächst für alle fünf Lebensjahre einen Bogen Din A 4 reserviert und dann aus diesen Fünf-Jahres-Perioden notiert, was einem gerade einfällt. In den folgenden Tagen ergänzt man, was nach erneutem Durchlesen der bisherigen Aufzeichnungen erinnert wurde. Läßt man sich hierzu ungefähr vier Wochen Zeit, dann kann leicht ein Manuskript von dreißig bis sechzig Seiten und mehr entstanden sein.

Durch Aufschreiben entsteht ein Prozeß des Bewußtwerdens. Dazu sei eine raumsymbolische Anmerkung erlaubt. In unserer westlichen Kultur hat die linke Seite mit dem Unbewußten, die rechte mit dem Bewußtsein zu tun. Das Schreiben von links nach rechts kann man dann auffassen als ein Herausfließen von Erinnerungen aus dem unbewußten Raum unserer Seele in den bewußten Raum unseres Verstehens.

Anders ausgedrückt: Grübeln bedeutet, sich um die eigene Achse drehen, nicht vorwärts kommen; Aufschreiben geschieht als eine lineare Bewegung von links nach rechts, und in der Tat, wir können dem Volksmund vertrauen: »Wir schreiben uns etwas von der Seele.« Dieser Weg des bewußten und gezielten Aufschreibens kann bisher verdeckte und verdrängte Belastungen aus der Kindheit bis zur Gegenwart bewußt werden und damit auch verarbeiten lassen, und er kann sogar Rückerinnerungen an frühere Inkarnationen freilegen, wie ich in meinem Buch *Reinkarnation und neues Bewußtsein* (17) gezeigt habe.

Wenn man nur für sich selbst aufschreibt, ohne daß sonst jemand das private Lebensmanuskript einsehen kann und soll – es sei denn, irgendwann ein Psychotherapeut des Vertrauens –, dann wird man auch eine offene Sprache finden und sich dazu bekennen können, daß man in der Vergangenheit vielleicht dem einen oder anderen am liebsten »den Hals umgedreht« hätte. Allein das Eingeständnis der eigenen Aggression gegenüber sich selbst hat schon eine gewisse befreiende und erlösende Wirkung. Auch andere »geheime« Nöte und Ängste wird man zu Papier bringen können, Zeiten des Versagens oder Resignierens, der Frustration, des Verlassenseins, der Trauer und des Schmerzes. Damit kann das anbrechen, was wir in der Fachsprache als Trauerarbeit bezeichnen. Da und dort kann man nur noch traurig sein, wenn etwas »schief gegangen« oder nicht gelungen war, man Verzicht leisten oder Opfer bringen mußte. Zum Blick zurück gehört anschließend der Blick auf die Gegenwart und die Zukunft.

In der Vergangenheit verharren und sich bedauern nützt nichts. Aber aus der Vergangenheit lernen, bessere Möglichkeiten als früher finden, kreative Kräfte entwickeln und bewußt Erfolgserlebnisse schaffen, das baut auf, läßt Selbstvertrauen und Selbstsicherheit entstehen und damit das Leben sinnvoll gestalten.

Werfen wir nun einen Blick auf die Geschichte der Heilkunde und gehen einmal rund zweitausend Jahre zurück, dann stoßen wir auf den griechischen Arzt Hippokrates, der Krankheitsverläufe feststellte und sie vom ersten Auftreten über den kritischen Höhepunkt bis zu ihrem Abklingen oder ihrem tödlichen Ausgang untersuchte.

»Pathographie« war das von ihm entwickelte Verfahren, also das Aufschreiben von Krankheiten, wie die wörtliche Übersetzung lauten würde. Aus zahlreichen solchen Aufzeichnungen gewannen die damaligen Ärzte zunehmend Einsicht in das Krankheitsgeschehen und konnten für die Zukunft eine Diagnostik der Krankheiten und ihrer Behandlung ableiten. Aber über das Individuum, das solche Zustände erlitt, wurde nichts ausgesagt.

Der heutige Kenntnisstand vom Menschen erfordert, soviel wie nur irgend möglich über die Lebensgeschichte eines Menschen zu erfahren, vor allem dann, wenn er leidet, krank ist, Schmerzen hat. In diesem Sinne äußert sich auch der amerikanische Psychiater O. Sacks in seinem interessanten Buch »Der Mann, der seine Frau mit einem Hut verwechsel-

das Schreiben und die Kombination von »Dichtung und Wahrheit« nicht nur für ihre Leser schrieben, sondern auch für sich selbst. Mit dichterischer Freiheit beschrieben sie eigene Nöte, Ängste und Konflikte. Dazu ein Beispiel von dem Autor Peter Härtling über seine Vater-Problematik (29):

»Du hast in den wenigen Jahren, in denen ich Dir kindlich zusah, viele Spielarten der Angst erprobt und Dir oft widersprochen. Du konntest mir gar nicht die Gelegenheit geben, Dich zu verstehen. Ich habe Deine Verstrickung nicht wahrhaben wollen, vieles, was Du getan hast, als Verrat ausgelegt, mich nie bemüht, Deine Geschichte auszusprechen, nur die meiner Verletzungen.

Ich wünschte mir einen Helden zum Vater, einen, der teilnahm, der die kriegerischen Sätze erfüllte und nicht einen, der sich aus der Zeit stahl und Gegenparolen folgte, der sogar so weit ging, sich von der Mutter zu entfernen, in einer anderen Liebe Halt zu suchen. Ich habe Dich gehaßt, deswegen, und ich mußte älter werden als Du es wurdest, um ohne Haß, doch noch immer mit Resten von Widerwillen und Trauer mir und Dir zu erzählen, wie Du, kurz nach Lores Krankheit, unsere Wagenburg aufbrachst.«

Wer in dieser Weise das Verhältnis zum eigenen Vater beschreiben kann, hat schon viel dazu getan, Ärger, Wut, Zorn, Haß aufzulösen, sich selbstkritisch zu erleben, zu versöhnen und zu vergeben. Auf diese Weise kann man nicht nur den Vater in Frieden sterben lassen, sondern sich auch von seinem Einfluß befreien.

Nehmen wir als nächstes Beispiel den Dichter Stendhal mit seinen Bekenntnissen über die Liebe zu seiner Mutter (30):

»Ich war immer in meine Mutter verliebt. Ich wollte meine Mutter immer küssen und wünschte, daß es keine Kleider gäbe. Sie liebte mich leidenschaftlich und schloß mich oft in ihre Arme. Ich küßte sie mit soviel Feuer, daß sie gewissermaßen verpflichtet war, davonzugehen. Ich verabscheute meinen Vater, wenn er dazukam und unsere Küsse unterbrach. Ich wollte sie ihr immer auf die Brust geben. Man geruhe sich zu vergegenwärtigen, daß ich sie verlor, als ich kaum sieben Jahre alt war. Sie starb in der Blüte und Schönheit ihrer Jugend. So habe ich vor fünfundvierzig Jahren verloren, was ich am meisten auf Erden geliebt habe.«

Aus den letzten Worten spürt man noch die Trauer über den frühen Verlust der Mutter, aber andererseits auch das Nachschwingen der Liebe zwischen Mutter und Sohn, die niemand rauben konnte.

Wer kennt ihn nicht, den eingängigen Werbespruch der Deutschen Bundespost: »Ruf' doch mal an!« Zweifellos eine gute Idee. Aber überlegen Sie sich einmal, wie leicht Sie heute zum Telefon greifen und längere Zeit »ein Schwätzle« machen können. Man plaudert vor sich hin, wiederholt sich, dies und jenes fällt noch ein, ja, und es geht eben schneller. Ganz anders ist die Situation, wenn Sie einen Brief schreiben. Er verlangt mehr Nachdenken, Sie wählen bestimmte Ausdrücke, korrigieren sich sogar, schreiben vielleicht um, wenn es etwas besonders Wichtiges ist. So ist nachvollziehbar, daß ein Wort schneller ausgesprochen als geschrieben ist, aber nicht unbedingt die Intensität wie das »schwarz auf weiß« Mitgeteilte hat. Eine Lebensgeschichte aufschreiben ist etwas sehr Wichtiges für Sie selbst. Ihre Wortwahl, Ihr Stocken beim Schreiben, Ihre Tränen bei der Erinnerung an besonders schmerzhafte Erlebnisse, das Hineinlächeln in sich, wenn etwas besonders Schönes ins Bewußtsein tritt, das alles gehört zu Ihnen und ist es wert, aufgezeichnet zu werden. Es wird Ihnen »wie Schuppen von den Augen fallen«, wenn Sie plötzlich bestimmte Beziehungen zwischen dem einen und anderen eingefallenen Erlebnis aufspüren. Deshalb: Schreiben Sie über sich selbst, was Ihnen einfällt, auf. Sie gewinnen damit eine Einsicht, die Ihnen immer wertvoller wird, je mehr Sie zu Papier bringen können. Die späteren Kapitel können dann eine noch bessere Hilfe für Sie sein, wenn Sie mit Ihren eigenen Erinnerungen vorbereitet sind.

Recht haben wir mit unseren Erkenntnissen und Wünschen und den überzeugenden Worten des Philosophen! Aber werden diese guten Erkenntnisse auch verwirklicht?

Unser Thema »Wenn die Seele den Körper nicht gesunden läßt« kann wie ein Widerspruch in sich klingen. Wer von uns will schon bewußt krank sein? Kann es wirklich ein Anliegen unserer Seele sein, das Instrument ihres gegenwärtigen Daseins, den Körper, krank werden oder ihn nicht wieder gesunden werden zu lassen? Angenommen, es wäre so, dann müßte Krankheit in solchen Fällen für uns wichtig sein, einen bestimmten Sinn in unserem Leben haben, der höher zu werten wäre als unsere Gesundheit!

Auf solche Gedanken kommen wir, wenn wir über die obengenannten Krankheiten nachdenken und dazu auch Überlegungen zu den von uns verwendeten Genußmitteln bis hin zu den Süchten einbeziehen. Wir stoßen dann auf den übertriebenen Einsatz von Medikamenten wie Schmerzmitteln, Schlafmitteln, Psychopharmaka, Drogen, nicht zu vergessen Kaffee, Tabak und Alkohol.

Jedermann weiß, daß man sich durch bestimmte Substanzen krankmachen und sogar selbst zerstören kann. Aber warum macht man es dann? Hatte vielleicht doch Sigmund Freud recht, als er dem lebensfördernden Sexualtrieb den lebensvernichtenden Todestrieb gegenüberstellte?

Heroin und Kokain sind harte, Haschisch und Marihuana weiche Drogen. Alkohol und Nikotin dagegen gelten als »legale Drogen«. Rauschgift-Fander der USA schätzten 1988 das weltweite Drogen-Geschäft auf fünfhundert Milliarden Dollar. Das entspricht der Hälfte des Bruttosozialproduktes der damaligen BRD, also vor der Wiedervereinigung Deutschlands (38).

Der Alkoholismus ist in der Bundesrepublik die häufigste Suchterkrankung. Die Zahl der behandlungsbedürftigen Alkoholiker wurde 1988 mit 1,8 Millionen Menschen angegeben (39). Für 1989 hat man bereits zwei Millionen festgestellt (40). Hinzu kommt eine schwer zu bestimmende Dunkelziffer, weil der Beginn einer Alkoholabhängigkeit bisher nicht genau bestimmt werden kann.

»Die volkswirtschaftlichen Kosten für die direkte Behandlung von Alkoholikern und für alkoholbedingte Arbeitsausfälle betrugen 1988 nach Angaben des Bundesgesundheitsministeriums rund 5,2 Milliarden DM. Dieser Betrag beinhaltet nicht die Kosten für Produktionsausfälle durch alkoholbedingte Unfälle sowie Kosten für Krankheiten, die durch Alkohol begünstigt werden« (41). Mit anderen Worten: Der Alkoholismus kostet den Patienten und die Gesamtheit des Volkes noch wesentlich mehr, als aus den obigen Zahlen ersichtlich wird.

Wir wissen heute, daß der Alkohol zahlreiche Erkrankungen begünstigt. Dazu gehören chronische Lebererkrankungen, Epilepsie, Krebs, nicht zuletzt das kontinuierliche Absterben von Gehirnzellen mit darauf folgendem Intelligenzverlust. Etwas beruhigend mögen dabei die Ende 1989 veröffentlichten Forschungsergebnisse Tübinger Wissenschaftler stimmen, wonach alkoholgeschädigte Gehirne bei künftig abstinenter Lebensweise des Patienten einen großen Teil ihrer ursprünglichen Leistungsfähigkeit zurückerlangen können. Zerstörte Nervenzellen sollen innerhalb von rund fünf Wochen nachwachsen können (42).

Alarmierend muß wirken, daß in der Bundesrepublik Deutschland pro Jahr rund 1800 Neugeborene gesundheitliche Schäden aufweisen wie Kleinwuchs, Herzfehler, Hirnschädigungen, weil die Mütter während der Schwangerschaft alkoholabhängig waren (43). Das heißt mit anderen Worten, daß Kinder mit gesundheitlichen Schäden geboren werden, ohne daß sie etwas dafür oder dagegen tun konnten, ihrem Schicksal also total ausgeliefert waren.

Wie ist es denn nun mit dem Rauchen? 1989 lag der Anteil der Raucher in der Bevölkerung der Bundesrepublik Deutschland bei 35 Prozent, wonach mehr als jeder dritte Bundesbürger raucht. Das Bundesgesundheits-Ministerium plant, die Zahl der Raucher bis 1995 wenigstens auf 20 Proben? Müßte man nicht zahllose Zustände vor das innere Auge holen, um damit zu erklären, was alles mit Gesundheit verbunden ist? Mit der Beschreibung von Krankheiten ist das einfacher: wir zählen eine Reihe von Symptomen auf, und das ist es dann auch!

Verlieren wir uns nicht in Schwierigkeiten der Definition, greifen wir einfach eine Reihe von Empfindungen, Zuständen, Gefühlen heraus, die mit Gesundheit verbunden sein können. Abbildung 1 (Seiten 42/43) zeigt eine Auswahl, die mit Gesundheit zu tun hat. Aus der – sicher nicht umfassenden – Übersicht können wir entnehmen, daß den vorwiegend wohl angenehmen Gefühlen der Freiheit und Unabhängigkeit auch solche der Pflicht, der Verantwortung und des Verzichts auf bestimmte Privilegien des Kranken gegenüberstehen. Es hat also alles seine »zwei Seiten«, auch unsere Gesundheit. Wenn das so ist, dann wird auch Kranksein seine Vor- und Nachteile haben. Betrachten wir dazu Abbildung 2 (Seiten 44/45). Beim Durchlesen und Anstreichen könnten wir kritisch, reserviert, skeptisch werden. Wir müssen uns tatsächlich überlegen, ob Krankheit auch »Mittel zum Zweck« werden, dem Prestige, dem eigenen Selbstwertgefühl dienen kann.

»Mittel zum Zweck?« werden Sie fragen. Kann etwas so Unangenehmes wie eine Krankheit zu etwas dienen? Bei einigem Nachdenken werden Sie vielleicht meinen, daß es auf die Art der Erkrankung ankommt. Haben nicht Kopfschmerzen oder Zahnschmerzen vor Schulbeginn uns vor einer schlechten Klassenarbeit bewahren können? Oder konnte ein bestimmtes Leiden einen Wehrpflichtigen nicht von dem ungeliebten Wehrdienst befreien? Wurden wir durch eine Krankheit nicht von bestimmten Verpflichtungen entbunden? Erhielten wir nicht zusätzlich zum Urlaub einen Sanatoriumsaufenthalt? »Nun, ja, es kommt eben darauf an«, werden Sie vielleicht antworten.

Ein bißchen oder zeitlich überschaubar krank sein, mag ja annehmbar sein; aber für immer krank sein, vielleicht auf ein

Was empfinden und fühlen Sie, wenn Sie gesund sind?

Streichen Sie selbst an, was für Sie zutrifft:

- ❏ Ich kann mich bewegen (gehen, laufen, springen)
- ❏ Ich kann handlungsfähig sein
- ❏ Ich kann arbeiten
- ❏ Ich kann »Steckenpferde reiten« (Interessen pflegen)
- ❏ Ich kann frei, unabhängig sein
- ❏ Ich kann wegfahren, verreisen
- ❏ Ich kann Lebensfreude haben
- ❏ Ich kann Lebensziele entwickeln
- ❏ Ich kann eine Schule besuchen
- ❏ Ich kann eine Ausbildung machen
- ❏ Ich kann eine Karriere aufbauen
- ❏ Ich kann Freundschaften pflegen
- ❏ Ich kann Partnerschaft/Ehe eingehen
- ❏ Ich kann Kinder haben
- ❏ Ich kann eine Familie gründen
- ❏ Ich kann die Zukunft gestalten
- ❏ Ich kann Vorsorge treffen (gegen Krisen, Arbeitsplatz-Verlust)
- ❏ Ich kann Angst bewältigen
- ❏ Ich kann das Alter vorbereiten
- ❏ Ich kann mich auf den Tod einstellen

Abbildung 1

Überlegen Sie sich genau die für Sie geltenden Vor- und Nachteile für Ihre Gesundheit. Machen Sie sich nichts vor!

Was empfinden und fühlen Sie, wenn Sie gesund sind?

Streichen Sie selbst an, was für Sie zutrifft:

- ❑ Ich soll etwas für mich selbst tun
- ❑ Ich soll etwas für andere tun
- ❑ Ich soll Leistungen erbringen
- ❑ Ich soll Pflichten übernehmen
- ❑ Ich soll Verantwortung tragen
- ❑ Ich soll für andere sorgen
- ❑ Ich soll Rücksicht nehmen
- ❑ Ich soll auf Bequemlichkeiten verzichten
- ❑ Ich soll mit anderen teilen
- ❑ Ich soll für andere bezahlen
- ❑ Ich soll mich fortbilden
- ❑ Ich soll Risiken eingehen
- ❑ Ich soll andere Menschen einbeziehen
- ❑ Ich soll mich finanziell und räumlich beschränken
- ❑ Ich soll mich für lange Zeit festlegen
- ❑ Ich soll »mit dem Schlimmsten rechnen«
- ❑ Ich soll Mut zeigen und an »vorderster Stelle stehen«
- ❑ Ich soll mit der Vorstellung leben, daß eines Tages »alles vorbei ist«

Überlegen Sie sich genau die für Sie geltenden Vor- und Nachteile für Ihre Gesundheit. Machen Sie sich nichts vor!

Was empfinden und fühlen Sie, wenn Sie krank sind?

Streichen Sie selbst an, was für Sie zutrifft:

- ❏ Ich muß mich zurückhalten
- ❏ Ich muß mit weniger zufrieden sein
- ❏ Ich muß zu Hause bleiben
- ❏ Ich muß Leistung abgeben
- ❏ Ich muß Kontakte auflösen
- ❏ Ich muß allein sein
- ❏ Ich muß etwas aufgeben
- ❏ Ich muß auf bestimmte Speisen verzichten
- ❏ Ich muß Erfolgserlebnisse verringern
- ❏ Ich muß Lebensqualität einbüßen
- ❏ Ich muß Opfer erbringen
- ❏ Ich muß vorzeitig altern
- ❏ Ich muß Ratlosigkeit erleben
- ❏ Ich muß mich mit lebenslanger Krankheit abfinden
- ❏ Ich muß Erotik/Sexualität aufgeben
- ❏ Ich muß früher sterben

Abbildung 2

Überlegen Sie sich genau die für Sie geltenden Vor- und Nachteile für Ihre Krankheit. Machen Sie sich nichts vor!

Von einem Gesunden erwartet die Mitwelt Einsatz, Leistung, Engagement für die Schwächeren, beispielsweise im Sinne des Wehrdienstes und der Steuern.

Der Kranke erfährt Mitleid, Zuwendung, Hilfe, aber er muß auch Verzicht leisten und kann sich »in die Ecke gestellt«, zurückgesetzt fühlen.

Beenden wir dieses Kapitel mit einem Wort des vorsokratischen Philosophen Demokrit (48):

»Da flehen die Menschen die Götter an um Gesundheit und wissen nicht, daß sie die Macht darüber selbst besitzen. Durch ihre Unmäßigkeit arbeiten sie ihr entgegen und werden so selbst durch ihre Begierden zu Verrätern an ihrer Gesundheit.«

Die Fragen nach Befinden und Schmerz

»Was fehlt Ihnen? – Wo tut es Ihnen weh?« Das sind zwei der ersten Fragen, die in der Sprechstunde eines Arztes, eines Heilpraktikers, eines Psychologen nach der Begrüßung gestellt werden können. Vielleicht wird noch die freundliche Aufforderung hinzugefügt: »Was kann ich für Sie tun?«

In eine Praxis gehen wir, wenn wir selbst uns nicht mehr zu helfen wissen, ratlos sind. Irgend etwas ist dann mit uns nicht in Ordnung, wir fühlen uns nicht wohl, erleben uns als geschwächt und unzufrieden mit uns selbst, leiden an einem Schmerz, haben Symptome wie Fieber, Appetitlosigkeit, Verstopfung, Durchfall, Schlaflosigkeit, wir sind ganz einfach krank.

Krankheit wird also als unangenehm, belastend, schmerzend erlebt und hat mit Sorgen zu tun, an körperlicher und geistiger Leistung zu verlieren, »zum alten Eisen zu gehören«, in seinen Lebensfunktionen wie auch im seelischen Gleichgewicht empfindlich eingeschränkt und gestört zu sein.

Viktor von Weizsäcker, der bedeutende Psychosomatiker, spricht in seinem Werk »Pathosophie« (49) Kranksein nicht nur von der körperlichen, sondern auch der seelischen Seite aus an:

»Krank oder krankhaft ist also der vielleicht größere Teil unseres Leben und jedenfalls ein viel größerer Teil als das, was davon bemerkt und anerkannt wird. Es ist ja nur unsere abgestumpfte Empfindlichkeit, die uns übersehen läßt, daß ein fetter Bauch, ein schlechter Zahn, eine gelangweilte oder unzufriedene Stimmung bereits zu den Abweichungen gehören, die nur dem Grade, nicht der Art nach von den größeren

Krankheiten sich unterscheiden. Auch ist es bei den meisten Menschen so, daß ihr Instinkt für das Krankhafte mißleitet ist . . .

Man versteht das kranke Wesen am besten, wenn man sich das ganze Leben als einen unablässigen Krieg mit der Krankheit vorstellt . . .

Eine üble Stimmung, ein apathischer Zustand, eine schlaflose Stunde haben doch zu bedeuten, daß mein Körper sich meinen Wünschen widersetzt, daß er mich zu einem anderen Wunsch oder zu einem anderen Weg überzeugen möchte. Ich soll anscheinend meine Gedanken ändern oder meine Handlungen durch andere ersetzen . . .«

Krankheit fordert uns zu etwas auf, zum Innehalten, zum Nachdenken, zur Innenschau, zur intensiven Beschäftigung mit uns selbst, zum Ringen um etwas, zum Verändern, zum Sinnfinden, zur Frage nach dem Tod und der Zeit danach und sicher auch anderen, ganz für uns selbst wichtigen Themen, die uns erst nach weiterem Nachdenken begegnen.

Setzen wir unsere Überlegungen fort, dann kommen wir zu den Krankheiten, die schon von Geburt an uns begleiten können. Denken wir an die körperlich oder geistig Behinderten, die Contergan-Geschädigten mit verkrüppelten Armen und Händen, die durch übermäßigen Alkohol- und Nikotinkonsum der Eltern schon während der Schwangerschaft geschädigten Babys. Sie haben ja nicht falsch gelebt und sich dann den körperlichen oder geistigen Schaden zugezogen. Ihnen kann man kein eigenes Verschulden zuweisen wie den Kettenrauchern, den Alkoholgeschädigten, den Suchtkranken.

In dem Buch »Gespräche mit Seth« (50), das dem inzwischen verstorbenen Medium Jane Roberts durchgegeben wurde, finden wir Bemerkungen, die den vorstehend genannten Beispielen eine besondere Betrachtungsweise einräumen. Es wird dort ausgeführt, daß eine Seele, die sich inkarnieren will, ihre künftigen Eltern und die Zeitverhältnisse auswählen könnte, lange bevor ihr Körper gezeugt und geboren wird. Wenn das so ist, muß es auch vor der Zeugung und Geburt eine Auswahl der Behinderung oder Krankheit geben. Damit sind wir an Grenzsituationen unseres gegenwärtigen Wissens angekommen.

Wer den Gedanken der Reinkarnation annehmen will, wonach wir nicht nur einmal, sondern viele Male, irdische Leben durchwandernd, Reifungsprozesse absolvieren, dem könnte sich zumindest teilweise eine Erklärung und Sinnfindung anbieten. Dabei wäre es sicher falsch, ausschließlich von irgendeiner Schuld in früheren Inkarnationen auszugehen, die dann durch eine bestimmte Krankheit zu tilgen wäre. Wir müssen wohl auch davon ausgehen, daß sich bestimmte Erkenntnisse nur einstellen können, wenn der eine und andere Verzicht geleistet, ein Opfer gebracht, Einschränkung und Schmerz angenommen werden. Besonders deutlich wird das, wenn wir das außergewöhnliche Buch »Das wiedergefundene Licht« (51) des mit acht Jahren erblindeten Jacques Lusseyran lesen. Für ihn, den späteren Universitätsprofessor für französische Literatur, war seine Blindheit ein geistiger Reichtum. Er entdeckte, daß er nicht in der Dunkelheit lebte, sondern mit einem inneren Licht sehen konnte, wenn er sich dessen Helligkeit anvertraute.

Nachdem unser Haus in Wildbad neben der »Kurklinik für Kriegsblinde« steht, komme ich immer wieder mit Kriegsblinden und deren Ehefrauen ins Gespräch. Viele von ihnen strahlen trotz ihrer schweren Behinderung Selbstvertrauen und Selbstsicherheit, Lebensfreude und Optimismus aus. Einer von ihnen sagte mir einmal, wenn er sich so etwas wie eine Kerze oder einen Baum vorstelle, könne er ihre Bilder vor sein inneres Auge holen und sie sehen. Wenn man nicht wüßte, daß diese Menschen blind sind, würde man es im Gespräch kaum bemerken.

Die Erfahrung mit Menschen, deren inneres Auge sich für die Erinnerung an frühere Inkarnationen öffnen durfte, zeigt immer wieder, daß es Schuldverstrickungen gab, die nicht aufgelöst werden konnten. In solchen Fällen können Krankheiten als Fortsetzung früherer Lebensprogramme angesehen werden.

Gegenwärtige Schmerzen und vor allem psychosomatische Erkrankungen, oft ohne klinischen Befund, können Hinweise darauf sein, daß ein früheres Leben noch keinen Abschluß, Schuldgefühle noch keine Erlösung gefunden haben, göttliche Gnade noch nicht angenommen werden konnte.

Auch habe ich gerade in den letzten Jahren immer wieder miterlebt, daß Verwünschungen und Flüche aus längst vergangener Zeit bis zur Gegenwart ihre Kraft behalten können, wenn man sie nicht eines Tages erkennt und auflösen kann.

Auch Verstorbene, wenn sie erdgebundene Seelen sind, können »von drüben« her Krankheiten auslösen oder bestehende verstärken, bis sie mit unserer Hilfe Ruhe gefunden haben und dann ihren Weg ganz hinüber in die andere Welt gehen können und wollen.

Nimmt man die Überlieferungen ernst, dann gibt es seit Jahrtausenden Erfahrungen, die in diese Richtung weisen, und man sollte sie nicht abschätzig in den Bereich des Aberglaubens verweisen. Dazu einige Beispiele (52):

»Die unterschiedlichen Begräbnisstätten der merowingischen Zeit (5./6. Jahrhundert n. Chr.) verraten, daß das Verhältnis der Lebenden zu den Toten von Nähe und Ferne zugleich geprägt war. Oberste Pflicht war, dafür zu sorgen, daß der Leichnam ordentlich beerdigt wurde und im Leben nach dem Tode bestehen konnte ...

Um die Toten im Jenseits festzuhalten, wurden dem Grab Talismane und Reliquienkästchen beigegeben ...

Der Einfluß des Christentums führte dazu, daß dem Toten mitunter auch Reliquien beigegeben wurden ...

Alles Erdenkliche wurde getan, um die Toten froh zu stimmen – in ihrer eigenen Welt. Manchen Leichen, die für besonders gefährlich galten, wurde grausam ihr böser Geist ausgetrieben. Totgeborenen Kindern wurde ein Pfahl ins

Herz geschlagen, denn man meinte, daß unschuldige Wesen nicht unter der Erde bleiben könnten, es zog sie empor, auf die Erde, wo sie den Lebenden nachstellten, weil sie nicht hatten leben dürfen. Andere, vielleicht Zauberer oder Verbrecher, wurden in ihrem Sarg festgenagelt, verstümmelt, enthauptet oder mit einem Kreis Kohle aus reinigendem Feuer umgeben . . .«

Nun sind wir heute sicher weit entfernt von solchen Riten, und trotzdem haben viele Menschen Angst vor Toten; manche können nicht in ein Leichenhaus gehen und einen Toten ein letztes Mal betrachten; andere meiden Zimmer, in denen jemand verstorben ist.

Christiaan Barnard weist in seinem Buch »Glückliches Leben, würdiger Tod« (53) auf eine in Kanada durchgeführte Meinungsumfrage hin, wonach 80 Prozent der Verwandten es bevorzugen, wenn todkranke Familienmitglieder in ein Krankenhaus gebracht werden und dort sterben, während 80 Prozent der Sterbenden lieber zu Hause im Kreis ihrer Familie in die andere Welt hinübergehen würden.

Wer für seine Nachkommen Verantwortung empfindet, wird bestrebt sein, vor seinem Tode »sein Haus zu bestellen«, Erbschaftsfragen zu klären, die Versorgung der Familienmitglieder zu sichern – und eines Tages in Frieden in die andere Welt hinüber zu gehen. Zeichen des Friedens war und ist von alters her der väterliche oder mütterliche Segen, der den Kindern gespendet wird.

Wer auf diese Weise sich von dieser Welt lösen kann, wird nach seinem Tod sicher keine Gefahr für die Lebenden darstellen.

Von der christlichen Seite her gesehen stellt die Fürbitte für die Verstorbenen sicher eine starke Kraft dar, die ihnen den Weg nach drüben und den Abschied von hier erleichtert.

In den letzten Jahren stieß ich bei der Arbeit mit Patienten sowohl in der üblichen Psychotherapie als auch vor allem der Reinkarnations-Therapie immer wieder auf Fälle, bei denen der Frieden mit Sterbenden nicht möglich war. Verständnis füreinander konnte fehlen, Verzeihen nicht angeboten, Vergeben nicht angenommen werden. Da und dort starben Menschen mit einer Verwünschung oder einem Fluch gegen die Lebenden. Wenn solche Belastungen bestehen bleiben, können sie gravierende Schicksalsschläge auslösen. Ich bin der Auffassung, wir sollten alle versuchen, in Frieden mit der diesseitigen und jenseitigen Welt zu leben. Manches Krankheitsprogramm hat mit Verflechtungen zwischen den beiden Welten zu tun. Deshalb werde ich eine Reihe von Beispielen hierfür besprechen. Vielleicht kann dann manche Verstrikkung gelöst und Gesundheit zurückgewonnen werden.

Die Polarität zwischen Gesundheit und Krankheit

Beobachtung und Erfahrung zeigen uns eine Polarität zwischen Gesundheit und Krankheit. Gesundheit stellt dabei für die meisten von uns sicher ein Ideal dar; denn wer ist tatsächlich ohne irgendwelche Einschränkungen vollkommen gesund?

Wir fühlen uns gesund, wenn wir Lebensfreude besitzen und etwas Sinnvolles leisten können. Wir fühlen uns krank, wenn unser Befinden reduziert ist, wir müde und erschöpft sind, einige Zeit »aus dem Rennen geworfen« sind, das Bett hüten müssen.

Diese Polarität, dieser Spannungszustand zwischen Gesundheit und Krankheit, wurde von dem Philosophen Jean Gebser als bedeutsam für die Persönlichkeitsreifung gehalten. (54):

»Solange er (der Mensch, d. V.) diesen Spannungszustand im Gleichgewicht zu halten vermag, ist er lebens- und wirkfähig. Überwiegt der andere Pol, so nähert er sich, gleichgültig ob krank oder gesund, der Todesgrenze oder dem bloßen Vegetieren, welches Vegetieren vom Psychischen aus gesehen mit dem Tode verwandt ist.«

Man kann daraus schließen, daß etwas oder »ein bißchen krank« die Lebenskräfte anregt, weil man ja wieder gesund werden will. Treffend und humorvoll drückt das ein Schweizer Wort aus, wonach jeder sein »Neurösli« haben darf, so lange er die anderen nicht zu sehr stört! Also, ein bißchen krank oder sogar verrückt kann demnach nicht schaden, sondern kann unseren kreativen Kräften nur gut tun. So könnte man annehmen.

Nun gibt es genügend Zeiten in unserem Leben, die man

weder als gesund noch als krank bezeichnen kann. Leichtes Fieber zu haben, erkältet oder verschnupft zu sein, bedeutet noch nicht, daß wir im Bett bleiben oder der Arbeit fernbleiben müßten. Auch mit einem gebrochenen Arm oder Bein im Gips können wir noch dies und jenes tun, zumindest lesen. Aber nicht jeder macht von dieser Gelegenheit Gebrauch. Es gibt genügend Menschen, die Zeiten der Krankheit vertrödeln, statt sie zum Nachdenken und zu neuen Einsichten zu nützen.

Wenn wir nach einer festlichen Veranstaltung zuviel gegessen und getrunken haben und uns das »übel bekommen« ist, sind wir nicht direkt krank, wir müssen vielleicht nur »den Kater ausschlafen«.

Je älter wir werden, desto mehr spüren wir, daß Gesundheit uns nicht einfach zufällt, sondern wir etwas dafür tun müssen:

Körperpflege, sinnvolle Bewegung und Gymnastik, Sport, gesunde Ernährung, Beachten des Schlaf-Wach-Rhythmus, bewußte und unserer Leistungsfähigkeit entsprechende Zeiteinteilung, dem Körper und den Interessen entsprechende Freizeitgestaltung.

Der Wunsch, gesund zu bleiben und Krankheit zu vermeiden, aktiviert uns, das Leben ernstzunehmen und zu meistern.

In diesem Zusammenhang sei auf einen interessanten Artikel hingewiesen, den Gebser unter der Überschrift »Normalgesund« aus der Zeitschrift »Wendepunkt« (55) zitierte:

»Fünfzig Männer wurden von den Psychiatern der Universität Minnesota ausgesucht, die der heutigen Definition von geistiger Normalgesundheit so genau wie möglich entsprachen: gut umweltangepaßt, häuslich, stabil, verläßlich, berufstüchtig. Man untersuchte diese Elite und fand, daß alle ausgesprochen phantasielos, interessenbegrenzt, sozial uninteressiert, ja sogar unaufmerksam für die Erziehung und Laufbahn der eigenen Kinder waren . . . Normalgesundheit bedeutet Mangel an schöpferischer Fähigkeit, Vorstellungskraft und Ursprünglichkeit.«

So wie Tag und Nacht, Morgen und Abend, Oben und Unten, Rechts und Links einander bedingen, gehören Gesundheit und Krankheit zusammen. Phasen der Gesundheit und Krankheit entstehen innerhalb der Zeit zwischen Geburt und Tod. Für den Normalfall kann dann eine Kurve entstehen, wie in Abbildung 3a dargestellt: Schwingungen zwischen Wohlbefinden und vitaler Schwäche, zwischen Gesundheit und Krankheit.

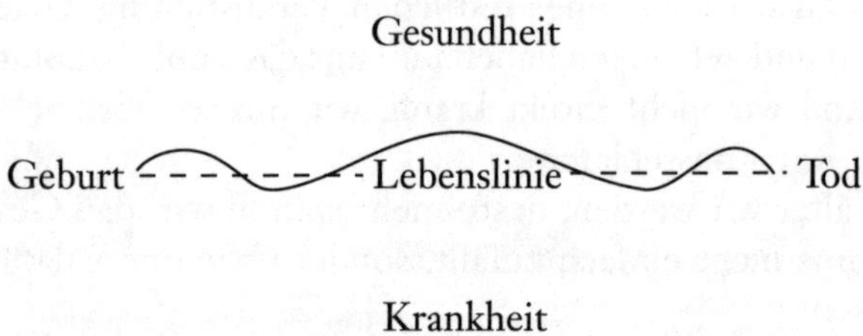

Abbildung 3a

Nun gibt es auch den angeblichen Idealfall »Normalgesund«, der oben skizziert wurde, wonach sich jemand mit leichten Schwankungen stets gesund fühlt, wie Abbildung 3b zeigt. Wessen Lebenskurve in dieser Richtung abläuft, neigt dazu, egoistisch bis egozentrisch nur noch der eigenen Gesundheit zu leben.

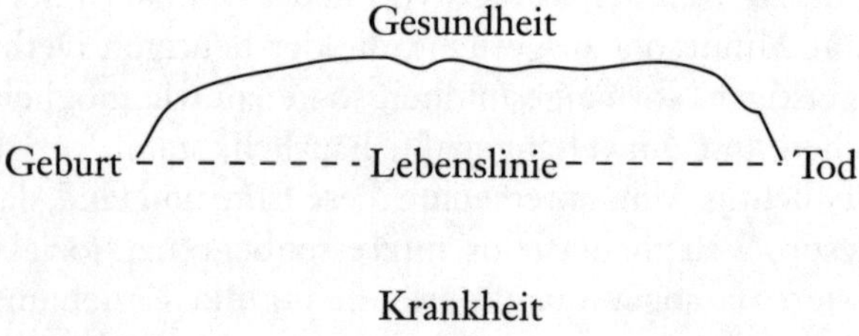

Abbildung 3b

In unserer Mitwelt finden wir auch Menschen, die von ihrer Geburt an oder zumindest seit den ersten Lebensjahren noch nie gesund waren, also mit einem angeborenen oder früh erworbenen Leiden in dieser Welt leben. Beispiele können körperlich und/oder geistig behinderte Menschen sein. Eines der bekanntesten Beispiele ist die Amerikanerin Helen Keller (1880–1968). Sie wurde durch eine schwere Erkrankung schon mit 19 Monaten blind und taubstumm, war also noch mehr geschädigt, als der schon erwähnte Professor Jacques Lusseyran, der im Alter von knapp acht Jahren sein Augenlicht verlor. Von ihrem siebten Lebensjahr an wurde Helen Keller von der Lehrerin Anna M. Sullivan betreut, lernte die Taubstummensprache und die Blindenschrift. Ab 1890, also zehnjährig, lernte sie durch eine andere Lehrerin, Sarah Fuller, auch sprechen.

Die Begabung Hellen Kellers wurde intensiv gefördert, so daß sie, trotz ihrer dreifachen Behinderung studieren und ihre Ausbildung mit Auszeichnung beenden konnte. Zwischen 1903 und 1955 schrieb sie zehn Bücher. Besonders aktiv war sie nach dem Zweiten Weltkrieg durch Vorträge vor Kriegsblinden.

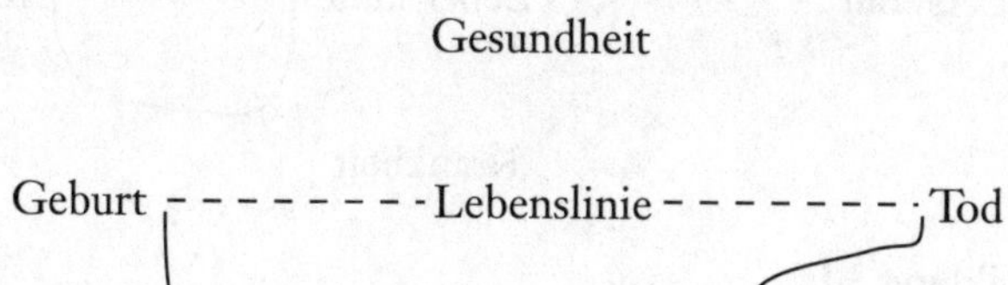

Abbildung 3c

Abbildung 3c zeigt eine graphische Darstellung dieser angeborenen oder sehr früh aufgetretenen Erkrankungen. Aus einer solchen Disposition können zwei Extreme entstehen:

Wird der Kranke durch seine Mitwelt – Eltern, Geschwister, Lehrer – immer wieder ermutigt und gefördert, dann kann der Ehrgeiz zu optimaler Leistung entstehen, wie wir bei Helen Keller sahen.

Fehlen Zuspruch, Anregung, Lob und sonstige motivationsfördernde Anregungen, dann entstehen leicht Entmutigung, Gleichgültigkeit, Verzweiflung, Resignation, Depression.

Menschen mit Ausfällen körperlicher oder geistiger Art müssen natürlich nicht unbedingt außergewöhnliche oder geniale Leistungen zuwege bringen. Auch in den Sonderschulen werden durch die heilpädagogisch ausgebildeten Lehrer hervorragende Leistungen behinderter Schüler erzielt.

Grundsätzlich spielen die Mitmenschen eine große Rolle. Ihr persönliches Engagement ist erforderlich, damit kranke und behinderte Menschen nach ihren Fähigkeiten optimal gefördert und der Isolation entrissen werden können.

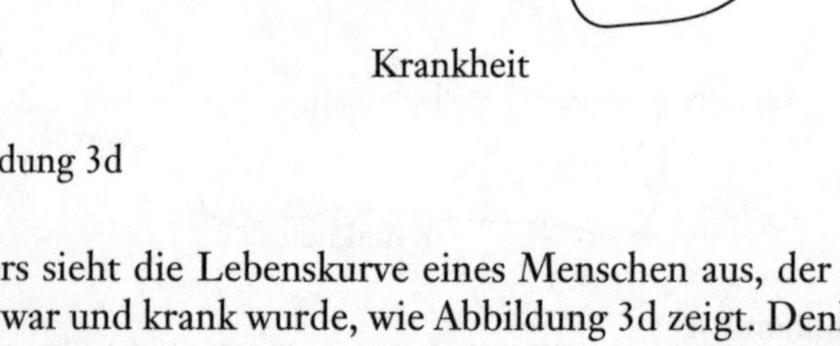

Abbildung 3d

Anders sieht die Lebenskurve eines Menschen aus, der gesund war und krank wurde, wie Abbildung 3d zeigt. Denken wir an Menschen, die durch einen Unfall geschädigt wurden, einen Arm oder ein Bein einbüßten, einen Schaden an der Wirbelsäule oder am Kopf erlitten oder Teile ihrer Intelligenz verloren wie das Gedächtnis, die Erinnerung, die Kombinationsfähigkeit, die Sprache.

In solchen Fällen wird der Ausfall körperlicher oder geistiger Leistungsfähigkeit meistens erst wie ein Schock erlebt, der bis zu Selbstmordtendenzen gehen kann.

Aber auch in solchen Fällen wundert man sich immer wieder, welche Energien entstehen können, wenn man den körperlichen oder geistigen Schaden erst einmal akzeptiert hat. Die heutigen Rehabilitationsmaßnahmen in den sogenannten Reha-Kliniken zeigen immer wieder erstaunliche Resultate. Beruflich müssen diese Menschen zwar meist eine andere Richtung einschlagen, doch in der überwiegenden Mehrzahl der Fälle zeigen sich gute Chancen für einen anderweitigen beruflichen Einsatz. Ausschlaggebend sind dabei immer wieder Wille und Motivation des Patienten.

Wenn man sich mit bleibenden körperlichen und/oder geistigen Schäden abfinden muß, stellt sich in besonderer Weise die Frage, welche Bedeutung die Art der Erkrankung und des Ausfalls für diesen einen Menschen haben kann.

In diesem Zusammenhang erinnere ich mich an einen Frührentner, der bis zu seinem 50. Lebensjahr als Werkmeister in einem bedeutenden Unternehmen angestellt war. Wegen einer unheilbaren Krankheit mußte er vorzeitig in Rente gehen. Nun entdeckte er ein besonderes Geschick für das Schnitzen. Nach einer Reihe von Lehrgängen ist er in der Lage, aus Holz Teller, Krippenfiguren, Marienstatuen in künstlerischer Qualität zu gestalten. Ohne das Trauma, nicht mehr berufstätig sein zu können, hätte er wohl kaum seine Begabung entdeckt.

Noch eine fünfte Möglichkeit wollen wir erörtern: Krank und sogar schwer krank gewesen sein und gesund werden. Das sind vor allem diejenigen, die als Kind in ihrer körperlichen und seelisch-geistigen Entwicklung eingeschränkt waren, im Laufe ihres Lebens jedoch genesen konnten. Als Beispiel wollen wir Alfred Adler (1870–1937) herausgreifen, den Schüler von Sigmund Freud (1856–1939) und späteren Begründer der Individualpsychologie. Er war Jude wie Freud auch und in einer Vorstadt Wiens aufgewachsen. Dort lernte er früh die noch schlechten sozialen Verhältnisse der armen Menschen, der Handwerker und Arbeiter des ausgehenden 19. Jahrhunderts kennen. Er selbst war ein kränkliches Kind und hatte wegen einer Rachitis erst mit vier Jahren laufen gelernt. Mit den anderen Kindern konnte er nicht herumtollen, wie er es gern gewollt hätte. An sich selbst lernte er, daß das Erleben einer Minderwertigkeit gegenüber anderen Menschen außergewöhnliche Kräfte zu deren Überwindung freisetzen kann. Er wurde später u. a. der geistige Vater des heute geläufigen Begriffes »Minderwertigkeitskomplex«, und mit seiner Therapieform erstrebte er ein hohes Maß an Selbstverwirklichung des Menschen. Abbildung 3e skizziert die Lebenskurve solcher Menschen.

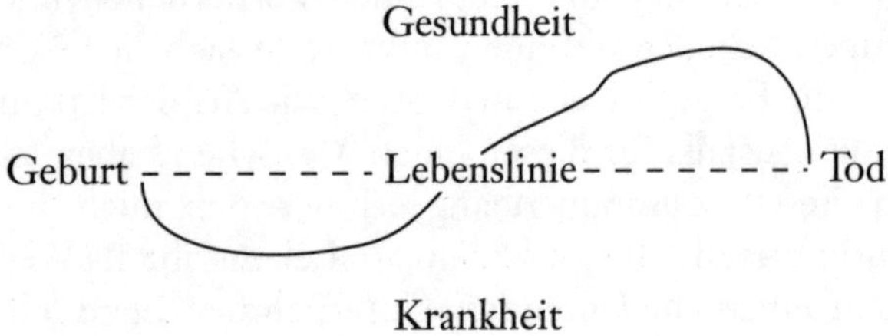

Abbildung 3e

Die Lebenslinie von der Geburt bis zum Tod kann also in vielen Fällen durch die Lebenskurve zwischen den Polen Gesundheit und Krankheit geschnitten werden. In der Mehrzahl der Fälle haben wir es mit Pendelbewegungen zu tun. Wenn wir dem Beispiel von »Normalgesund« folgen, das oben J. Gebser zitierte, dann dürfte bei »ewig« anhaltender Gesundheit so etwas wie Langweiligkeit und Spannungslosigkeit entstehen. Wir wären da mit einem Schwimmer vergleichbar, der unbegrenzte Zeit im Wasser »den toten Mann spielen« und sich auf den Wellen treiben lassen kann. Aber irgendwann will sich der Schwimmer im Wasser bewegen, sei es, daß er an ein Ziel schwimmen oder sich nur wieder erwärmen will.

So könnte der Gedanke entstehen, daß wir die Polarität von Gesundheit und Krankheit brauchen, um uns immer wieder zu bewegen, etwas für unsere Gesundheit zu tun.

Ich gehe nicht davon aus, daß wir mit dem hier vorgeführten Denkmodell genügend über unheilbar kranke Menschen aussagen können, weil sie in der oben skizzierten Polarität zwischen Gesundheit und Krankheit nur begrenzt leben. Es muß hier noch einen tieferen Sinn geben, der sich nur aus dem individuellen Leben selbst erschließen läßt. Eine Reihe der in den nächsten Kapiteln besprochenen Lebensgeschichte soll uns dieser Problematik noch näherbringen.

Kränkung und Krankheit, Ermutigung und Gesundheit

Die beiden Begriffe Kränkung und Krankheit haben nicht nur sprachlich, sondern auch inhaltlich einen engen Zusammenhang miteinander. Krankheit heißt leiden, Schmerz fühlen, von den körperlichen Funktionen her eingeschränkt sein.

Kränkung ist noch nicht Krankheit, aber eine Vielzahl von Kränkungen können, wie wir heute wissen, eine Krankheit auslösen.

Kränkung hat in unserem Sprachverständnis weniger mit unserem Körper, als mit unserer Seele zu tun. Mit Worten, Gesten, Verhalten, Nachrede, Gerücht oder gar mit Briefen kann ein Mensch einen anderen kränken.

Reicht es schon, jemandem »den Vogel zu zeigen«, indem wir mit dem Zeigefinger an unsere Stirn tippen? Der eine und andere mag sich ärgern, wenn ihm auf diese Weise gezeigt wird, daß er ungeschickt oder dumm reagiert habe. Aber wird er gekränkt sein? Nicht unbedingt. Anders dürfte es sein, wenn zwei Damen den folgenden Dialog miteinander führen:

Frau Boser trifft auf der Straße Frau Bitter. »Wie nett, Sie zu sehen, liebe Frau Bitter!«

»Ja, wir haben uns schon lange nicht mehr getroffen, Frau Boser.«

Boser: »Was für ein reizendes Kleid Sie heute anhaben!«

Bitter: »Ja, meinen Sie? Mein Mann hat es mir vor einigen Tagen gekauft.«

Boser: »Ach, wie lieb von ihm! Meine ältere Schwester hat genau das gleiche Muster letztes Jahr in München gekauft!«

Trotz des freundlichen Tons gibt Frau Boser unterschwellig an Frau Bitter die Information: Sie sieht älter aus, das Muster des Stoffes ist nicht mehr aktuell, und eine andere Dame hat es längst getragen. Welche Dame, die etwas auf sich hält, hat da noch Freude an einem solchen Kleid, auch wenn es vom eigenen Mann gekauft wurde? Frau Bitter muß sich gekränkt fühlen!

Häufiger Tadel, abwertende Kritik, beleidigende Worte, die darauf aus sind, einen anderen Menschen schlecht zu machen, ihn zu entwürdigen, sein Selbstvertrauen zu zerstören, ihm Schuldgefühle beizubringen, können kränken. Bestimmte Worte wirken wie ein scharfes Messer, wie eine Waffe, sie können nicht nur seelisch verletzen, sie können sogar auch töten. Denken wir dabei an ein Wort wie Rufmord. Was ist denn gemeint? Sprachlich, ohne Waffen kann man den Ruf, das Ansehen, das Prestige eines Menschen zerstören. In extremen Situationen wird er dann seinen Wohnort oder sogar sein Land verlassen, möglicherweise seinem Leben ein Ende setzen.

Das positive Gegenstück zur Kränkung ist nach meinem Dafürhalten die Ermutigung. Sie wirkt stärkend auf das Selbstwertgefühl und Selbstvertrauen eines Menschen, vor allem eines Kindes oder Heranwachsenden. Und vor allem, Ermutigung wirkt anregend, fördernd und festigend auch auf unsere Gesundheit. Wie sehr richtet uns da der Satz auf: »Kopf hoch! Du wirst es schon schaffen!«

Auf den folgenden Seiten werden in den Abbildungen 4-8 Aufstellungen von kränkenden Äußerungen einerseits, ermutigenden und aufbauenden Worten andererseits vorgestellt. Es mag sein, daß Ihnen beim Lesen Erinnerungen an solche und ähnliche Sätze hochkommen. Wenn es so sein sollte, ist das erwünscht, denn es kann und soll Ihnen helfen, bisher unbewußte Codierungen Ihres Lebens und Ihrer Leistungsfähigkeit aufzuspüren.

Beachten Sie die folgenden Beispiele für Kränkungen und kreuzen Sie für sich selbst diejenigen an, unter denen Sie selbst vielleicht zu leiden hatten:

❑ »Du wirst es nie lernen«

Was? ....

....

❑ »Du wirst es nie zu etwas bringen«

Wozu? ....

....

❑ »Du wirst noch einmal in der Gosse landen«

Warum? ....

....

❑ »Du taugst einfach zu nichts!«

Wieso? ....

....

❑ »Mit dir wird es noch einmal ein schlimmes Ende nehmen«.

Warum? ....

....

❑ »Wenn du so weiter machst, wirst du dich/uns noch ruinieren.«

Wie? ....

....

Abbildung 4

- ❑ »Wie oft habe ich dir schon gesagt, daß . . .?
  Was? ....
  ....
- ❑ »Es ist immer wieder das Gleiche mit dir . . .«
  Welches? ....
  ....
- ❑ »Bei dir ist Hopfen und Malz verloren . . .«
  Warum? ....
  ....
- ❑ »Man sollte dich windelweich schlagen, bis du es begriffen hast!«
  Was? ....
  ....
- ❑ »Man sollte dich zum Teufel jagen!«
  Warum? ....
  ....
- ❑ »Ich sage es lieber dem/der X, der/die kann es besser!«
  Wem? ....
  ....
- ❑ »Dumm geboren, nichts dazugelernt!«
  Was nicht? ....
  ....
- ❑ »Wenn du das tust, bist du mein Sohn/meine Tochter nicht mehr!«
  Warum? ....
  ....

Wenn Sie solche und ähnliche Äußerungen hörten, dann schreiben Sie auf, von wem sie stammten, ob sie einmalig, mehrfach oder häufig ausgesprochen wurden:

Wer drückte sich so oder ähnlich aus?

....

Waren es mehrere Personen, die das gleiche Vokabular anwendeten?

....

An welche weiteren Kernsätze erinnern Sie sich?

....

....

....

Versuchen Sie, sich an die Sprechstimme zu erinnern; wie wirkte sie?

Unangenehm – hart – bitter – schneidend – verletzend – provozierend – abservierend – verwünschend – verfluchend –

Ganz anders, so wie: ....

....

....

Abbildung 5

Versuchen Sie, sich über Ihre damaligen Gefühle klar zu werden!

Was erlebten Sie?

Scham – Entmutigung – Verzweiflung – Trauer – Todeswünsche – Aggressionen – Wut – Zorn – Haß – Wunsch nach Rache – Mordgelüste – Gleichgültigkeit – Beleidigtsein

Gab es noch andere Gefühle?

....

....

Abbildung 6

Beachten Sie bitte: Je offener Sie zu sich selbst sein können, auch wenn Ihnen »der Kaffee aus der Zeit vor x Jahren hochkommt«, desto eher werden Sie herausfinden, was Sie seit Jahren belastet, ärgert, »wurmt« und Sie die Energie des Hinunterschluckens kostet!

Mit der eigenen Vergangenheit wie auch den Menschen zurückliegender Zeiten können Sie sich nur versöhnen, wenn Sie wissen, was es zu versöhnen gibt. Unterdrücken des Ärgers macht krank, Erkennen und Verarbeiten hilft körperlich und seelisch gesunden! Also, am besten aufschreiben und »Farbe bekennen!«

Kränkung bedeutet, daß jemand zunehmend seine Haltung verliert, in sich hineinsinkt, seinen Stolz, seine Widerstandskraft, seinen Mut, sein Selbstwertgefühl, sein Selbstvertrauen, seine Selbstsicherheit aufgibt, sich gedemütigt fühlt, seiner Anerkennung verlustig geht, er übersehen wird, »wie Luft behandelt wird«, ihm seine Ehre genommen wird, er »in den Dreck gezogen wird«.

Holen Sie zu den obigen bewußten Erinnerungen in Abbildung 4–6 Ihre damaligen Reaktionen ins Bewußtsein. Was hätten Sie am liebsten getan, wenn Sie gekonnt hätten?

- ❑ »Ich hätte der Person am liebsten die passende Antwort gegeben!«
  Welche? ....
  ....
- ❑ »Ich hätte die Person ohrfeigen/prügeln können«
- ❑ »Ich hätte der Person ›den Kragen umdrehen‹ können«
- ❑ »Ich hätte die Person ›auf den Mond schießen können‹«
- ❑ »Ich hätte der Person ›die Pest an den Hals‹ wünschen können«
- ❑ »Ich habe eine Verwünschung gegen die Person ausgedacht«
  Welche? Erinnern Sie sich an die damalige Formulierung!
  ....
  ....
- ❑ »Ich habe gegen die Person einen Fluch ausgestoßen«
  Welchen? Schreiben Sie den genauen Wortlaut auf!
  ....
  ....
- ❑ »Ich dachte, wenn die Person doch nur der Teufel holen würde!«

Abbildung 7

Überlegen Sie, wie die folgenden Ausdrücke auf Sie wirken. Haben Sie oder Menschen, die Sie kennen, damit Erfahrungen gemacht und unter ihnen gelitten? Kreuzen Sie gegebenenfalls an.

- ❑ »Jemandem das Kreuz brechen.«
- ❑ »Jemandem den Daumen draufhalten.«
- ❑ »Jemandem die Ohren langziehen.«
- ❑ »Jemanden so prügeln, daß er nicht mehr weiß, ob er Männchen oder Weibchen ist.«
- ❑ »Jemandem den Willen brechen.«
- ❑ »Jemandem eins auf den Kopf/ans Bein geben.«
- ❑ »Jemandem den Schädel einschlagen können.«
- ❑ »Jemanden grün und blau schlagen.«
- ❑ »Jemandem zeigen, wo der Bartel den Most holt.«
- ❑ »Jemandem zeigen, wo es lang geht.«
- ❑ »Jemandem zeigen, was Sache ist.«
- ❑ »Jemandem den Marsch blasen.«
- ❑ »Jemanden Mores lehren.«
- ❑ »Jemanden unter Druck setzen.«
- ❑ »Es soll ihm/ihr Hören und Sehen vergehen.«
- ❑ »Mit Ihnen/mit dir hat es doch keinen Wert.«
- ❑ »Da ist doch alles umsonst.«
- ❑ »Du scheinst/Sie scheinen völlig überfordert zu sein.«
- ❑ »Jemandem die Flügel stutzen/beschneiden.«

Abbildung 8

Und wenn einer dem anderen »ans Leder will«, dann wird »schmutzige Wäsche gewaschen«, »jemandem am Zeug geflickt«, »über jemandem der Stab gebrochen«. Der Volksmund bietet uns ein reichhaltiges, in Jahrhunderten gewachsenes Beobachtungsmaterial an. Greifen wir deshalb noch einige solche Beispiele heraus, die eine dämpfende, niederdrückende Wirkung haben können. Sind Ihnen solche und ähnliche Ausdrücke begegnet?

Nun ist die Welt ja nicht ständig trüb, traurig, entmutigend. Immer wieder finden wir auch Menschen, die uns Auftrieb geben und das Gefühl vermitteln, daß aus uns etwas werden kann. Ich erinnere mich dabei an Erfahrungen mit geistig und körperlich behinderten Kindern und deren Eltern und Lehrern, sei es in Sonderschulen, in meiner Praxis oder während meiner Ausstellungen mit pädagogisch wertvollem Spielzeug für gesunde und behinderte Kinder, unter anderem in den sechziger Jahren in der »Evangelischen Akademie in Bad Boll«. Ich erarbeitete damals auch einen Katalog mit entwicklungsfördernden Angeboten unter dem Titel »Spielen hilft heilen« (56).

Immer wieder staunte ich, welche Fortschritte diese Kinder machten, wenn man ihnen das für ihren Reifungsstand passende Spiel- und Beschäftigungsmaterial an die Hand gab und sie heilpädagogisch betreute. So ist bekannt, daß die Schüler von Sonderschulen für Lernbehinderte, den früheren Hilfsschulen, in der Mehrzahl so weit gefördert werden können, daß sie eine Lehre beginnen und erfolgreich beenden können. Die Geduld der Sonderschul-Lehrer und ihr Ideenreichtum sind beispielhaft. Und die meisten Eltern behinderter Kinder geben sich außerordentlich viel Mühe, um die körperlichen und geistigen Funktionen anzuregen und ihren Kindern spielerisch zu helfen.

Haben Sie schon mal »Memory« (57) gespielt? Wenn ja, dann wissen Sie, daß das Spiel aus einer Anzahl paariger Kärtchen besteht. Jedes Motiv ist zweimal vorhanden. Die Kärtchen werden gemischt und mit der Bildseite nach unten auf den Tisch gelegt. Nacheinander darf jeder Mitspieler zwei Kärtchen mit der Bildseite nach oben drehen. Haben sie das gleiche Motiv, darf er sie für sich weglegen und nochmals zwei Kärtchen umdrehen, bis er kein zusammmengehöriges Paar mehr findet. Dann kommt der Nächste, der nun auch zwei Kärtchen umdreht und so weiter. Jeder muß nun aufpassen, welches Kärtchen an welcher Stelle liegt, damit er, wenn er dran ist, mit Hilfe seines Gedächtnisses möglichst viele Paare herausfinden kann.

Erfahrungsgemäß gewinnen die Kinder mehr Bildpaare als die Erwachsenen, weil sie besser und schneller optisch auffassen und der Erwachsene viel zu sehr schon an abstraktes bildfreies Denken gewöhnt ist.

Wollen Sie wissen, wie Sie als Erwachsener trotzdem gewinnen können, wenn Sie mit Ihren Kindern spielen? Sie müssen mnemotechnisch (der Struktur ihres Gedächtnisses entsprechend) vorgehen, das heißt, sie müssen mit einem besonderen Gedächtnistraining arbeiten:

Greifen Sie möglichst nicht da und dorthin, sondern nehmen Sie auf Ihrer Seite der Reihe nach das erste und zweite Bild, das nächste Mal das dritte und vierte, dann das fünfte und sechste und so weiter. Nur wenn Sie sicher sind, daß mittendrin die paarige Karte zu Ihrem Bild liegt, dann greifen Sie hinein und legen das Kärtchen um. Mit Ihrem Vorgehen schaffen Sie sich eine Assoziationskette, eine Gedankenkette: Die erste, zweite, dritte, vierte Karte hatte dieses und jenes Motiv.

Eine zweite Hilfe ist es, wenn Sie die Bildmotive durch ein kombiniertes Wort miteinander verbinden, wobei dieses Wort nicht unbedingt einen Sinn haben muß. So kann das erste von Ihnen umgedrehte Bild ein Apfelbaum, das zweite eine Leiter sein. Daraus können Sie Baum-Leiter machen. Das dritte Motiv kann ein Haus, das vierte einen Affen darstellen. Sie können daraus Haus-Affe machen. Probieren Sie es einmal, Sie werden mit höchster Sicherheit in Zukunft besser »memory« spielen! Bitte, nicht unbedingt Ihren Kindern weitersagen. Sie wollen doch da und dort auch einmal gewinnen! Ihre Kinder spielen im allgemeinen sowieso besser als Sie! Wollen wir wetten?

Im übrigen haben viele Spiele eine entwicklungsfördernde Wirkung. Voraussetzung ist natürlich, das sie altersgerecht sind. Einem Fünfjährigen kann man beispielsweise noch kein »Scrabble« (58) beibringen, weil er die Buchstaben noch nicht zu Worten zusammensetzen kann. Vom Lesealter an fördert dieses Spiel die Kombinationsfähigkeit, den Wortschatz, das Rechtschreiben.

Um den Eltern bei der Auswahl des altersgerechten Spielzeugs zu helfen, zeigte ich in den sechziger Jahren an Volkshochschulen meine Spielzeug-Ausstellung »Kinder wollen spielen« und schrieb dazu ein Büchlein mit gleichlautendem Titel (59). Verwiesen werden darf in diesem Zusammenhang auf den Ulmer »Arbeitsausschuß gutes Spielzeug«, der auch die Plakette »Spiel gut« geschaffen hat. Sie ist heute auf einer großen Anzahl ausgewählter Spielsachen aufgedruckt.

Friedrich von Schiller sagt in der »Ästhetischen Erziehung des Menschen« (60):

»Der Mensch spielt nur, wo er in voller Bedeutung des Wortes Mensch ist, und er ist nur da ganz Mensch, wo er spielt.«

Sollten wir da nicht öfter uns dem Spiel hingeben, ganz Mensch sein, uns entspannen, im Spiel wieder Erfolgserlebnisse sammeln, um den täglichen Anforderungen wieder besser gerecht zu werden?

Als nächstes wollen wir uns überlegen, auf welche Weise wir von Kindheit an ermutigt wurden. In erster Linie ist an die Sprache zu denken, auch im Sinne des Summens und Murmelns von Lauten.

Unsere Sprache dient der Kommunikation. Wir äußern uns in der Sprechmelodie und den Worten selbst. Dazu Schlüsselworte (Abbildung 9):

Sprechmelodie: angenehm – beruhigend – zutraulich – einschmeichelnd – summend – ermunternd – anregend; gedrückt – abgehackt – traurig – zerlaufend. Wortwahl: sympathisch – wohlwollend – mitfühlend – treffend – verhalten – diplomatisch – »durch die Blume« – »auf den Punkt« kommend – unangenehm – unsympathisch – beunruhigend – störend – hart – schneidend – kritisch – abwertend – beleidigend

---

Wenn Sie an eine bestimmte Sprechmelodie im oben skizzierten Sinne denken, an wen werden Sie dann erinnert?

An Eltern – Geschwister – Verwandte – Autoritätspersonen – Pflegepersonen – sonstige Menschen Ihrer Umwelt? Beschreiben Sie deren Stimme und wie sie auf Sie wirkte:

....

....

Abbildung 9

Wenn Sie die vorstehenden Abbildungen gelesen und ausgefüllt haben, werden Sie sich vielleicht fragen, was Sie damit anfangen können. In erster Linie werden Sie eine Reihe von Erlebnissen und Erfahrungen aus Kindheit und Jugend und wohl auch späterer Zeit Ihres Lebens ins Bewußtsein holen können. Und Sie werden sich sicher auch wünschen, daß manche Situation im Leben besser abgelaufen wäre.

Für das Spiel des Kindes gilt der Grundsatz, daß es sich »sattspielen«, also ein Spiel ausreichend lange mit genügend Erfolgserlebnissen wiederholt haben soll, um sich einer anderen Beschäftigung zuwenden zu können. Diese Erfahrung gilt sinngemäß auch für traurige Erlebnisse. Wir müssen sie angenommen und uns mehrfach daran erinnert haben, bevor wir sie verarbeiten und damit als erledigt ablegen können. Es ist das, was wir als Trauerarbeit bezeichnen. Die vorstehenden Übersichten sollen dazu beitragen, sich zu erinnern, damit es nochmal betrachtet und dann »abgehakt« werden kann.

Eine Hilfe zur Stärkung unserer Persönlichkeit können all' die Begriffe sein, in denen das Wort »Selbst« enthalten ist. Das sind mehr, als wir zunächst annehmen würden. Unterstreichen Sie in Abbildungen 10 und 11, welche Begriffe für Sie zutreffen. Am besten in roter Farbe, wenn Sie diese Eigenschaften an sich kennen, in blauer Farbe, wenn sie Ihnen fehlen sollten. Doppelt unterstrichen kann heißen, daß die Eigenschaft stark vorhanden ist (rot) oder ihnen besonders schmerzhaft fehlt (blau). Zuerst die positiven Beispiele:

Selbstachtung – Selbstbeherrschung – Selbstbeschränkung – Selbstbesinnung – Selbsterkenntnis – Selbstgefühl – Selbstgenügsamkeit – Selbsthilfe – Selbsthingabe – Selbstkritik – Selbstlosigkeit – Selbstsicherheit – Selbständigkeit – Selbstüberwindung – Selbstverständlichkeit – Selbstvertrauen – Selbstwertgefühl. Nehmen wir noch den selfmademan abschließend hinzu.

Abbildung 10

Und nun Beispiele mit einer eher negativen Akzentuierung:

Rot unterstrichen = vorhanden, doppelt unterstrichen = stark vorhanden.

Blau unterstrichen = fehlend.

Selbstbezwingung – Selbsterniedrigung – Selbstgefälligkeit – Selbsthaß – Selbstmord – Selbstsucht – Selbstüberschätzung – Selbstunterschätzung – Selbstvergötterung – Selbstverschuldung – Selbstzufriedenheit

Abbildung 11

Die vorstehenden Aufstellungen in Abbildung 10 und 11 sollen Ihnen zeigen, inwieweit Ihr Selbst aufgebaut und stabil oder auch brüchig und unecht ist. Machen Sie sich, bitte, Gedanken, was Sie selbst dazu tun können, ein »gesundes« Selbstgefühl zu gewinnen, so daß Sie mit den »Stürmen des Lebens« besser fertig werden können.

In Abbildung 12 finden Sie eine weitere Liste von Worten. Überlegen Sie sich, welche davon Sie gern in Ihren eigenen Wortschatz aufnehmen und anwenden wollen, sei es zur Bestätigung für sich selbst oder zur Anerkennung und Hilfe für andere Menschen. Denken Sie wieder daran, welche Erfahrungen Sie in dieser Richtung gemacht haben:

Anerkennen – aufbauen – bestätigen – »Eile mit Weile« – ermuntern – ermutigen – Erfolgserlebnisse vermitteln – fördern – konstruktive Kritik – loben – »Es ist noch kein Meister vom Himmel gefallen« – motivieren – »Rom wurde auch nicht an einem Tag erbaut« – stärken – vertrauen – an seinen Aufgaben wachsen – Selbstvertrauen festigen – gutes Beispiel geben – zur Nachahmung anregen –

Ergänzende Worte: ....

....

Abbildung 12

Zum Schluß noch einige Beobachtungen an spielenden Kleinkindern.

Mit unendlicher Geduld setzt ein etwa anderthalbjähriges Kind immer wieder ein Bauklötzchen auf das andere. Es baut den entwicklungspsychologisch wichtigen Turm. Auch wenn immer wieder das eine und andere Bauklötzchen vom Turm herunterfällt, es wird erneut versucht, den Turm immer höher zu bauen. Ein Kleinkind lernt durch Wiederholung, und es muß sich, wie wir oben schon sahen, sattspielen können.

Auch der Schüler in der Schule prägt sich den Lernstoff durch Wiederholung ein, und je mehr er dabei Erfolg hat, desto mehr ist er auch bereit, sich an schwierigere Aufgaben heranzutrauen.

Wird dagegen einem Kind immer wieder der Mut genommen, ihm »der Schneid abgekauft«, dann können schon sehr bald Entmutigung, Verzweiflung, Resignation entstehen, letztlich Verzicht auf eigene Leistungen und damit Aufgabe von Zielen.

Wir alle brauchen Erfolgserlebnisse, und zwar wesentlich mehr als Mißerfolgserlebnisse. Aus ihnen entstehen Ermutigung und Zuversicht, Selbstsicherheit und Selbstvertrauen. Vermutlich wird Ihnen die eine oder andere Person einfallen, durch deren Worte und Gesten Sie sich aufgebaut und bestätigt fühlten.

Die vorstehenden Übersichten können für Sie eine Anregung zum Nachdenken über sich selbst, die genossene Erziehung, die Autoritätspersonen ihrer Kindheit und Jugend sein. Je mehr Sie dadurch zur Erinnerung und zum Aufschreiben angeregt werden, desto besser ist es für Sie. Selbsterkenntnis verhilft zur besseren Sinnfindung und Lebensgestaltung!

Wie ist das eigentlich mit unserer Seele?

Bis Anfang der siebziger Jahre konnte man davon ausgehen, daß das gut 2500 Jahre alte Leib-Seele-Problem der abendländischen Philosophie gelöst sei. Medizin und Psychologie schienen sich verständigt zu haben, daß Körper und Seele eine Einheit darstellen. Dem »mens sana in corpore sano« – ein gesunder Geist in einem gesunden Körper – wurde die moderne Psychosomatik gegenübergestellt, wonach sich Krankheiten körperlich und seelisch ausdrücken können und deshalb dem Hilfe und Linderung von seinen Schmerzen suchenden Patienten mit seiner ganzen Person geholfen werden müsse.

Sigmund Freud (1856–1939), von Ausbildung und Forschung her zunächst Neurologe und später Psychiater, wurde der Begründer der Psychoanalyse. Er gilt als der Vater der modernen Tiefenpsychologie und Psychosomatik, seit er 1900 sein bahnbrechendes Buch »Die Traumdeutung« (61) veröffentlichte. Er zeigte darin die Zusammenhänge zwischen Träumen und unbewältigten Konflikten bis hin zu körperlichen und seelischen Erkrankungen.

Die Erfahrung mit uns selbst zeigt uns immer wieder, daß wir als eine körperlich-seelische Einheit agieren und reagieren. So können wir noch so intelligent sein, wenn wir zuviel und zu schwer verdauliche Speisen gegessen haben, werden wir müde und schläfrig, und ein geforderter Intelligenztest in diesem Zustand würde keineswegs die volle Leistung unseres Gehirns repräsentieren.

Ein freudiges Ereignis läßt unser Herz schneller schlagen und den Blutdruck ansteigen, und die Arbeit geht uns leichter von der Hand. Wenn wir dagegen traurig sind, schmeckt uns das Essen nicht mehr, wir verlieren unsere aufrechte Haltung, wir »lassen die Flügel hängen.« Jedermann kann an sich selbst feststellen, wie er mit seiner Seele *und* seinem Körper reagiert.

Demgegenüber konnte ein Buch des englischen Hirnphysiologen H. J. Campbell mit dem provozierenden Titel »Der Irrtum mit der Seele« schockierend wirken. Er schrieb dort (62):

»Denn alles liegt am Gehirn, alles ist ein Teil Neurophysiologie. Ich hoffe aufzuzeigen, wie sinnlos es ist zu glauben, daß das menschliche Denken und Verhalten, die menschliche Persönlichkeit und menschliche Wertsysteme in irgendeiner Weise mit der Stellung der Gestirne, mit Teeblättern, Göttern oder Geistern in einem kausalen Zusammenhang stehen. Ich bin der gleichen Ansicht wie viele Neurophysiologen, Psychiater, Psychologen und Soziologen, daß nämlich jeder einzelne Aspekt des menschlichen Trachtens und Strebens fest in den materiellen Vorgängen des Gehirns verwurzelt ist ... Wenn wir uns nicht dazu durchringen, unsere Vorstellungen über die Immaterialität der Seele aufzugeben, wenn wir nicht anerkennen, daß unsere Persönlichkeit, unsere Hoffnungen und Befürchtungen nur äußere Abbildungen von elektrischen Aktivitätsmustern in unserem Gehirn sind, dann werden wir höchstwahrscheinlich nie wirklich frei sein.«

Die höchst differenzierten Forschungen am menschlichen Gehirn, den Nervenzellen und Nervenbahnen führten den Autor dazu, zu glauben, daß nicht nur jede Körperempfindung, sondern auch jede Intelligenzleistung, jedes Gefühl, jede Stimmung bis hin zu weltanschaulichen Überlegungen ausschließlich von den Funktionen des Gehirns her erklärt werden könnte. Er schließt damit an die schon zitierte Bemerkung des wohl bedeutendsten Pathologen seiner Zeit, Rudolf Virchow (1821-1902) Ende des 19. Jahrhunderts an, er habe Tausende von Leichen seziert, sei aber dabei nie auf eine menschliche Seele gestoßen.

In der gleichen materialistisch orientierten Richtung interpretiert der französische Neurophysiologe und Neurobiologe Jean-Pierre Changeux seine Versuchsergebnisse, die er in seinem Buch »Der neuronale Mensch« (63) zusammengefaßt hat. Nach ihm sind die intellektuellen Vorgänge wie Denken, Erinnern, Vergessen, Kombinieren, wie auch unsere Gefühle, unsere Träume, unsere Phantasie nichts anderes als Ausdruck elektrochemischer Prozesse in dem mehr als dreißig Milliarden umfassenden ungeheuren Geflecht der Nervenzellen und ihrer Vernetzung untereinander.

In seiner Forschung sieht er auch eine Gefahr für die Religionen, sofern sie von der Unsterblichkeit der Seele ausgehen. Konsequenterweise kann es keine Unsterblichkeit geben, wenn es so etwas wie Seele überhaupt nicht geben soll. Mit einer gewissen Spitze gegen die christlichen Kirchen führte er aus (64): »Jede wissenschaftliche Tätigkeit, die direkt oder indirekt die Immaterialität der Seele in Zweifel zieht, ist eine Gefahr für die Religion und mit dem Feuertod zu bestrafen.«

Die neurophysiologischen Versuchsergebnisse sind außergewöhnlich differenziert, vor allem die Elektrizität und die Chemie des Nervensystems betreffend. Es ist allerdings auch zu vermuten, daß die Existenz der menschlichen Seele wissenschaftlich nicht beweisbar ist, wenn man sie ausschließlich in Verbindung mit dem Körper sieht.

Andererseits müssen wir jedoch davon ausgehen, daß die menschliche Seele sich auch ohne Körper bewegen, zeigen, fortbestehen kann. Erinnert sei an die parapsychologischen Forschungen und die bisherigen Erfahrungen mit der Reinkarnations-Therapie, auf die wir noch zu sprechen kommen werden.

Betrachten wir die Seele unter dem Gesichtspunkt der Krankheit, dann ergibt sich die Frage, ob sie selbst krank sein kann oder nur krankhaft reagiert, weil der zugehörige Körper in seinen Funktionen gestört ist.

Modern ausgedrückt bietet sich der Vergleich mit einem

Computer als hardware und den Programmen auf Disketten als software an. Der Computer könnte dann unserem Körper einschließlich Gehirn und Nervenbahnen entsprechen; die Programm-Disketten würden dann die Empfindungen, Gefühle, Stimmungen, Intelligenzleistungen umfassen, die mit Hilfe des Computers erkannt werden können.

Aber dann müßte jemand da sein, dem der Computer mit der software gehört und der mit den Materialien umgeht. Kehren wir auf die menschliche Ebene zurück, dann könnten wir sagen, dieser »Derjenige« wäre dann die menschliche Seele.

Ein noch so hochqualifizierter Computer kann aber nur dann richtige und »gesunde« Ergebnisse erbringen, wenn die Programm-Diskette fehlerfrei ist. Andererseits kann ein gutes Programm seine Qualität nur dann erweisen, wenn der Computer selbst einwandfrei arbeitet. Ein minderwertiger Computer mit einem fehlerhaften Programm würde natürlich überhaupt keine sinnvollen und verwertbaren Ergebnisse zuwege bringen.

Auf den menschlichen Bereich angewandt würde das heißen, daß sich eine gesunde Seele in einem kranken Körper nicht genügend offenbaren und entfalten kann; andererseits würde eine kranke Seele in einem gesunden Körper »Fehlschaltungen« bewirken und ihn dann auch krankmachen.

Zusammenfassend können wir aus dem Gesagten ableiten:

1. Es muß eine Instanz da sein, die mit den vorhandenen Materialien etwas anfangen kann, die das »Gerät« und das »Programm« anwendet.
2. Fehlerhaftigkeit auf der einen oder anderen Seite bedeutet Anfälligkeit, Störungen oder Krankheit im weitesten Sinne.

Kommen wir auf die Ergebnisse der Gehirnforschung und Neurophysiologie zurück: Aufbau, Struktur, Funktionen des gesamten Nervensystems sind heute bis ins kleinste Detail erkannt.

Wahrscheinlich stimmen aber die Konsequenzen nicht, die daraus gezogen wurden: Man hat nämlich übersehen, daß irgend jemand diese Kapazitäten einsetzt, verwendet und daraus etwas »macht«. Empfindungen, Gefühle, Stimmungen, Phantasie, alles das ist die eine Seite, die andere ist der »Eigner« des ganzen Systems.

Bei allem Respekt vor den Forschungsergebnissen gewinnen wir erst dann einen Sinn für das ganze Instrumentarium, wenn eine Instanz, eine Kraft, eben die menschliche Seele sich darin ausdrückt und wirken kann.

Wir haben bei unserer Frage nach der Seele auch die Krankheiten gestreift. Da gibt es sicher Unterschiede:

1. Wir können von körperlichen Erkrankungen sprechen, wie fieberhaften Infekten, Erkrankungen der Organe, der Gelenke, der Muskeln.
2. Hinzu kommen seelische Erkrankungen wie Neurosen oder Fehlhaltungen, besonders die Angstneurosen.
3. Wir sprechen von Geisteskrankheiten, zu denen Manien, Wahnvorstellungen, Zwänge wie der Waschzwang, Depressionen bis zur Schizophrenie gehören.
4. Wir sprechen von psychosomatischen Erkrankungen, die sich seelisch und körperlich ausdrücken, ohne daß ein klinischer Befund gegeben sein muß.
5. Ein Teil dieser Krankheiten läßt sich auflösen, und der Patient wird wieder gesund, ein anderer Teil gehört zu den Erbkrankheiten, chronischen, unheilbaren Krankheiten.

Wir werden uns in den nächsten Kapiteln zunehmend an die Hintergründe der verschiedenen Krankheiten herantasten, damit wir sie besser verstehen und zu ihrer Milderung oder Heilung beitragen können.

Krankheiten vor dem Hintergrund der Geschichte

Krankheiten gibt es sicher, seit Menschen auf dieser Welt leben. Sicher werden sie zum Teil heilbar und zum Teil unheilbar oder noch nicht heilbar gewesen sein. Wenn wir den Gedanken von Carl Gustav Jung folgen, einem der bedeutendsten Pioniere der modernen Tiefenpsychologie, dann verfügen wir über ein Bewußtsein und ein Unbewußtes, wobei letzteres aufgeteilt wird in ein »Persönliches Unbewußtes« und ein »Kollektives Unbewußtes« (65). Wenn es wiederum ein »Kollektives Unbewußtes« gibt, dessen Inhalte der ganzen Menschheit als Instinkte, Reflexe und vor allem Archetypen – Urvorstellungen, Urerfahrungen – gemeinsam sind, dann muß es auch solche Urerfahrungen für Gesundheit und Krankheit geben.

Einen ähnlichen Gedanken finden wir bei dem Philosophen Jean Gebser. So schrieb er in seiner *Abendländischen Wandlung* (66):

»Vergessen wir nicht, daß eine wirklich tiefgreifende Änderung der Welt immer nur gegen die Triebe und egoistischen Neigungen der einzelnen oder einzelner Interessengruppen erzwungen werden kann und manchmal sogar erzwungen werden muß. Das zutiefst in ihr liegende Gesetz einer Weiterentwicklung erzwingt durch Krankheit und Kriege diese langsame Veränderung, deren Ablauf uns ein derartiges Schneckentempo zu haben scheint, daß wir, die wir nur einige Jahrtausende geschichtlicher Entwicklung überblicken, sie kaum zu beurteilen vermögen.«

Es mag einmal interessant sein nachzuvollziehen, wie frühere Generationen mit ihren Krankheiten gelebt und sie erlebt haben. Eine dieser Einstellungsweisen war, daß

Krankheit als Strafe für ein Vergehen gegen Gott, als Sühne für Sünde zu verstehen wäre.

Das wird uns aus den Gedanken der Heiligen Hildegard von Bingen deutlich, die Heinrich Schipperges in seinem Buch *Garten der Gesundheit* wiedergibt (67):

»Denn bevor Adam das göttliche Gebot übertreten hatte, leuchtete das, was jetzt als Galle im Organismus existiert, in ihm wie ein Kristall. Es hatte den Geschmack aller guten Werke in seinem Wesen. Und auch das, was jetzt im Menschen als Schwarzgalle ist, leuchtete in ihm wie eine Morgenröte und hatte in sich das Wissen und die Vollkommenheit der guten Werke . . .

Seine Augen, die vorher die himmlische Herrlichkeit geschaut hatten, erloschen; seine Galle wurde in Bitterkeit umgewandelt und die Schwarzgalle in die Finsternis der Gottlosigkeit. So wurde der Mensch ganz und gar in eine andere Existenzweise umgewandelt. Da befiehl ihn eine große Traurigkeit (melancholia).«

Aus diesem Zitat wird deutlich, daß die Geschichte von Adam und Eva, wörtlich genommen, die Übertretung des göttlichen Gebotes als Ursache für körperliches Leid und Krankheit gesehen wurde. Wir erkennen hieraus, daß Krankheit als Strafe für das Vergehen gegen Gottes Gebot galt. Theologisch ausgedrückt müßte dann Krankheit als Teil der Erbsünde betrachtet werden.

Schipperges führt dazu noch prägnanter aus (68):

»Krankheit ist ein Fehlen und Verfehlen, ein Mangel an Sein, eine Deformation und Degeneration, ein Zuwenig oder Daneben, immer aber ein nur negativ zu definierender Zustand (modus deficiens) . . .«

Trotzdem gab es in vor- und nachchristlicher Zeit medizinisches und heilkundliches Wissen. In der *Geschichte des privaten Lebens* (69) ist zu lesen, daß in den gallischen Pilgerstationen zahlreiche Heilerfolge bei Lähmungen, Entkräftung, Krämpfen, Blindheit, Taubheit, Stummheit oder Taubstummheit erzielt wurden.

Es gab aber auch Fälle von seelisch bedingten Lähmungen, hysterischen Verhaltensweisen, Manien, Depressionen und Epilepsie. Hinzu kamen aus Fehlentwicklungen religiösen Glaubens bedingte Erkrankungen, die wir heute als ecclesiogene Neurosen (ecclesia lat. = Kirche) bezeichnen würden. Angebliche Besessenheit vom Teufel spielte vor allem im Mittelalter eine große Rolle, und man glaubte, »daß die Austreibung des Teufels unfehlbar einhergehe mit der Reinigung der Patienten von krankhaften, blutigen oder eitrigen Säften und pestilenzialischen Ausdünstungen; die Körper der Kranken wurden von Qualen geschüttelt. Der Zeitgeist schwankte ständig zwischen Verdammung und Vergötzung des Fleisches« (70).

Der Gedanke, daß Krankheit mit Verfehlung und Schuld zu tun habe, zieht sich durch das ganze Mittelalter und ist auch bei der Betrachtung der Geisteskrankheiten bis in das 19. Jahrhundert hinein zu finden. In den mittelalterlichen Vorstellungen galten Krankheiten, für die man keine organische Ursache fand und die sich ärztlich nicht heilen ließen, als Teufelswerk. Umfaßt wurden damit die Geisteskrankheiten und – modern ausgedrückt – die psychosomatischen Erkrankungen, die selten einen klinischen Befund haben und trotzdem dem daran Leidenden Schmerz bereiten.

Auch der Schmerz kann als eine Form der Bestrafung angesehen werden. Denken wir dabei an das Bibelwort (71): »Ich will dir viel Mühsal schaffen, wenn du schwanger wirst; unter Mühen sollst du Kinder gebären . . .«

Bis in das 20. Jahrhundert hinein lebten die Frauen mit der Vorstellung, daß sie mit der Geburt eines Kindes ihre »schwerste Stunde« zu erwarten hätten, getreu dem zitierten Bibelwort. Man muß sich hier tatsächlich fragen, ob es gerechtfertigt wäre, Millionen von Frauen bei der Geburt ihrer Kinder leiden zu lassen, nur weil Eva unfolgsam war und sich von der teuflischen Schlange zum Essen des Apfels verführen ließ.

Wie dem auch sei: Jahrhundertelang haben die Frauen

daran geglaubt, und erst der englische Arzt Grantley Dick-Read wandte sich gegen die Programmierung der schwangeren Frauen auf Schmerz, indem er die heute bestens bekannte Readsche Methode schuf und in seinem Buche *Der Weg zur natürlichen Geburt* (72) niederlegte.

Ein besonderes Kapitel körperlicher und seelischer Erkrankungen stellen die Lebensbedingungen in den Klöstern dar. Aufzeichnungen aus den nachchristlichen Jahrhunderten zeigen uns immer wieder, daß vielen Mönchen und Nonnen das Klosterleben nicht bekam, vor allem dann, wenn sie nicht freiwillig in ein Kloster eingetreten waren. In solchen Fällen mußten sich diese Menschen wie in einem Gefängnis, einsam, isoliert, lieblos behandelt vorkommen. Alleinsein, erzwungenes Schweigen, Unterordnung unter strenge und die Gesundheit zerstörende Regeln, Demütigungen, das Erzeugen schwerster Schuldgefühle, die Gleichsetzung von Ordensregeln mit den Geboten Gottes führten zu schwersten körperlichen und seelischen Belastungen.

Nehmen wir einen Fall aus dem Birgittenkloster zu Lille, das von Colette Piat in ihrem Buch *Frauen, die hexen* (73) geschildert wird:

»Vor einiger Zeit waren bei einer der Nonnen, Marie de Saint, schwere psychische Störungen aufgetreten, die man heute als eine mit religiös-dämonischen Wahnvorstellungen einhergehende Depression diagnostizieren kann. Die Menschen des Jahres 1613 aber sahen in derartigen Symptomen das Wirken des Teufels:

Marie ›sah‹ Beelzebub; sie förderte sein Wirken, und er ›antwortete‹ durch ihren Mund, indem er die übrigen Nonnen und sogar Christus selbst in übler Weise beschimpfte. Die Unglückliche wand sich in hysterischen Zuckungen und obszönen Bewegungen – klassische Symptome jener ›teuflischen Besessenheit‹, welche die Exorzisten durch Gebete und besondere Rituale vergebens zu bekämpfen suchten.

Schon bald erwies sich Maries Leiden als ansteckend: denn auch den Novizinnen und älteren Schwestern gelang es nicht mehr, ihre sinnlich-sexuellen Impulse, die in dieser rein weiblich geprägten Umgebung ohnehin nicht befriedigt werden konnten, zu unterdrücken . . . und je unerträglicher sie diese Situation empfanden, desto mehr steigerten sie sich in Hysterie und eine zunehmend dämonisch gefärbte Sexualität hinein . . .

Im Frühjahr 1613 geriet Marie de Saint in den Verdacht, heimlich der Hexerei ergeben zu sein; drei ihrer Mitschwestern behaupteten, sie habe den Teufel herbeigerufen, um das Kloster ins Verderben zu stürzen. Marie de Saint legte nach anfänglichem Widerstreben auch ein Geständnis ab:

›Ich habe dem Teufel meinen Körper, meine Seele, meine guten Werke, alles überlassen, was der Mensch seinem Schöpfer darbringen kann. Auf die Nonnen habe ich mit einem Zaubermittel eingewirkt, welches den Geist verwirrt . . . Vom Sabbat brachte ich Wachsbilder mit, welche die Nonnen zur Wollust reizten, und ich habe mich mit dem Teufel vereinigt, um den Schrecken hervorzurufen, welcher im Kloster herrscht. Einer Nonne reichte ich ein Zaubermittel, welches ihr einen Abscheu gegen ihren Beruf einflößte und ihr durch Beklemmung Angstgeschrei auspreßte. Bei anderen erregte ich auf diese Weise Anfälle von Verzweiflung, Schwermut und Zorn oder unzüchtige Begierden . . .‹

Marie de Saint mußte bald darauf das Kloster verlassen; sie wurde allerdings nicht als Hexe, sondern als eine vom Teufel Besessene angesehen und entsprechend behandelt: man nahm ihr das Nonnenkleid ab und verurteilte sie zu harter Buße in immerwährender Gefangenschaft im Kerker des geistlichen Gerichts in Tournai«.

Dieser Bericht ist nur einer von zahllosen anderen über Nonnenklöster, wo eine Nonne ihre Mitschwestern oder aber den Anstaltsgeistlichen beschuldigen konnte, vom Teufel bessessen, Hexe oder Zauberer zu sein (74).

Bei Piat können wir weiter lesen, daß die damals häufig auftretenden »klösterlichen Besessenheitsepidemien« zur Folge hatten, »daß seitens der Parlamente eine genauere

Überwachung der Frauenkonvente vorgeschlagen wurde, um bestimmte Fehlentwicklungen rechtzeitig erkennen zu können. In der Tat darf man diese Nonnen nicht etwa als ›Hexen‹ bezeichnen; Hexen wurden verurteilt, weil sie freiwillig einen Bund mit dem Teufel geschlossen hatten – Besessene hingegen betrachtete man als Opfer des Teufels« (75).

Solche und ähnliche Schilderungen muß man als schwer neurotische Verhaltensweisen betrachten, die sich aus einer anormalen Lebensform in Klöstern entwickelten und von vielen Insassen nicht freiwillig gewählt worden war.

Nun könnten wir uns sagen, daß solche Berichte Jahrhunderte zurückliegen und nichts mehr mit unserer Gegenwart zu tun haben.

Gewiß, es waren Extreme in damaliger Zeit. Aber übersehen wir dabei nicht, daß es klösterliche Internate gab und gibt, die zwar von den jungen Menschen nicht verlangten, wie Mönche oder Nonnen zu leben, ihnen aber eine streng tabuierte Erziehung mit auf den Lebensweg gaben, so daß der erotisch-sexuelle Lebensbereich mit schweren Schuldgefühlen verbunden wurde.

Noch etwas soll nicht unerwähnt bleiben: Unter dem Gesichtspunkt der Reinkarnation müssen wir davon ausgehen, daß unter uns viele Menschen mit neurotischen Verhaltensweisen und Angstzuständen leben, die in früheren Inkarnationen in Klöstern lebten oder auch als Hexen, Zauberer, Kräuterweiber hingerichtet wurden. Die damaligen Folterungen, erzwungenen Geständnisse, Todesarten können nach meinen bisherigen Erfahrungen im Sinne von Angstneurosen und psychosomatischen Erkrankungen bis heute fortwirken.

Der Philosoph Sokrates in uns, und was wir mit Philosophie zu tun haben

Von Sokrates aus Athen (470-399 v. Chr.) wird berichtet, daß er den Menschen, sein Leben und seine Verhältnisse zum Gegenstand philosophischen Nachdenkens machte. Konkrete Fälle des Alltags waren es, die er herausgriff. Er suchte das Gespräch, fragte, überlegte, glaubte an die Lehrbarkeit der Tugend. Zwingend war es für ihn, daß Einsicht auch das Handeln nach ethischen Prinzipien bedeute.

Wenn wir heute im Gespräch miteinander darum ringen, die Hintergründe unseres Verhaltens, unserer Gefühle und Stimmungen, unserer körperlichen und seelischen Erkrankungen zu erkennen, so wenden wir die sokratische Hermeneutik, die Hebammenkunst, an. Wir versuchen, etwas Bedeutsames, Wichtiges hervorzuholen. Wir wollen entdekken, erkennen und dementsprechend sinnvoll handeln.

Leider können wir heute nicht mehr von der Vorstellung ausgehen, daß richtige Erkenntnis gleichzeitig auch gutes, ethisches, pflichtbewußtes Handeln mit sich bringe, wie Sokrates annahm.

Wenn wir über uns selbst nachdenken, uns mit anderen Menschen und deren Handeln vergleichen, so sind wir gleichsam unser eigener Sokrates, wobei offenbleiben muß, ob wir tatsächlich unserer Einsicht und Überzeugung folgen.

Sokrates dachte über den beseelten Menschen als Ganzes nach; sein bedeutendster Schüler Platon (427-347 v. Chr.) erfragte, wie Körper und Seele zueinander in Beziehung stünden und sprach von drei Seelenteilen, dem vernünftigen, gefühlhaften und sinnenhaften Seelenteil. Die Seele selbst war nach der Anschauung Platons unsterblich, während es für

Sokrates noch zweifelhaft war, ob die Seele nach dem Tode fortlebe.

Aristoteles (384-322 v. Chr.) war Schüler Platons und gilt als der Begründer der Logik als einer besonderen Wissenschaft. Für unsere Thematik ist seine Anschauung über die Seele und den Körper wichtig. Beides verhält sich zueinander, lehrte er, wie die Form zum Stoff (76). Alles Belebte war nach seiner Lehre beseelt. Er unterschied drei Seelenteile (77):

»Die Seele verhält sich zum organischen Körper wie die wirkliche Lebendigkeit zur Lebensfähigkeit; wie die Aktualisierung zur bloßen Potenz. Die Pflanzenseele besitzt nur die ernährende (vegetative) Kraft, welche die Fortpflanzungsfähigkeit in sich schließt. Die Tierseele besitzt außer ihr noch die empfindende, begehrende und bewegende Kraft. Im Menschen tritt zu dieser, aus den genannten vier Kräften bestehenden animalischen Seele noch die vernünftige (gr. der nus) hinzu. Und zwar geht er (der vernünftige Seelenteil, d. Verf.) von außen her als ein göttliches Element in den männlichen Samen ein, und er allein ist auch unsterblich.«

Augustinus (354-430) gilt als einer der bedeutendsten Kirchenväter der nachchristlichen Zeit. Die griechische Philosophie in den Jahrhunderten vor ihm hatte Fragen nach der Entstehung der Welt und ihrer Bausteine gestellt; von Sokrates an wurde zunehmend der Mensch mit seiner Seele, seinem Willen, seinem Streben nach Sittlichkeit und Tugend betrachtet. Ethik, Recht und Gesetz bis hin zu der Ordnung des Staates waren Themen philosophischer Betrachtung.

Nach dem Aufkommen des Christentums wurden zunehmend Philosophie und Religion miteinander verbunden. So können wir über die Philosophie Augustins lesen (78):

»Für seine Philosophie (wie für die der Kirchenväter überhaupt) gilt, daß sie kein selbständiges System bildet, sondern in den Zusammenhang seiner theologischen Lehren eingefügt ist.«

Die Frage nach der menschlichen Seele ist deshalb auch verknüpft mit der Frage nach Gott. Die Seele ist für ihn unräumlich, aber in jedem Teil des Körpers gegenwärtig. Der Mensch hat einen freien Willen, der aber durch die Erbsünde so geschwächt ist, daß er nur durch die übernatürliche göttliche Gnade frei vom Bösen ist und gottgefällig handeln kann.

Einige der Gedanken Augustins wirken bis in die Gegenwart fort. Dazu gehört, daß Gottes Vollkommenheit sich in seiner Gerechtigkeit offenbare und sündige Menschen zumeist der ewigen Höllenstrafe ausgeliefert würden. Barmherzige Güte Gottes ist es dann, daß ein Teil der Menschen ohne irgendein eigenes Verdienst zur Seligkeit geführt werden könnte. Martin Luther könnte durch diesen »Vordenker« zu der theologischen Annahme geführt worden sein, daß der Mensch *nur* durch die göttliche Gnade zur Erlösung gelange, während für die katholische Kirche nach wie vor der Grundsatz gilt, daß Gott den Menschen durch seine guten Werke *und* die göttliche Gnade in das ewige Leben führe.

Im Diesseits findet der Mensch nach seiner Lehre keine Erfüllung für seine Sehnsucht nach Glück. Die Welt hier bedeutet das Leid und das Böse. Sittliches Handeln im Diesseits ist Vorbereitung auf die jenseitige wahre Welt, in die der Mensch durch Gottes Gnade gelangen kann.

Stellen wir zu diesen Gedanken Augustins einmal die Beziehung zur Reinkarnation her. Für Augustin geschieht Erfüllung menschlicher Sehnsüchte im Jenseits. Warum sollte man dann nochmals nach dem Tod in das Diesseits zurückkehren, wo das Leid und das Böse herrschen? Vielleicht war den Menschen der nachchristlichen Jahrhunderte der Gedanke an Reinkarnation nicht mehr zuzumuten, weil sie im Diesseits genug Schreckliches erlebt hatten und keineswegs nochmals Wiederholungen oder Variationen davon in Kauf nehmen wollten!

Die Frage nach dem Menschen, seiner Seele, seinem Verhältnis zu Gott setzte sich im Laufe der Jahrhunderte fort.

Einen weiteren Meilenstein philosophisch-religiösen Nachdenkens setzte Thomas von Aquin (1225-1274).

Die Menschenseele ist für ihn immateriell und unsterblich. Sie ist wie die Pflanzen- und Tierseele Entelechie, das heißt das Lebensprinzip des Körpers. Einmalig für die damalige Zeit ist sein Gedanke, daß die Seele auch ohne den Körper existenzfähig und unzerstörbar sei (79).

Ein Philosoph unseres Jahrhunderts, Erich Becher, entwickelte 1911 die Doppel-Ursachen-Doppel-Wirkungs-Hypothese (80). Sie besagt, »daß jegliches seelische Geschehen eine doppelte Ursache hat. Einmal liegt es begründet in der augenblicklichen seelischen Verfassung, zum anderen im gegebenen körperlichen Zustand. Das seelische Geschehen wirkt einesteils auf die Seele selbst zurück, andernteils auf den Körper. In gleicher Weise hat jegliches körperliche Geschehen eine körperliche und eine seelische Ursache für weitere seelische und körperliche Vorgänge. Das leibliche Geschehen verursacht und bewirkt leibliche und seelische Vorgänge« (81).

Becher bekannte sich dazu, daß die Seele gegenüber dem Leib eine Führungsrolle habe (82):

»Sinneswahrnehmung, Erfahrung, Verstand, Gefühl und Wille, kurz alle wesentlichen Fähigkeiten unserer Seele, scheinen also eine wichtige, ja unentbehrliche Führungsrolle im Menschen zu spielen ... Wenn wir den aus Seele und Leib bestehenden Gesamtorganismus des Menschen oder eines Tieres biologisch unbefangen betrachten, dann erscheint das Seelische als führender Faktor dieser Lebenseinheit.«

Wenn wir Bechers Worte in uns nachklingen lassen, können wir feststellen, daß er wesentliche Gedanken der heutigen Psychosomatik, wonach sich seelische Belastungen und Konflikte als körperliche Schmerzen und Erkrankungen ausdrücken können, um Jahrzehnte vorwegnahm.

Als ich 1959 von meinem Doktorvater, Professor Aloys Wenzl in München, die Aufgabe erhielt, von der psychologischen, medizinischen und philosophischen Sichtweise aus nachzuprüfen, ob Bechers Hypothese nach den neuesten Erkenntnissen noch gültig sein könne, kam ich seinerzeit (1960) zu dem Ergebnis, daß Bechers Auffassung ihren Wert behalten habe, auch wenn wir inzwischen weitere differenzierte Erkenntnisse über Bau und Funktion des Gehirns, über Gedankenketten (Assoziationen) und leib-seelische Zusammenhänge überhaupt gewonnen haben.

Eine der bedeutendsten Persönlichkeiten der biologisch orientierten Medizin war der Arzt und Pharmakologe Hans-Heinrich Reckeweg, Begründer und früherer Inhaber der homöopathischen Arzneimittel-Firma Heel in Baden-Baden. Im Laufe seiner Forschungen entwickelte er die Homotoxin-Lehre. Darin ging er über das bisherige Verständnis für Krankheiten gegenüber der offiziellen Lehre der Medizin weit hinaus.

Herrschende Lehre der Medizin ist bis heute, daß Krankheit ein Feind des Menschen sei und deshalb mit allen medizinischen Mitteln bekämpft werden müsse. Reckewegs Ansatz ist, daß Krankheiten sinnvoll sind und deshalb auch verstanden werden können (83):

»Nach der Homotoxinlehre sind alle jene Vorgänge, Zustandsbilder und Erscheinungen, die wir als Krankheiten bezeichnen, der Ausdruck dessen, daß der Körper mit Giften kämpft und daß er diese Gifte unschädlich machen und ausscheiden will. Entweder gewinnt dabei der Körper oder aber er verliert den Kampf.

Stets aber handelt es sich bei jenen Vorgängen, die wir als Krankheiten bezeichnen, um biologische, das heißt naturgerechte Zweckmäßigkeitsvorgänge, die der Giftabwehr und Entgiftung dienen.«

Reckeweg erkannte also Krankheiten als biologisch sinnvoll, und deshalb konnten sie von ihm auch nicht bekämpft werden, sondern mußten in ihrer Symptomatik verstanden und richtig eingeordnet werden. Von da aus ergaben sich erst Überlegungen zur Therapie.

H.-H. Reckeweg unterschied sechs Phasen von Krankheitsprozessen:

1. Exkretionsphasen (Ausscheidung),
2. Reaktionsphasen (Fieber),
3. Depositionsphasen (Ablagerungen),
   dann nach dem »biologischen Schnitt«
4. Imprägnationsphasen (Organschäden),
5. Degenerationsphasen (Funktionsverluste durch Abbau),
6. Neoplasmaphasen (Entartungen durch Krebs).

Unter dem biologischen Schnitt verstand er die Nahtstelle zwischen der Möglichkeit, von der Krankheit weg wieder zur vollen Gesundheit zurückzufinden oder zunehmend in chronische Krankheiten und damit das Siechtum, bis hin zu den Krebserkrankungen zu verfallen.

Zwei weitere Begriffe gehören zu seinem Denkmodell, das sind die progressiven und regressiven Vikariationen. Progressive Vikariation ist die zunehmende und biologisch gefährliche Verschlechterung eines Krankheitsbildes bis hin in den Bereich der Krebserkrankungen (Neoplasma-Phasen); regressive Vikariation ist die Rückverwandlung einer schwereren Krankheit in eine biologisch harmlosere.

Die theoretischen Überlegungen Reckewegs haben sich in den letzten Jahrzehnten bestens bewährt. Vor allem gelang ihm auch der wissenschaftliche Nachweis der Homöopathie und ihr Einsatz nach dem Verständnis der Homotoxinlehre.

Reckeweg sah Krankheiten jedoch leider ausschließlich von der körperlichen Seite her bis hin zu den Geisteskrankheiten und setzte damit ein Denken fort, wie wir es auch noch in der Betrachtung der Krankheiten bei Sigmund Freud finden. Freud war ja zunächst Neurologe, bevor er die Psychoanalyse entwickelte.

Das seelische Geschehen hatte für Reckeweg nur eine physiologische Bedeutung, was zu bedauern ist, sonst hätte Reckeweg ein ganzheitliches Modell für den Menschen als

Person entwickelt. Orientieren wir uns über sein Verständnis der Seele (84):

»Der Begriff der Seele kann ebenfalls analysiert werden, nämlich als Abstraktion für alle jene chemischen Reaktionen der Gehirnzellen, die aus chemisch-verankertem Erbgut, Erlerntem, Beobachtetem, Kombiniertem, Anerzogenem und Erlebtem resultieren. Durch Toxine (Rauschgift, Alkohol und so weiter) lassen sich die über komplizierteste Schaltungen des zentralen Nervensystems verlaufenden seelischen Reaktionen beeinflussen, zum Beispiel im Sinne des völligen Zerfalls der Persönlichkeit, ebenso wie die DNS durch Toxine (auch durch Pharmazeutika, zum Beispiel Antibiotika und so weiter) zerstört werden bzw. mutieren kann, womit auch die Grundlagen kybernetischer Signale für geordnete Gedanken, Motive usw. beeinträchtigt werden und falsche Lebensäußerungen, Fehlaktionen, Fermentausfall und so weiter die Folgen sind (auch Kriminalität).«

Reckeweg befindet sich damit in völliger Übereinstimmung mit den schon genannten beiden Neurophysiologen H. J. Campbell (85) und J.-P. Changeux (86), auf die wir schon im Kapitel »Wie ist das eigentlich mit unserer Seele?« auf Seite 78 zu sprechen kamen.

Nach meinem Erfahrungen in Psychotherapie und Heilkunde halte ich es jedoch für möglich, die Homoxin-Lehre auch auf den seelisch-geistigen Bereich des Menschen sinnvoll zu übertragen und damit zu erweitern. Deshalb beschäftige ich mich im folgenden Kapitel mit einem solchen weiter entwickelten Ansatz.

Phasen körperlicher und seelischer Erkrankungen – oder gibt es einen Stuhlgang der Seele?

Im letzten Kapitel wurde die Homotoxin-Lehre von H.-H. Reckeweg (87) erwähnt. Sein sechsphasiges Modell läßt sich sehr gut mit den Erfahrungen aus Tiefenpsychologie, Psychotherapie und Psychosomatik verbinden, eine Möglichkeit, die Reckeweg zu seinen Lebzeiten nicht mehr erkennen konnte. Die geniale Homotoxin-Lehre ist es wert, auch in der psychologischen Richtung ergänzt und erweitert zu werden:

Wir sind gesund, wenn unsere Organe störungsfrei funktionieren, wir also beschwerdefrei ein- und ausatmen, essen und trinken wie auch über Darm und Nieren ausscheiden, uns mit unseren Knochen, Muskeln, Gelenken schmerzfrei bewegen können. Hinzu kommt, daß wir unsere täglichen Aufgaben in Familie und Beruf erfüllen, denken, handeln, abwägen und auch mit unseren Stimmungen und Gefühlen umgehen können.

Die sechs körperlich bestimmten Phasen Reckewegs können wir mit unserer seelisch-geistigen Verfassung bis hin zu Störungen in unserem Seelenleben in Beziehung setzen. Wir werden dabei auf eine Reihe von Parallelen zwischen dem körperlichen Geschehen einerseits, den seelischen Vorgängen in uns andererseits stoßen.

Die sechs Phasen der Homotoxin-Lehre von Reckeweg, erweitert um ihre psychologische und tiefenpsychologische Sichtweise:

Erste Phase
Somato-psychische Exkretionsphasen

Soma bedeutet in der griechischen Sprache »Körper«, Psyche wird mit »Seele« übersetzt.

Eine Exkretions-Phase haben wir, wenn der Körper zusätzlich zu der üblichen Ausscheidung sich von Giftstoffen befreien muß. Das kann sich als vermehrte Ausscheidung über Darm und Nieren äußern, als Schweiß, Schleim, Eiter, Juckstoffe. Wird eine solche Ausscheidung behindert – es gibt ja beispielsweise Sprays, die das Schwitzen unterdrücken -, versucht der Körper auf andere Weise, sich von Giften zu befreien. Es entsteht dann eine progressive Vikariation.

Ein weiteres Beispiel: Befreit man sich nicht von Schleim aus Mund und Nase, kann im Laufe der Zeit ein Stirnhöhlen- oder Kiefernhöhlen-Katarrh und darauf folgend auch eine Bronchitis entstehen. Der von der Nase aus weiter in die Atemwege eindringende Schleim kann sich also in Stirn- und Kiefernhöhlen festsetzen und dort eine Entzündung bis hin zur Vereiterung auslösen. Wird der dort befindliche Schleim wieder nicht ausgeschieden, dann kann der Infekt die Bronchien im Sinne einer Bronchitis angreifen. Ist auch hier eine Ausscheidung, zum Beispiel über einen Husten, nicht möglich, dann kann sich im Laufe der Zeit eine Lungenentzündung entwickeln. Diese Vorgänge entsprechen einer progressiven Vikariation: Von Mal zu Mal verschlimmert sich also die körperliche Verfassung, es geht dem Patienten zunehmend schlechter, Heilungsvorgänge werden schwieriger und langwieriger.

Eine regressive Vikariation entsteht, wenn sich eine schwerwiegendere Krankheit in eine leichtere zurückverwandelt. So kann aus einer Lungenentzündung wieder eine Bronchitis entstehen, aus ihr ein Husten oder eine Mandelentzündung, bis dann wieder volle Gesundheit erreicht ist.

Gehen wir nun in den seelischen Bereich, dann können wir dort ebenfalls »Sekretions- oder Ausscheidungsphasen« entdecken.

Im Gleichgewicht mit uns sind wir, wenn wir auf einen anderen Menschen zugehen oder uns von ihm verabschieden, mit ihm reden, ein Telefonat führen oder ihm einen Brief schreiben können, ohne uns aufzuregen.

Anders wird es, wenn uns eine andere Person ärgert, stört, an uns herumnörgelt. Reaktionen unsererseits können dann das schwäbische »Bruddeln«, das Schimpfen, das »Dampf ablassen« sein. Wir »leeren unseren Kropf« und verwenden Worte wie »Es ist zum Kotzen«, »Ich könnte dir den Kragen herumdrehen«, »Ich könnte dir ins Gesicht spucken.« Gehen wir zu »analen« – mit der Rückseite des Körpers zusammenhängenden – Ausdrücken, dann stoßen wir auf das berühmte »Du kannst mich mal . . .« bis hin zum »Scheißkerl« oder »Arschloch«. Man verzeihe mir an dieser Stelle diese Ausdrücke, aber sie gehören eindeutig zu den seelischen Sekretionsphasen.

Erfahrungsgemäß kann kaum jemand so reagieren, wie man es sich im tiefsten Innern wünschen würde. Erziehung, Bildung, »fair play«, »die gute Gesellschaft«, »die gute Kinderstube« oder auch die Sorge vor dem Prestigeverlust stehen oft obigen Verhaltensweisen entgegen.

Wer sich gut beherrschen kann und über gepflegtes Vokabular verfügt, findet vielleicht eine Möglichkeit, »durch die Blume zu sprechen«, jemanden »mit den eigenen Waffen zu schlagen«. Aber das kann ja nicht jeder. Egal wie man nun reagiert, primitiv oder gepflegt, auf jeden Fall will man »etwas loswerden«, sich von irgendeinem Druck befreien.

Zweite Phase
Somato-psychische Reaktionsphasen

Nehmen wir nun an, daß diese erwähnten Formen der Exkretion, der Ausscheidung und Befreiung, nicht möglich sind, also Ärger unterdrückt, »hinuntergeschluckt« werden muß. Dann entstehen über kurz oder lang die »Reaktionsphasen« im Sinne der Homotoxinlehre.

Im körperlichen Sinne sind Reaktionsphasen alle Formen von Entzündungen, im medizinischen Vokabular an Krankheitsbezeichnungen mit der Endung -itis erkennbar:

Tonsillitis (Mandelentzündung), Bronchitis (Entzündung der Bronchien), Gastritis (Magenschleimhaut-Entzündung), Appendizitis (Blinddarm-Entzündung), Nephritis (Nieren-Entzündung) Arthritis (Gelenk-Entzündung), um nur einige Beispiele zu nennen. Auch Erkältungen mit Fieber gehören zu den Reaktions-Phasen.

Die »Ausdruckssprache« unseres Körpers kann erste Hinweise geben. Wir erröten oder werden käseweiß, bekommen Herzklopfen oder Durchfall oder müssen mit einer Reizblase alle paar Minuten die Toilette aufsuchen, wir hüsteln, sind »verschnupft«.

Im seelisch-geistigen Bereich »setzen« wir »Zeichen«, wir zeigen, »was Sache ist«, wir stehen vor unserem Gegenüber breitbeinig und »stur wie ein Panzer«, wir drohen, provozieren, schlagen zu, greifen gegebenenfalls an oder wir ergreifen die Flucht.

Wir bekommen Angst und werden entweder aggressiv oder wir »ziehen den Schwanz ein«. Wir stehen also in »Kriegsgefahr« und werden die eine oder andere Strategie entwickeln müssen, um unser Leben zu erhalten.

Auf intellektueller Ebene haben wir dann die Auseinandersetzung, die Debatte, den »Geisteskampf«. Wir drohen mit Konsequenzen, dem Gang zum Anwalt oder zum Gericht bis hin zu Leserbriefen und Bürgerinitiativen, Streitschriften oder Pamphleten.

Dritte Phase
Somato-psychische Depositionsphasen

Im körperlichen Bereich bedeuten Depositions-Phasen Verhärtungen in der Haut, der Muskulatur; Ablagerungen in den Blutgefäßen, den Organen, den Gelenken; Steinbildungen, beispielsweise in der Galle, den Nieren, der Blase. Es entstehen Verzögerungen und Erschwernisse im funktionellen Ablauf. Die Durchblutung wird zähflüssig, die Verdauung führt zur Verstopfung.

Wenn wir an Bewegungsabläufe denken wie das Gehen, dann gehören in diesen Bereich auch Koordinationsstörungen wie das Stolpern oder das Umknicken der Gelenke, Haltungsschäden wie der »krumme Rücken«, die hochgezogenen Schultern. Zwinkertics lassen sich zu den Depositionsphasen einordnen. Wir können hier bereits von einer »Ausdruckssprache der kranken Seele« sprechen.

Seelisch gesehen fühlt man sich lustlos, entmutigt, resigniert. Das Denken wird langsamer, man erinnert sich schwerer, das Gedächtnis bekommt Lücken »wie ein Sieb«, man kommt sich vor wie »auf dem Abstellgleis«.

Der Antrieb zu etwas wird reduziert, »man mag nicht mehr«, man glaubt, sich eben »damit abfinden zu müssen, wie es ist«, man ringt und kämpft nicht mehr für das Gelingen einer Aufgabe. Mißerfolgserlebnisse überwiegen beträchtlich die Erfolgserlebnisse.

Auch im zwischenmenschlichen Bereich erlebt man Tiefpunkte. Man zieht sich von anderen Menschen zurück, isoliert sich, fühlt sich »wie gelähmt«, »es geht einfach nicht mehr vorwärts«. Man macht das, was unbedingt erforderlich ist, man zwingt sich dazu, seine Pflicht zu erfüllen, »mehr ist nicht mehr drin«.

Jenseits dieser drei vorstehenden Phasen haben wir nach Reckeweg den »biologischen Schnitt«. Das bedeutete für ihn, daß bis zur dritten Phase Rückkehr zur körperlichen

Gesundheit möglich wäre, jenseits davon eine Besserung der Symptomatik fraglich würde.

Ähnlich ist es auch auf der psychischen Ebene. Bis zur dritten Phase wird man durch eigene Initiative oder die Hilfe von Freunden und Partnern immer noch ganz gut »flottkommen«. Da und dort mögen zusätzliche psychotherapeutische Hilfen das Mittel der Wahl sein.

Die in den vorangegangenen Kapiteln gegebenen Anregungen zum Aufschreiben der Lebensgeschichte und Selbstanalyse können dazu beitragen, die Tendenz zu den somatopsychischen Exkretions-, Reaktions- und Depositions-Phasen bewußt werden zu lassen und alles für die nachträgliche Verarbeitung von Konfliktstoff aus Kindheit, Jugend und späteren Jahren danach zu tun. Fahren wir nun fort mit der Betrachtung der nächsten drei Phasen jenseits des »biologischen Schnitts«.

Vierte Phase
Somato-psychische Imprägnationsphasen

Auf der körperlichen Ebene entstehen Organschäden. So kann sich die Haut pigmentieren, es können sich auf ihr Warzen bilden. Die Stimme kann sich verändern durch Schäden im Bereich der Stimmbänder. Die Stimme kann heiser werden und sich immer wieder überschlagen. Atembeschwerden im Sinne des Asthma bronchiale können auftreten, es kann sich ein Kropf bilden, es können chronische Geschwüre entstehen (Magen-Geschwüre, Bein-Geschwüre). Die Angina pectoris mit Atemnot und Todesangst, das Roemheld-Syndrom durch Mangel an Verdauungssäften, Zwerchfell-Hochstand und Herzschmerzen gehören hierher, auch der Leber- und Nierenschaden.

Hinzu kommen im psychosomatischen Bereich die Organneurosen. Seelische Belastungen führten in solchen Fällen gehäuft zu funktionellen Störungen, die sich im Laufe der Jahre in nicht mehr umkehrbare (irreversible) Schäden an den Organen wandelten.

Im psychischen Bereich müssen wir die Neurosen (Fehlhaltungen) nennen, wobei die Angstneurosen mit am schwersten zu ertragen sein dürften: Angst vor bestimmten Menschentypen oder Ansammlungen, Plätzen, geschlossenen Räumen, Messern, Waffen, Tieren, Aufzügen, Wasser, Türmen, Tunnel, Autos, Zügen, Flugzeugen, um die wichtigsten zu nennen. Aus solchen, in Jahren entstandenen Ängsten findet man im allgemeinen allein nicht heraus, vor allem dann nicht, wenn sich in der gegenwärtigen Lebensgeschichte dafür keine auslösenden Erlebnisse finden lassen, sondern man an Traumata aus früheren Inkarnationen denken muß. Psychotherapeutische Hilfe ist in solchen Fällen meistens dringend angezeigt. Ergänzende Informationen sind in meinem Buch *Reinkarnation und neues Bewußtsein* (88) zu finden.

Imprägnations-Phasen in somato-psychischer Hinsicht sind auch die vorwiegend bei Kindern und Jugendlichen auftretenden Symptome wie ständiges Lügen, Konzentrationsstörungen, ständige Unruhe, Stottern, Einnässen, Einkoten, Verwahrlosung.

Die Imprägnationsphasen sollten nach meinen Erfahrungen psychosomatisch behandelt werden. Man muß etwas für den Körper *und* für die Seele tun.

Als ich in den fünfziger Jahren mit der kinder- und jugendpsychotherapeutischen Arbeit begann, war ich noch davon überzeugt, daß man fast jedes Symptom über die Seele behandeln und ausheilen könnte. Im Laufe der Jahre gewann ich jedoch immer mehr den Eindruck, daß man von zwei und mehr Seiten aus vorgehen muß. Dazu einige Beispiele:

Als junger Psychologe hatte ich gelernt, daß in der Therapie mit Kindern und Jugendlichen deren Symptome – Bettnässen, schlechte Schulleistungen, Stottern oder was auch immer – möglichst nicht angesprochen werden sollten, damit nicht eine noch weitere Verfestigung des Leidens stattfinde. Es ist aber ein Unterschied, ob ich auf einem Symptom »herumreite« oder die Motivation wecke, davon befreit zu werden.

Ich denke an einen Stotterer in meiner Praxis, mit dem ich über die körperliche Bewegung arbeitete: Ballspielen, Seilhüpfen, rechts- und linkshändiges wie auch beidhändiges Malen. Wir spielten auch Memory, Mühle, Dame, Halma, Schach. Altersgerechte Puzzles setzten wir mit der laufenden Stoppuhr auf dem Tisch zusammen, damit der Junge von Mal zu Mal die Steigerung seiner Leistungen innerhalb einer bestimmten Zeit messen konnte.

Wir lösten seine Verkrampfung beim Sprechen über die Bewegung, aber auch über Erfolgserlebnisse und damit zunehmendes Selbstvertrauen. Hinzu kam natürlich auch die beratende Arbeit mit den Eltern.

Jahre später, als ich schon zusätzlich zu meiner psychologischen Ausbildung Heilpraktiker geworden war, erkannte ich, daß speziell ausgewählte homöopathische Medikamente wie auch die Massage (Lymphdrainage, Fußzonen-Reflexmassage) den psychotherapeutischen Erfolg erheblich beschleunigten und verbesserten, weil eben eine ganzheitliche Behandlung entstanden war.

Von Ende der sechziger Jahre an strömten in die Praxen der Psychologen Eltern mit legasthenischen, also lese- und rechtschreibschwachen Kindern und Jugendlichen. Die Diktate und Aufsätze dieser Schüler wimmelten vor Fehlern. Buchstaben wurden ausgelassen, in falscher Reihenfolge oder seitenverkehrt geschrieben. Dreißig und mehr Fehler pro Arbeit waren natürlich eine Katastrophe für die schulischen Leistungen.

Ich sah damals zunächst eine Kombination von Elternberatung, kinderpsychotherapeutischer oder heilpädagogischer Arbeit und der Auswahl von speziellen Arbeits- und Beschäftigungsmaterialien als erfolgversprechend an. Eine große Hilfe war damals die Lese-Uhr des Kuhlemann-Verlages. Sie bestand aus mehreren beweglichen und verschieden großen Scheiben mit Buchstaben. Je nachdem wie die Scheiben nun eingestellt wurden, konnten auf einer Seite der Lese-Uhr Wörter zusammengesetzt, aber auch die Buchstaben verändert werden. Aus einem Wort wie »Hand« konnte durch Verschieben der Buchstaben-Scheiben »Wand«, »Sand« eingestellt werden, oder aus »Hand« wurde »Hans« oder »Hund«.

Die Legastheniker konnten also schnell lernen, daß ähnlich aussehende Worte verwechselt werden konnten, wenn man nicht auch den einzelnen Buchstaben erkannte.

Auch das Memory-Spiel, Silben- und Kreuzworträtsel, Zusammensetz-Spiele mit Buchstaben und Zahlen und vor allem gute Puzzles ließen sich therapeutisch für diese Kinder und Jugendlichen einsetzen (89). Wenn man aus einzelnen Teilen ein ganzes Bild zusammenfügt, ist das im Prinzip der gleiche Vorgang wie das Aneinanderreihen von Buchstaben zu Wörtern.

Durch intensives Studium der Homöopathie entdeckte ich eine Reihe von Medikamenten, die bei Legasthenikern sehr erfolgreich eingesetzt werden konnten. Es waren zum Teil Einzelmittel wie Kalium bromatum, Selenium, Luesinum, Medorrhinum oder Kombinations-Präparate wie das Cerebrum-Compositum der Fa. Heel (90). Hinzu kamen procainhaltige Präparate der Fa. Loges (91). Verwendet wurden die genannten Medikamente als Trinkampullen im täglichen Wechsel je auf ein halbes Glas Wasser.

Meine Überraschung war groß, denn im Laufe von ungefähr vier Monaten war die überwiegende Mehrzahl der Legasthenien ausgeheilt. Die Fehlerzahlen hatten sich auf ein normales Maß wie bei anderen Schülern auch reduziert.

Elternberatung, Auswahl von heilpädagogisch sinnvollem Spiel- und Beschäftigungsmaterial, homöopathische Medikamente und in besonders schwierigen Fällen die kinderpsychotherapeutische Betreuung, also eine möglichst ganzheitliche Behandlung, konnten den Kindern zur vollen Regeneration verhelfen.

Greifen wir noch ein anderes Beispiel der ganzheitlichen Sichtweise und Behandlung heraus: Ein depressiver Patient hat häufig einen niederen Blutdruck, einen langsamen Stoffwechsel, eine schwache Nierenausscheidung.

Weil er antriebsschwach ist, bleibt diese körperliche Situation erhalten, wenn man nichts unternimmt, was ihn körperlich anregt.

Fördert man nun medikamentös seinen Blutkreislauf und den Stoffwechsel, vor allem die Ausscheidung über die Nieren, fühlt er sich im allgemeinen innerhalb von wenigen Tagen wohler. Er ist dann auch leichter bereit, an der frischen Luft spazieren zu gehen und von seiner Seite aus etwas zu tun. Diese Bewegung wiederum wirkt sich auch auf seine Seele aus: er bekommt wieder mehr Zutrauen zu sich.

Jeder von uns kann an irgendeiner Stelle beginnen, etwas für sich zu tun und sich zu regenerieren. Mit am leichtesten dürfte es sein, morgens nach dem Aufstehen mit der Bürstenmassage zu beginnen und einige Minuten mit dem Bali-Olympic-Gerät (92) zu üben, das heilkundlich bestens empfohlen werden kann.

Es ist keineswegs nötig, immer gleich in die Sprechstunde eines Arztes, Heilpraktikers oder Psychologen zu gehen. Nach der Methode »Selbst ist der Mann« kann man sehr vieles für sich tun, wenn man nur dazu bereit ist.

Schafft man es nicht mehr allein, dann gehören biologisch sinnvolle Ernährung, tägliche ausgiebige Bewegung an der frischen Luft, Heil- und Krankengymnastik, Wasseranwendungen im Sinne von Tau- und Wassertreten, medizinische Bäder, Massagen und gegebenenfalls die psychotherapeutische Betreuung zusammen.

Bei uns in Wildbad empfehlen wir den Patienten, falls keine medizinischen Gründe entgegenstehen, das Thermal-Bewegungsbad zu besuchen und sich Massagen verschreiben zu lassen. Wir haben in unserem Kurort noch eine weitere

Besonderheit: den *Wildbader Schlingentisch*, der im Halter-Institut (93) entwickelt wurde. Dieser Schlingentisch mit zwei großen durchgehenden Längsbügeln ist eine Kombination aus Massageliege und darüber befindlichen Querverstrebungen. Von ihnen können elastische Schlingen abgehängt und der Patient während der Behandlung in sie hineingelegt werden (Abbildung 13).

Der Patient kann massiert und bewegt werden. Arme, Beine, das Becken, die ganze Person kann in biologisch sinnvoller Weise angehängt und in schwingende Bewegung versetzt werden. Hinzu kommt, daß der Patient während der Behandlung selbst eine Reihe von Streckbewegungen ausführen muß. Der Physiotherapeut verwendet also eine Kombination von passivem Geschehenlassen und gezielter aktiver Bewegung des Patienten.

Jahrzehntelange Erfahrung zeigt, daß nicht nur rein körperlich spürbare Verbesserungen in der Bewegungsfähigkeit des Patienten möglich sind, sondern er auch seelisch wieder aufgerichtet wird. Er lernt im weitesten Sinne »den Kopf hochzuhalten«.

Fünfte Phase
Somato-psychische Degenerationsphasen

Denken wir zunächst an die körperlichen Erkrankungen dieser Phasen, dann stoßen wir auf die Dermatosen, also die schweren Hauterkrankungen, bis hin zur Lepra, die Tuberkulose, die Multiple Sklerose, die Leberzirrhose, die Schrumpfnieren, die Impotenz, die Sterilität, die Kachexie, die Lymphogranulomatose, den Sensibilitätsverlust (Paresen), die Lähmungen, die Sklerosen, die Epilepsie, die Erblindung, den Verlust des Gehörs und der Sprache, die Stummheit, den Geruchsverlust. Auch wenn es sich hier um schwerwiegende Erkrankungen handelt, ist der Mensch trotzdem noch lebensfähig.

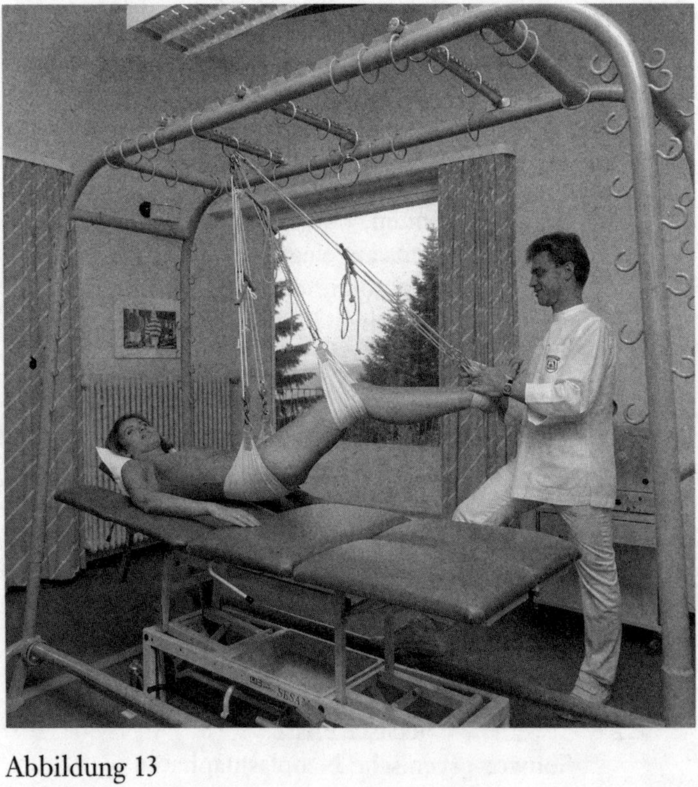

Abbildung 13

Auf der psychischen Ebene können wir von einem Verlust der Sinneswahrnehmung sprechen.

Die Umwelt und Mitwelt wird nicht mehr wahrgenommen, wie sie ist; sie wird abgespalten. Hilflos wie auf einer Insel lebend, ohne zwischenmenschliche Kontakte, entsteht eine eigene Welt. Man braucht die anderen Menschen nicht mehr. Man dämmert vor sich hin. Die Leistungsfähigkeit reduziert sich gegen null. Der Stupor, der einer totalen Antriebshemmung entspricht, gehört in diese Rubrik, auch die schwere Depression im Sinne der hoffnungslosen Niedergeschlagenheit, der Verzweiflung, der Selbstaufgabe.

Klinisch unterscheiden wir reaktive Depressionen, die durch einen Todesfall oder ein sonstiges gravierendes Erlebnis entstanden sein können, und endogene Depressionen, die über das Erbgut bereits angelegt sein sollen und irgendwann ausbrechen können, ohne daß eine besondere Heilungschance eingeräumt wird. Medizinisch gesehen wird heute mit Psychopharmaka sehr viel erreicht, so daß der Depressive lebensfähig bleibt und sich einigermaßen in seine Familie oder eine sonstige Gruppe einordnen kann.

Aus der reinkarnationstherapeutischen Erfahrung mit depressiven Patienten erhielt ich immer wieder den Eindruck, daß gravierende Erlebnisse in früheren Existenzen noch nicht verarbeitet wurden, also die Depression in dieses Leben mitgebracht wurde. Frühere Tode durch Selbstmord können dann vor dem inneren Auge auftauchen.

Sechste Phase
Somato-psychische Neoplasmaphasen

Wenn wir zuerst die körperliche Ebene betrachten, sind wir im Bereich sämtlicher Krebs-Erkrankungen. Teile des Körpers und später der ganze Körper entarten, die Organe führen zunehmend ein Eigenleben, abgespalten vom sonstigen System der Organe.

Auf der psychischen Ebene ist zunächst an die Wahnkrankheiten (Paranoia) zu denken wie den Eifersuchtswahn, Beziehungswahn, Verfolgungswahn. Wahn verbinden wir mit falschen und für den normalen Bürger nicht einsichtigen Vorstellungen, Täuschungen, Mißdeutungen, Flucht aus der Realität in die Beziehungslosigkeit. Auch das Stimmenhören gehört nach klinischer Auffassung zu den Wahnvorstellungen.

Weiterhin ist an die Schizophrenie zu denken, die Bewußtseinsspaltung. Der Kranke führt ein total von der Mitwelt abgekapseltes Leben. Er gehört gleichsam nicht mehr zu unserer Welt. Er entgleitet uns. Allem Anschein nach kann er sich in dieser von der Realität abgespaltenen Welt zeitweise wohlfühlen. Der Schizophrene ist ebenso wie der Krebskranke jahrelang lebensfähig und braucht nichts von seiner Erkrankung zu spüren. In den psychiatrischen Kliniken erleben wir es immer wieder, daß ein schizophrener Patient in die Rolle eines anderen Menschen hineingeschlüpft ist. So kann er sich als Napoleon, Hitler oder eine sonstige historische Person fühlen. Auch in die Rolle minder bekannter verstorbener Menschen kann sich der Schizophrene begeben. Auf der Ebene der Reinkarnation ist da und dort zu vermuten, daß der psychisch Kranke noch in einem früheren Leben verfangen ist, es noch nicht zu Ende bringen, den damaligen Menschen noch nicht sterben lassen und sich von ihm lösen konnte.

Nun müssen wir uns nach meiner Ansicht darüber klar werden, daß es Geisteskrankheiten dieser Art gibt, jedoch vieles als Geisteskrankheit interpretiert wird, was für uns nicht einsichtig ist, wir also die Symptomatik bisher nicht begriffen haben. Wir werden uns deshalb im nächsten Kapitel mit den Geisteskrankheiten befassen und uns dabei überlegen, ob das Verhalten, Sehen, Denken, Hören von Stimmen nicht doch irgendeinen verborgenen Sinn habe.

Krankheiten ohne Sinn und ohne Einsicht?

Wer hat nicht schon andere Menschen mit ihrem Schicksal hadern und Gott wegen seiner angeblichen Ungerechtigkeit anklagen hören? In der Tat könnten wir da und dort »Gottes Gerechtigkeit« anzweifeln, wenn wir sehen, wie Menschen an schweren körperlichen Gebrechen leiden oder sogar mit ihrem Geist verwirrt sind, ohne daß wir eine Ursache oder Schuld erkennen können. Unsere Unfähigkeit, »hinter die Kulissen zu sehen« und zu verstehen, führt dann zur Anklage gegen vermutete »göttliche Willkür«.

Dabei sind körperliche Leiden durchaus »salonfähig«, man braucht sich ihrer nicht zu schämen, man kann darüber reden – oft sogar sehr gerne – und sich des Mitgefühls und Mitleids seiner Mitmenschen sicher sein.

Ganz anders ist es mit Krankheiten der Seele. Je nach Größe des Ortes und der Gegend kann man schon als »verrückt« gelten, wenn man sich in eine psychologische Beratung oder psychotherapeutische Behandlung begibt. »Das Letzte« kann es sein, wenn man in eine psychiatrische Klinik eingewiesen und mit der Frage: »Hören Sie Stimmen?« konfrontiert wird.

Von alters her gelten die Geisteskrankheiten als höchst verdächtig, viel zu häufig hat man sich von daran leidenden Menschen abgewandt, sie sogar grausam umgebracht. Ihr Verhalten, ihre Lebensweise, ihr Denken, vielleicht ein Muttermal, gaben zu Vermutungen Anlaß, sie seien vom Teufel besessen oder hätten anderen Menschen bewußt geschadet. Die Hexenverfolgungen des Mittelalters sind ein beredtes Beispiel hierfür. Aus heutiger Sicht sprechen wir von einem damaligen Massenwahn, der die Menschen erfaßt hatte.

Bis heute werden Menschen als geisteskrank abgestempelt, wenn es nicht gelingt, ihr Verhalten, ihre Worte, ihre Berichte, ihre Andersartigkeit zu verstehen. So schrieb der frühere Ordinarius für Psychiatrie an der Münchner Universität, Kurt Kolle, in seinem viel gelesenen *Lehrbuch der Psychiatrie* (94):

»Erlebnisweisen, die sich jedem Vergleich mit dem normalen Seelenleben entziehen, nennt man auch primär abnorme, weil sie sich aus anderen Seelenvorgängen nicht ableiten lassen und überhaupt unverstehbar bleiben. Allerdings sind, wie so oft im lebendigen Geschehen, die Grenzen nicht überall scharf. Zwang läßt sich einerseits bis in die Gesundheitsbreite hinein verfolgen und ist andererseits in der ausgeprägten Form der Zwangskrankheit uneinfühlbar, nicht nacherlebbar für den Gesunden. Alles Seelische steht dann unter Zwang: es muß das und das gedacht oder getan werden.

Wird dem Zwang nicht nachgegeben, so steigern sich Angst und innere Unruhe. Hier ergeben sich Übergänge zu den Zwangsantrieben. Zwangsbefürchtungen richten sich meist auf gemeinschädliches Verhalten: die verlorene Stecknadel könne von einem Kind verschluckt werden; beim Gang über die Brücke könne man jemanden ins Wasser stoßen. Der Zwang erfaßt schließlich die tiefsten Schichten des Wertens und Glaubens:

Gewissensängste, religiöse Skrupel. Zwang wächst einerseits aus dem Gefüge besonders gearteter, selbstunsicher-grüblerischer Persönlichkeiten hervor und ist andererseits genau bestimmbares Zeichen schwerster seelischer Abnormität.

Vom Wahn unterscheidet sich der Zwang dadurch, daß die Unsinnigkeit des Zwanges stets eingesehen wird. Doch sind die Grenzen nicht immer scharf.«

Die Worte dieses erfahrenen Psychiaters, zu dessen Studenten ich einst gehörte, haben etwas Endgültiges an sich. Es drängt sich die Einsicht auf, daß es Menschen gibt, die jenseits des Normalen leben, denken und handeln und uns niemals einen Zugang zu ihrer Welt ermöglichen.

Vor einigen Jahren lernte ich Frau Peters aus München kennen. Ihre Tochter erwartete in Hamburg gerade ihr zweites Kind. Deshalb bat sie ihre Mutter, für einige Wochen nach Hamburg zu kommen und ihr nach der Geburt bei der Pflege der beiden Kinder zu helfen.

Gern wollte Frau Peters der Bitte nachkommen, wenn sie nicht in sich einen entsetzlichen Zwang gespürt hätte, der ihr extrem zu schaffen machte:

Als Frau Peters nach der Geburt ihres ersten Enkelkindes ihrer Tochter im Haushalt geholfen hatte, entstand in ihr ein Zwang, das gerade eine Woche alte Baby aus der Wohnung im dritten Stock des Hauses hinunterzuwerfen. Täglich spürte sie die Macht des Zwanges, den sie kaum noch abwehren konnte und war wie erlöst, als sie nach vierzehn Tagen abreisen konnte, ohne daß dem Baby etwas zugestoßen war.

Als die Tochter jetzt wiederum ihre Mutter um Hilfe gebeten hatte, brachen die alten Zwangsvorstellungen wieder auf. Was also tun?

Es gab keinerlei übliche tiefenpsychologische Hinweise, die einen solchen Zwang erklärt hätten. Keine Eifersucht auf ihre Tochter oder deren Kind, keine aufgestauten Aggressionen gegen andere Menschen, die sich über das wehrlose Baby hätten entladen können.

Wir gingen den Weg der Reinkarnations-Therapie: Eine der vor dem inneren Auge auftauchenden Szenen war eine Frau mit einem kleinen Kind auf dem Arm. Frau Peters erkannte und erlebte sich selbst in dieser weiblichen Gestalt. Sie sah, wie sie plötzlich an ein Fenster rannte und den Säugling, den sie im Arm gehalten hatte, hinauswarf.

Mit tiefer Erschütterung hatte Frau Peters eine Rückerinnerung aus einer ihrer früheren Inkarnationen erlebt. Sie war damals die Hebamme einer Frau, auf die sie einen fürchterlichen Haß entwickelt hatte und tötete deshalb deren Kind. Die Verhaltensweise aus längst vergangener Zeit war noch wie ein altes Programm in Frau Peters wirksam. Die Geburt des Enkels hatte es wieder aktiv werden lassen. Weiterhin konnte sie mit ihrem inneren Auge sehen, daß sie einige Zeit nach der Kindstötung sich selbst durch einen Sturz in die Tiefe umgebracht hatte. Die schweren Schuldgefühle hatten ihr nicht erlaubt, ihr schon zerstörtes Leben fortzusetzen.

Das Nacherleben und nachträgliche Verarbeiten von Schuld und Sühne halfen Frau Peters, sich von ihren Zwangsvorstellungen zu lösen. Sie kann heute angstfrei ihre Tochter und deren Familie besuchen.

Kehren wir zu dem Stichwort der Hexenverfolgungen zurück. Seit dem 14. Jahrhundert gab es überall in Europa Prozesse gegen Hexen und Ketzer. Der Höhepunkt des Hexenwahns war in Mitteleuropa vor und nach 1600 erreicht. Colette Piat berichtet in ihrem Buch *Frauen, die hexen* (95) hierüber:

»Die ›klassische‹ Hexe ist eine aus den windigsten Gründen denunzierte Frau; sie ist eine als Feindin angesehene Projektionsgestalt für religiöse Obsessionen und Machträusche; sie wird psychoterroristisch exploriert und gebrochen; sie wird mit tödlich funktionierendem Aberwitz ausgerottet. Der Sadismus und die Bestialität, die dabei – juristisch ausgeklügelt, mit den demütigendsten Körperprüfverfahren und mit vernebelndem Weihrauch – zum Austrag kommen, bringen für die einmal angeklagten Frauen automatisch die Apokalypse«.

Gefährlich waren wohl damals weniger die angeblichen Hexen, als diejenigen, die ihre Mitmenschen denunzierten, verfolgten, vor Gericht zerrten, sie peinlichst befragten, sie letztlich foltern und bestialisch umbringen ließen. So berichtet Piat an anderer Stelle (96) von Nicolas Rémy (1530-1612), der zwischen 1576 und 1591 Oberrichter in Lothringen war und als Hexenjäger bekannt wurde. Er soll dreitausend angebliche Hexen haben umbringen lassen und wird beschrieben als »Typus des heimlichen Sadisten, hochintellektuell und noch wahnsinniger als seine Opfer«.

Anders sein als andere konnte im Laufe der Jahrhunderte

immer wieder lebensbedrohlich werden. Denken wir nur an Galileo Galilei (1564-1642), der 1616 auf Drängen von Papst Paul V. gezwungen wurde, seine an sich richtige Erkenntnis zu widerrufen und damit Gefängnis und Hinrichtung zu entgehen.

Man könnte nun meinen, daß sich im Laufe der letzten zwanzig bis dreißig Jahre die oben von K. Kolle zitierte psychiatrische Sichtweise geändert habe. Literatur aus den letzten Jahren läßt jedoch vermuten, daß Geisteskrankheiten weiterhin da anfangen, wo deren Inhalte für den »normalen Menschen« uneinsichtig sind und unverständlich werden. Das ergibt sich auch aus einer sehr informativen Schrift der letzten Jahre aus der Feder des Psychiaters Viktor Zielen mit dem Titel *Psychose als Individuationsweg*. Der Autor äußerte dort zunächst (97):

»Von der wissenschaftlichen Psychiatrie und ihren Methoden enttäuscht und abgestoßen, begann ich nach einem Ausweg Umschau zu halten. Ich wollte eine Brücke finden, die mir den Zugang zum Menschen nicht verstellte, deren Krankheit mich für sie einnahm und faszinierte, auch dann, wenn ich mich als außenstehender Arzt abgelehnt fühlte. In dieser Verlegenheit entdeckte ich die Tiefenpsychologie.«

Zielen stellte sich die Aufgabe, psychotische, geisteskranke Menschen mit ausgewählten Methoden der modernen Psychotherapie auf ihrem Lebensweg zu begleiten und ihnen nach Möglichkeit im Laufe der Zeit aus ihrer Psychose herauszuhelfen. Dies ist sicher ein bedeutender Schritt vorwärts zum Verständnis des schwer seelisch kranken Menschen.

Zielen begibt sich aber dann doch in die Nähe der oben zitierten Worte K. Kolles, indem er schrieb (98):

»Die Psychose ist ein Einbruch seelischer Energien, die in das Ich eindringen und sein Bewußtseinsfeld verändern. Die Erscheinungsformen der Psychose sind für den Außenstehenden ebenso wie für den von ihr Betroffenen mannigfaltig, widerspruchsvoll und fremd . . .

Das Körpererleben wie die Wahrnehmung der Umwelt nehmen oft veränderte Proportionen und Bedeutungen an, auch die Tätigkeit der Sinnesorgane kann vielfältig verändert sein.«

Zielen sieht eine Möglichkeit der therapeutischen Hilfe für Geisteskranke darin, daß die Inhalte von deren Psychose als eine Wirklichkeit für sie angesehen werden. Aus dieser Realität heraus werden Beziehungen zu Sagen, Mythen, Märchen, den Archetypen des »Kollektiven Unbewußten« im Sinne von C. G. Jung hergestellt.

Verfolgen wir einmal den Versuch Zielens, die Visionen der zweiunddreißigjährigen Carla zu verstehen (99):

»Die Patientin eilt von einem Zimmer ins andere, macht alle Lichter an, ruft die Schwester, schließt ihr Kind in die Arme, trägt es umher, umklammert das Gebetbuch. Gegen Morgen kauert sie vor dem Bett ihres schlafenden Sohnes, dessen Hand sie an sich preßt. Am Vormittag kommt sie dann etwas zur Ruhe. Sehen und Kopfhalten fallen ihr schwer. Eine entsetzliche Rigidität beherrscht ihre Glieder; dazu ist sie von wahnsinnigem Durst gequält. Nachmittags spricht sie mit dem Analytiker am Telefon. Sie ist sich des Außerordentlichen ihrer Lage bewußt. Das Tremendum, eine die Grenze ihres Bewußtseins übersteigende Erfahrung bestehen zu müssen, erfüllt sie mit Pein und Schrecken. ›Nur wieder normal werden‹, bittet sie den Analytiker. Am Abend wiederholen sich die Visionen, sie dauern bis zum Nachmittag des folgenden Tages.«

Versuchen wir uns einzufühlen, wie die Visionen Carlas aussahen, also das, was vor ihrem inneren Auge aufgetaucht sein muß. Sie selbst beschrieb ihre Erlebnisse auf folgende Weise (100):

»Ich schaue Licht. Unbeschreibliche Klarheit durchdringt und erfüllt mich. Nach und nach beginnt ein Strahlen; aus diesem treten plötzlich Gestalten hervor. Es sind zuerst hauptsächlich Gesichter, männliche, überaus eindrucksvolle, edel geschnitzte Gesichter, die mich anschauen. Stirn, Augen, Wangen, Bart wie von Holbein gemalt. Die Gestalten kommen alle auf mich zu, zeigen sich und treten zurück. Dogen, Senatoren, Ratsherren, Ritter, jede Gestalt überaus typisch. Die Farben sind äußerst intensiv. Sattes Rot, tiefes Grün, Gesicht, Kleidung, Auftreten vollendet. Das Ganze spielt sich wie auf einem Platz in Venedig, wie in Erwartung eines ältesten Dogen, ab.

Als nächstes erscheinen Frauen, die Gesichter sind ähnlich wie die männlichen, ausdifferenziert, hoheitsvoll, vom Leben durch und durch geprägt. Die edlen Damen zeigen sich in kostbaren, mit Perlen und Edelsteinen besetzten Gewändern wie auf Altanen rings um den Platz. Unter ihnen sticht besonders eine in roten Samt gekleidete Gestalt hervor, die zu einem Dogen oder einem hohen Handelsherrn gehört.

Danach tritt viel farbiges Volk auf. Prächtig gekleidete Bürgergestalten, Künstler, Vertreter von Wissenschaften und Zünften. Sie strömen alle wie in einem riesigen Dom zusammen.

Später taucht wieder niederes Volk auf, einfache Bürger, Landsknechte, schließlich Bettler, Vaganten, Gebresthafte, auch Dirnen, alle immer sehr typisch.

Finde mich nun wie auf dem Weg zur Unterwelt. Eine distinguierte, schwarz gekleidete Gestalt steht vor mir. Die Gesichtszüge überaus feinnervig, sehr geistig. Es ist der Henker, das Böse in letzter Ausformung. Unter ihm Mörder, Galgenvögelphysiognomien, gequälte Kreaturen in Schmutz und Dreck. Marter wie im finstersten Mittelalter: Rädern, Vierteln, Zerstückeln. Darüber baumelnde Füße der Gehängten, das Sperma der Gehängten tropft in die Erde.

Die Szene wechselt. Nebel wogen auf, leuchtende Schleier geben den Blick auf eine paradiesische Landschaft frei, die von Wassern durchströmt wird. Um Brunnen tanzen halb göttliche Jünglingsgestalten ...«

Das Verständnis für diese Visionen gewinnt Zielen auf einer Symbolebene. Das Licht am Anfang »leitet das Erlebnis einer gleichsam kosmischen Schau« ein (101). Die darauf folgenden Szenen werden gesehen als »Abstieg des Ichs in die Unterwelt, den Todespol der Seele« (102).

Zielen sieht sich als der begleitende Therapeut, der einfach da ist, gegenwärtig ist, durch seine Anwesenheit Halt und Sicherheit gibt. Er schildert das so (103):

»Mit dem Therapeuten in einer archaischen Übertragung verbunden, ›weiß‹ die Patientin sich in seltsamer Weise getragen und beschützt. Der Therapeut fühlt seinerseits der Patientin gegenüber eine besondere Verpflichtung im Sinne einer beständigen (inneren) Präsenz. Er hat damit eine Aufgabe zu erfüllen, welche ihm offensichtlich die Kraft abfordert, welche die Patientin zum ›Überleben‹ braucht. Dabei kommt er sich vor – ohne es zu begreifen –, als sei er mythologisch in die Rolle des Christophoros geraten. Das in einer gemeinsamen unbewußten Verbindung archetypisch gesteuerte Geschehen entzieht sich der Möglichkeit einer Reflexion. Es will ohne Amplifikation oder auf seelische Inhalte bezogene Deutungen ausgehalten sein«.

Zielen bescheidet sich mit seiner therapeutischen Situation. Er nimmt Anteil an den Visionen seiner Patienten, ist tatsächlich in einer Christophorus-Situation, indem er bereit ist, die Patientin vom Ufer der Krankheit zum anderen Ufer der Gesundheit hinüberzutragen, wenn sich dazu eine Möglichkeit anbietet.

Schilderungen wie die von Carla können selbstverständlich als intensiv symbolträchtig verstanden werden. Es könnte sich aber noch eine andere Erklärung anbieten.

Nehmen wir einmal an, daß Carla, ohne es zu wissen, eine oder sogar mehrere ineinander verflochtene Rückerinnerungen an frühere Inkarnationen erlebte. Angenommen es war so, dann könnten sich folgende Überlegungen anbieten:

Carla erlebte sich in größter Unruhe. Es stand ihr eine Hinrichtung auf einem Platz in Venedig bevor. Sie mußte sich von ihrem schlafenden Kind trennen, betete, bevor sie hinausgeführt wurde. Sie spürte die Verspannung und das

Hartwerden ihrer Glieder in der damaligen Angstsituation. Auf dem Platz entdeckte sie eine Vielzahl von Menschen der verschiedenen Stände, die wahrscheinlich auf die öffentliche Hinrichtung von ihr und anderen warteten. Dann begegnete sie ihrem Henker, möglicherweise von dämonischen Mächten umgeben, die für Carla sichtbar waren.

Das geschaute Licht und die edlen Gestalten können mit dem Augenblick um den Tod herum oder ersten Nachtod-Erfahrungen zusammenhängen.

Ich biete dem Leser diese Interpretation aus meiner fast vierzehnjährigen reinkarnationstherapeutischen Arbeit an, und er mag sich frei entscheiden, ob er mehr die symbolische Deutung oder mehr die Erklärung der Rückerinnerung annimmt.

In jedem Fall ist es von therapeutischer Seite aus richtig, die Visionen oder das Nacherleben der Patienten anzunehmen, es nicht zurückzuweisen, sondern auf die eine oder andere Art Verständnis dafür zu suchen.

Gerade bei Symptomen, die uns nicht ohne weiteres verständlich sind, neigen wir dazu, eine Geisteskrankheit – eine Krankheit des Geistes – anzunehmen. Aber ist es nicht vielleicht unser Unverständnis, unsere Unfähigkeit, etwas begreifen zu können, was außerhalb des normalen Erfahrungsschatzes liegt?

Vieles öffnet sich unserem Verständnis, wenn wir bereit sind, aus der engen Betrachtung nur eines einzigen Lebenslaufes von der Geburt bis zum Tod herauszutreten. Wenn wir uns für den Gedanken öffnen, nicht nur einmal auf dieser Welt zu sein, sondern viele Lebenswanderungen zu brauchen, um durch zeitüberdauernde Reifungsprozesse hindurchzugehen, dann können wir mehr Einsicht in unser eigenes Seelenleben gewinnen, aber auch andere Menschen, ihr Denken und Verhalten, ihre Konflikte und Ängste besser verstehen. Damit soll beileibe nicht gesagt sein, daß wir auf dem skizzierten Weg »alles« verstehen könnten.

Immer krank sein

Die unheilbaren und noch nicht heilbaren Krankheiten

Wer die Bibel liest, stößt auf eine Krankheit, die über Jahrhunderte hinweg die Menschen ängstigte, entsetzte, quälte, sie aus der mitmenschlichen Gesellschaft ausstieß und isolierte: den Aussatz oder die Lepra.

Ein Aussätziger mußte seine Familie und die Siedlung, die ihm Schutz und Heimat gab, verlassen. Ging er nicht freiwillig, wurde er gezwungen, sich zu entfernen. Familienangehörige oder sonstige barmherzige Menschen brachten ihm, der dann mit anderen Aussätzigen zusammenleben mußte, Nahrungsmittel. Unheilbar krank zu sein, bedeutete ohne Aussicht auf Gesundung das sichere Siechtum, bis der Tod als Erlöser kommen konnte.

Im 5. und 6. Jahrhundert war die Lepra bis nach Mitteleuropa vorgedrungen. Die Aussätzigen wurden auch aus ihren Wohngemeinschaften ausgestoßen, ja sie wurden bürgerlich für tot erklärt. Die Angehörigen erhielten jedoch auch den Auftrag, ihre Kranken so weit wie möglich mit Essen und Trinken zu versorgen. Unterstützte sie niemand, so zogen mittellose Aussätzige bettelnd von Ort zu Ort und steckten zahlreiche andere Menschen an.

Wie fürchterlich diese Krankheit gewesen sein muß, geht aus frühmittelalterlichen Beschreibungen hervor. Heinrich Schipperges zitierte in seinem Buch *Die Kranken im Mittelalter* die Symptomatik, wie sie von der Schule von Salerno zusammengefaßt wurde (104):

»Beschrieben wurden die Schwellungen der Extremitäten, vermutlich durch den Stau des Lymphabflusses, sowie die Geschwulstbildungen. Erst später erkannte man die Knotenbildungen unter der Haut, die sich zu offenen Geschwüren entwickelten und die Gelenkbänder zerrissen. Finger und Zehen, oft auch Hände und Füße, fielen ab. Das Gesicht der Aussätzigen färbte sich kupferrot, die Nase schwoll an, der Blick wurde wild, der Atem stinkend, die Stimme heiser. Nach langem Leiden trat der erlösende Tod ein.«

Für uns heutige Menschen wird wohl nur sehr begrenzt nachvollziehbar sein, in welchem Maße die Menschen damals ihrem Schicksal ausgeliefert waren und sich als hilflos erleben mußten. Wer den Aussatz unter religiösen Gesichtspunkten sieht, wird sich Gedanken darüber machen, warum der eine krank wurde und der andere gesund blieb. Er wird sich vielleicht auch fragen, warum Gott – in welcher religiösen Sichtweise auch immer – so entsetzliches Leid zulassen konnte.

Krankheit und Wunderglauben waren in früheren Jahrhunderten sehr eng beieinander, wohl deshalb, weil sich die Menschen ihren Krankheiten extrem ausgeliefert sahen. Wer krank war, konnte sich nur in den Schutz seiner Familie begeben oder er war vom Mitleid der Gesunden und deren Almosen abhängig. In der *Geschichte des privaten Lebens* (105) lesen wir dazu:

»Der Körper des Menschen war Schauplatz des Ringens zwischen Gut und Böse, Krankheit und Wunder. Ein Wunder war die Manifestation der Allmacht Gottes, erwirkt durch das Gebet zu einem Heiligen«.

Das heißt mit anderen Worten auch, daß man am Körper, für sich und andere sichtbar, auch die Zeichen der Schuld trug (106):

»Von den Wunderberichten befaßt sich ein relativ hoher Prozentsatz (bis zu 26 Prozent) mit Unfällen und Krankheiten, zumal Lähmungen, die Männer und Frauen, oft von hohem Rang, heimsuchen, wenn sie den Anweisungen eines Heiligen nicht gehorchen, Skepsis zeigen oder ihre Sünden verhehlen. Diese ›wunderbaren‹ Bestrafungen lassen vermuten, daß der Bestrafte selbst ein latentes Schuldgefühl empfand . . .«

Nun ist ja die Lepra in den zivilisierten Ländern ausgestorben. Deshalb brauchte uns ein solches Krankheitsbild eigentlich nicht mehr beunruhigen. Aber ist es nicht so, daß die Krebskrankheiten in gewisser Weise in unserer heutigen Zivilisation die Nachfolge der Lepra angetreten haben? Jahrelanges Kettenrauchen produziert das Raucherbein. Es wird durch Gefäßverschlüsse schwarz und stirbt ab, wenn es nicht amputiert wird. Da werden krebsige Organe aus dem Körper herausgeschnitten, da verlieren Menschen ihre normale Sprache, wenn ihnen der Kehlkopf herausoperiert werden muß.

Gewiß, die Operationen sind heute eine »saubere Sache«, und der Patient wird danach bestens betreut und nachbehandelt. Aber auch heute noch können im Rahmen eines anderen Krankheitsbildes als der Lepra Organe, Körperteile, Glieder absterben und müssen dann operativ entfernt werden. Außer den Krebserkrankungen kann der Diabetes (Zuckerkrankheit) zu Amputationen führen, und übersehen wir auch nicht die zahlreichen Opfer von Verkehrs-Unfällen.

Das Gefühl der Menschen vor Hunderten von Jahren, daß Krankheit göttliche Strafe bedeute, haben wir heute wohl nur in Ausnahmefällen. Wir erleben unsere Krankheiten heute mehr als zivilisationsbedingt, als Preis für ein bequemeres Leben mit dem und jenem Genußmittel, als Abnützungserscheinungen durch die besondere Art unserer Arbeit, da und dort als kriegsbedingt und vielleicht noch als lästigen Unfall. Zum Nachdenken über eine Erkrankung kommen wir selten, und wenn, dann bei Verletzungen, Lähmungen und Krankheiten, die auch heute unheilbar sind, uns sehr lange oder gar für immer an die Wohnung, das Bett oder den Rollstuhl fesseln.

An Herz- und Kreislauferkrankungen, Rheuma und Krebs haben wir uns längst gewöhnt, weil ja so viele Menschen daran leiden. Im Falle eines Falles müßten wir uns nicht »genieren«, daran zu leiden. Jedermann hätte für unsere Krankheit Verständnis!

Etwas anders dürfte es sein, wenn man an Aids erkrankt. Immerhin geht es dabei um Sexualität, und irgendwann wüßten »die lieben Nachbarn«, daß da mit einem Sexualpartner ein Mißgeschick passiert ist, das mit aller Wahrscheinlichkeit nach schmerzhaft und tödlich endet.

Um die Krankheit realistisch zu sehen, wollen wir einige statistische Angaben herausgreifen: Mitte 1990 waren in der Bundesrepublik Deutschland (noch ohne die fünf Länder der früheren DDR) über 39 000 aidskranke Menschen registriert. Die Welt-Gesundheits-Organisation (WHO) schätzt die Erkrankungen an Aids weltweit auf sechs bis acht Millionen, und für 1991 nimmt sie 500 000 Neuerkrankungen an (107).

Wann immer wir von irgendeiner Krankheit befallen werden, hilft uns allerdings das Wissen um die Statistik nicht weiter. Dann ist es nicht mehr die anonyme Vielzahl kranker Menschen, sondern es ist dann vielleicht *Ihr* Schmerz, *Ihnen* tut es irgendwo weh, *Sie* wollen dann möglichst schnell wieder gesund werden, weil *Ihre* Lebensqualität betroffen ist.

Wenn wir den jahrzehntelangen Untersuchungen des Schicksalsforschers Lipod Szondi glauben wollen, dann wählen wir durch unsere Erbfaktoren nicht nur unbewußt unsere Freunde und Ehepartner, sondern auch unsere Berufsrichtung, unsere Krankheiten und die Art unseres Todes (108). Trotzdem läßt er aber auch innerhalb des genetischen Rahmens die Freiheit der bewußten Wahl zu (109):

»Die Schicksalspsychologie ist der Auffassung, daß man in jedem Schicksal ein ›Stück Zwang‹ und ein ›Stück Freiheit‹ unterscheiden muß. Diese zwei Stücke des Schicksals hängen miteinander auf folgende Art zusammen:

Die Bausteine und die Pläne zum Aufbau des eigenen Schicksals liefern unsere Vorfahren. Jeder Ahn mit seinem besonderen Lebensanspruch und seiner besonderen Lebensform gilt für den Nachkommen als ›Muster und Figur‹. Jeder Ahn figuriert in unserem familiären Unbewußten als *eine* besondere Schicksalsmöglichkeit. Wir haben und tragen aber in diesem inneren Plan unseres Schicksals – den wir eben das ›familiäre Unbewußte‹ nennen – viele verschiedene Ahnen und somit viele, des öfteren polar entgegengesetzte Schicksalsmöglichkeiten. Jede Ahnenfigur im familiären Unbewußten hat die Tendenz, als ›Muster‹ für das Schicksal des Nachkommenden zu fungieren. Darin besteht der Wahlzwang der Ahnen in Liebe, Freundschaft, Beruf, Krankheit und Tod.«

Wenn Szondi recht hat, dann begeben wir uns – ohne es zu wissen – auf einen bestimmten Lebensweg und geraten in Krankheits-Dispositionen hinein, deren Hintergrund wir kaum erfassen können.

Szondis »Schicksals-Analyse« entstand 1937. Er war der Auffassung, daß sich bei der Zeugung und darauf folgenden Verschmelzung der väterlichen Samenzelle mit der mütterlichen Eizelle ein »primordialer Ahnenkampf« abzeichne. Danach würde jeder »Ahn«, das heißt jedes Gen, den Anspruch in sich tragen, »in seiner Nachkommenschaft urförmig zurückzukehren« (110).

In diesem Zusammenhang mag ein Bericht aus Wolfgang Golthers *Handbuch der germanischen Mythologie* (111) über König Olaf den Heiligen interessant sein.

Bevor der König geboren wurde, erschien dem späteren Vater des Königs Olaf der längst verstorbene König Olaf Geirstada-alf im Traum und befahl ihm, aus dem Grabhügel, in dem er bestattet worden war, seine Waffen und seinen Gürtel zu entnehmen und diesen Gürtel der schwangeren Fürstin Asta umzulegen, wenn die Wehen einsetzen würden. Dafür solle das Kind den Namen des verstorbenen Königs erhalten.

Der Träumer tat, wie ihm geheißen worden war und nannte das Kind, das der künftige Bekehrer Norwegens zum Christentum werden sollte, Olaf. Man ging davon aus, daß Olaf Geirstada-alf in diesem Kinde, das nun seinen Namen trug, wiedergeboren worden sei.

Das scheint kein Einzelbeispiel zu sein, denn die germanischen Quellen sagen uns, daß man oft die Namen Verstorbener wählte, um die Toten wieder aufleben zu lassen oder die Erinnerung an sie zu verstärken (112):

»Wenn eine schwangere Frau von einem Verstorbenen träumt, so hält man dafür, daß dieser nach einem Namen umgeht, daß er einen Namensvetter sucht und daß das Kind nach ihm getauft werden muß.«

Wenn wir die Forschungen von Lipod Szondi und den Blick in die germanische Geschichte ernstnehmen wollen, dann empfiehlt es sich, unsere Lebensgeschichte um die Informationen zu erweitern, die wir aus unserer Familien- und Sippenforschung gewinnen können.

Nur durch diese Kenntnisse würden wir herausfinden können, inwieweit unsere Vorfahren in uns nachwirken und unser Schicksal *mit* bestimmen können. Auch die Erbkrankheiten in einer Familie bekommen von dieser Seite her einen besonderen Akzent.

Wer sich einmal mit der Homöopathie befaßt hat, ist dabei vielleicht auch auf die Nosoden-Präparate gestoßen. Sie werden aus Giftstoffen bestimmter Krankheiten hergestellt. Da gibt es die Lues-Nosode, die Psoriasis-Nosode und viele andere. Die individuelle Einnahme dieser Nosoden-Präparate kann nach bisherigen Erfahrungen die Nachwirkungen von Erbkrankheiten auflösen helfen. Man braucht dazu aber einen sehr erfahrenen homöopathisch orientierten Arzt oder Heilpraktiker.

Im Laufe der Menschheitsgeschichte gab es immer wieder heilbare und unheilbare Krankheiten, und das ist so bis auf den heutigen Tag. Nur die Arten der Krankheiten haben sich geändert.

Man könnte sagen, daß es dann eben Kollektivschicksale waren und sind, denen der einzelne mit unterlag. Nach meinem Dafürhalten müssen wir aber auch die häufig auftretenden Krankheiten als individuell sehen.

Krankheiten ausgeliefert sein bis hin zum Nikotin- und

Alkoholabusus, der Drogensucht und Medikamenten-Abhängigkeit mag die eine Sichtweise sein, eine andere der Schicksalszwang durch die Ahnen in uns. Eine dritte Betrachtungsweise ergibt sich, wenn wir von einer Existenz unserer Seele vor dem gegenwärtigen Leben ausgehen. Sie könnte sich dann eine Familie und einen Körper ausgewählt haben, mit dessen »Programmierung« bestimmte Erfahrungen im Leben und in der Krankheit gewonnen werden sollen.

Haben Krankheiten etwas mit unserem Verhalten zu tun?

Um die Jahrhundertwende gelang dem russischen Physiologen und Nobelpreisträger Iwan Petrowitsch Pawlow (1849-1936) eine hochinteressante Entdeckung, die später als »bedingter Reflex« internationale Aufmerksamkeit erregte und ihm 1904 den Nobel-Preis einbrachte (113).

Jedermann kennt an sich selbst die körperliche Reaktion, daß ihm »das Wasser im Munde zusammenläuft«, wenn er an eine Lieblingsspeise denkt oder deren Duft einatmet. Die gleiche Reaktion stellte Pawlow bei seinen Versuchen mit Hunden fest: Die Darbietung von Futter bewirkte bei ihnen eine stärkere Produktion von Speichel und Magensäften. Diese physiologische Reaktion wurde nun so variiert, daß Pawlow vor der Fütterung ein Lichtzeichen oder einen Klingelton setzte. Nach einigen Versuchen dieser Art konnte Pawlow feststellen, daß bereits das Lichtzeichen oder der Klingelton allein, ohne daß Futter angeboten wurde, Speichel und Magensäfte absondern ließ.

Pawlow konnte also nachweisen, daß ein Reiz, der ursprünglich mit Futter nichts zu tun hatte, nach dessen Kombination mit dem Futter die gleiche Reaktion bei den Tieren auslöste, auch wenn es für die Tiere gar nichts zu fressen gab.

Dieses Versuchsergebnis, wonach ein Reflex, der sonst unwillkürlich abläuft, unter bestimmten Bedingungen ausgelöst werden konnte, führte zu der Annahme des bedingten oder konditionierten Reflexes. Der bedingte Reflex hat etwas mit Lernen zu tun. Pawlow wurde später deshalb auch der Vater der Lerntheorie genannt.

Nun kann man sich fragen, was diese Tierversuche über uns Menschen aussagen. Eine Antwort darauf ergibt sich, wenn wir ein Experiment des amerikanischen Forschers John Broadus Watson (1878-1958), der die amerikanische psychologische Schule des Behaviorismus gründete, nachvollziehen. Er und seine Schüler entwickelten Versuche mit dem Ergebnis, daß künstlich Angstneurosen erzeugt werden können. Berühmt wurden die Versuche mit dem neun Monate alten Albert, einem emotional stabilen Heimkind.

Vorbereitende Versuche mit ihm zeigten, daß er keine Angst vor Masken, Wolle, weißen Ratten oder Kaninchen hatte, während ein hinter seinem Rücken angeschlagener Gong bei dem Jungen deutlich Angst auslöste. Aufbauend darauf wurde eine Versuchsanordnung getroffen, die nachfolgend zitiert werden soll (114):

»Am ersten Versuchstag wurde die weiße Ratte aus dem Käfig genommen und Albert hingehalten. Eben als er sie mit der ausgestreckten Hand berührte, ertönte hinter ihm der Gong.

Albert fuhr erschrocken zusammen und fiel nach vorn. Er versuchte, sein Gesicht in den Kissen zu verstecken, schrie jedoch nicht. Nach Wiederholung derselben Prozedur begann er zu weinen. Eine Woche später wurden Ratte und Gong mit denselben emotionalen Effekten fünfmal gemeinsam dargeboten. Anschließend präsentierte der Versuchsleiter Albert die Ratte allein. Der Junge begann sofort zu weinen, als er das Tier erblickte, und ergriff, so rasch er konnte, die Flucht.

Im Verlauf von zwei Sitzungen und insgesamt sieben gemeinsamen Darbietungen war es also möglich gewesen, eine Angstreaktion zu konditionieren, das heißt einen früher neutralen Reiz durch Kopplung mit einem angstauslösenden selbst angstauslösend zu machen.«

Das Experiment hatte eine Reihe weiterer Auswirkungen. Es wurde nämlich festgestellt, daß von da an auch Kaninchen und Hunde sowie ein Pelzmantel bei Albert starke Angstreaktionen auslösten.

Man kann sich natürlich fragen, ob solche Experimente

ethisch vertretbar sind. Nach meinem Dafürhalten müssen sie zumindest als fragwürdig eingestuft werden. Nachdem sie jedoch gemacht wurden, kann man die Ergebnisse nicht übersehen.

Nun kann man sich andererseits überlegen, ob man experimentell auch Angst beseitigen kann. Die Vermeidung von ängstigenden Situationen brachte keine Hilfe, auch nicht bei symbolhafter Verarbeitung, indem Bilderbücher mit Tieren gezeigt und besprochen wurden, die irgendwie angsteinflößend gewesen wären. Auch Gewöhnung an ein Tier, das in einem Käfig gezeigt wurde, brachte keine wesentlichen Hilfen. Am besten konnte man einem Kleinkind helfen, Angst vor einer bestimmten Tierart zu überwinden, indem andere Kinder dieses Tier streichelten und liebkosten. Daraus konnte eine gewisse Ermutigung zu gleichem Tun gewonnen werden.

Zur psychotherapeutischen Arbeit gehört oft auch die Behandlung von Angstneurosen. Das kann die Angst vor bestimmten Menschen oder Tieren sein, die Angst, durch Tunnels zu fahren, auf Türme zu steigen, in den Bergen zu wandern, über einen Platz zu gehen, in geschlossenen Räumen zu sitzen, mit einem Aufzug zu fahren, um nur einige Beispiele zu nennen (115).

Wenn solche Ängste bewältigt werden sollen, wird im allgemeinen von mehreren Seiten auszugehen sein. So muß die bisherige Lebensgeschichte auf angstauslösende Faktoren hin betrachtet werden, die Träume müssen in die Behandlung einbezogen, vielleicht auch Übungen zur Angstbewältigung entwickelt werden.

Wenn man sich die oben skizzierten Ergebnisse vor Augen hält, kann nachvollzogen werden, wie schwer die Auflösung von Angstzuständen und angstneurotischen Verhaltensweisen ist. Inzwischen sind aus den behavioristischen Versuchen heraus eine Reihe von Hilfen entwickelt worden, die im Rahmen der modernen Verhaltenstherapie angewendet werden und zu respektablen Ergebnissen führen. Kritiker meinen jedoch, daß diese Art der Therapie auch nur zu Symptomverschiebungen führen kann: Ein Symptom verschwindet, ein anderes taucht neu auf.

So wie durch bestimmte Verhaltensweisen und kombinierte Erlebnisse Angst erzeugt werden kann, ist das auch in anderen Bereichen möglich. Denken wir dabei nur an bestimmte Erziehungsformen: Die strenge Stimme und die Prügelstrafe mit einem Stock, wenn ein Kind etwas »angestellt« oder »ausgefressen« hatte, bewirkt mit hoher Wahrscheinlichkeit, daß in Zukunft schon die Stimme oder das Zeigen des Stockes allein Angst vor Strafe, Demütigung, Liebesverlust auslöst und vom Kind Bravsein signalisiert wird. Erziehung erfolgt großenteils im Sinne des »bedingten Reflexes«, ohne daß uns das meist bewußt wird.

Verwiesen werden darf in diesem Zusammenhang auf die »schwarze Pädagogik« , wie sie von A. Miller in ihrem Buch *Am Anfang war Erziehung* beschrieben wird (116).

Wer die Werbung verfolgt, vor allem in der Presse und im Fernsehen, wird unschwer erkennen, daß Pawlow und Watson dabei Pate gestanden haben. Wie ist es sonst zu erklären, daß der nikotinhaltige Rauch einer Zigarette, der an sich Mißbehagen und Hustenreiz auslöst, trotz gesundheitlicher Schäden zunehmend als angenehm erlebt wird? Die Darbietung junger, schöner, angeblich erfolgreicher, sexuell anregender Menschen, die sich gegenseitig eine Zigarette anbieten, in angenehmer Gesellschaft rauchen, in bester Stimmung sind, bewirkt eine unbewußt ablaufende Assoziation, eine Gedankenverbindung:

Wenn ich rauche, bin ich erfolgreich, wirke ich auf Männer oder auf Frauen, komme ich im Leben vorwärts, kann ich viel reisen, erlebe ich »den Duft der großen weiten Welt«.

Ob Sie es glauben oder nicht: Das wird von über einem Drittel der bundesdeutschen Bevölkerung geglaubt, es wird nachgeahmt, es wird geraucht. Gesundheitliche Risiken werden verniedlicht, abgelehnt, als übertrieben hingestellt, nicht zur Kenntnis genommen, ganz einfach verdrängt. Welcher Raucher denkt schon daran, daß gerade er einmal ein Raucherbein bekommen könnte?

Nun wäre es sicher übertrieben, wollten wir den Werbeagenturen und ihren Mitarbeitern die Schuld geben, wenn jedes Jahr im EG-Raum 440 000 Menschen an den Folgen des Rauchens sterben (117). Schließlich müssen wir von mündigen, selbstverantwortlichen Bürgern ausgehen, die selbst entscheiden sollen, was sie sich zumuten wollen und was nicht.

Letztlich müssen wir jedoch nach den Erfahrungen der schon genannten Schicksalsanalyse von Lipod Szondi (vgl. das Kapitel »Immer krank sein . . .« auf S. 119) erwarten, daß wir vom Unbewußten her eine Programmierung zu bestimmten Krankheits- und Todesarten in uns tragen und durch unser Verhalten die Voraussetzungen dafür schaffen. Erst das Bewußtsein darum könnte eine Veränderung in Denken und Verhalten bewirken.

Erlaubt und verboten, gut und böse: das menschliche Gewissen

Wir sprechen gern von einem »guten Gewissen«, das ein »sanftes Ruhekissen« sei, wie der Volksmund sagt. Unternehmen wir etwas, das wir nicht tun sollten, dann »schlägt« uns »das schlechte Gewissen«. Die »innere Stimme« in uns soll uns sagen können, was erlaubt und verboten, gut und böse sei.

Schauen wir uns in der Welt, unter den Völkern, in den verschiedenen religiösen Kulturen um, dann müssen wir davon ausgehen, daß Gewissen nichts sein kann, das in allen Menschen Gleiches bewirken würde. Es muß individuelle Unterschiede geben, die in hohem Maße auch davon abhängig sind, durch welche Zeitverhältnisse die religiösen Vorstellungen der Menschen geprägt sind.

Während ich an diesem Kapitel schrieb, tobte der Golfkrieg. Der irakische Regierungschef, Saddam Hussein, glaubte wohl, richtig zu handeln, als er am 2. August 1990 das wehrlose Kuweit überfiel, um es seinem Land einzuverleiben. Die Organisation der Vereinten Nationen (UNO), die 160 Staaten der Welt vertritt, war anderer Auffassung und forderte fast einstimmig die sofortige bedingungslose Räumung Kuweits von irakischen Truppen. Die Völkergemeinschaft verurteilte Saddam Hussein als Aggressor. Am 17. Januar 1991, kurz nach Mitternacht, eskalierte der Golfkonflikt zum Krieg, der zwar inzwischen offiziell beendet ist; aber es könnten in der nahen Zukunft bürgerkriegsähnliche Zustände entstehen. Die Zahl der Kriegsopfer könnte auf diese Weise noch ansteigen.

Die unzähligen Demonstranten in aller Welt sind der Meinung, daß »Kein Blut für Öl« vergossen werden soll. Es ist jedoch eine Frage, ob dieser eingängige Slogan richtig ist und die für den Frieden eintretenden Menschen den tieferen Sinn der kriegerischen Auseinandersetzung begriffen haben. Wir alle müssen uns vielmehr fragen, ob wir nicht in einen erneuten Glaubenskrieg hineinschliddern wie unsere Vorfahren in den Dreißigjährigen Krieg (1618-1648): der schiitische militante Islam einer Minderheit gegen den sunnitischen Islam einer Mehrheit von Mohammedanern! Auffallend ist übrigens, daß im Iran eine schiitische Staatsführung ein sunnitisch geprägtes Volk regiert, während im Irak ein sunnitischer Staatschef eine schiitische aggressive Mehrheit kommandiert. Die eine gegen die andere islamische Glaubensrichtung, das ist ein Teil des Konflikts. Das Ausrufen des »Heiligen Krieges« der Gläubigen, also der Mohammedaner, gegen die Ungläubigen, die Christen und Juden, ist der andere Teil der kriegerischen Auseinandersetzung! Das Buch von Gerhard Konzelmann, *Allahs Schwert – der Aufbruch der Schiiten* (118) ist für das Verständnis dieser Thematik eine einmalige Informationsquelle. Jedermann sollte es gelesen haben, um besser nachvollziehen zu können, was in der Golfregion über das Kuweit-Problem hinaus tatsächlich ablaufen kann.

Kommen wir auf die Frage nach dem Gewissen zurück. Für die christlich geprägten Nationen steht die Erhaltung des Friedens im Vordergrund internationaler Bestrebungen. Das Leben der Menschen in ihren Völkern wird hoch eingeschätzt. Trotzdem wird auch von den Christen mit Waffengewalt gekämpft. Wofür? Für das Recht auf Leben, Gesundheit, Freiheit, kurz gesagt die Menschenrechte! Die mohammedanischen Menschen können zum »Heiligen Krieg« verpflichtet werden, also zu einem Krieg um ihres Glaubens willen, und dafür gehen sie freiwillig in den Tod. Nach ihrer Glaubensüberzeugung werden sie danach sofort in das Reich Gottes eingehen. Was haben diese Menschen also zu verlieren? Sie sind überzeugt davon, nach ihrem Tod im »Heiligen Krieg« Gott nahe zu sein.

Wir müssen davon ausgehen, daß auf beiden kriegführenden Seiten die Gewissensstimmen der Menschen eine unterschiedliche Sprache sprechen. Lassen wir die verschiedenen religiösen Prägungen, denen unser Gewissen in der einen oder anderen Weise ausgesetzt ist, einmal beiseite und fragen uns, ob die Philosophie eine übergeordnete Orientierung anbieten könne.

Auf unserer Suche können wir auf den »Kategorischen Imperativ« des Philosophen Immanuel Kant stoßen. Er lautet (119):

»Handle so, daß die Maxime deines Willens jederzeit zugleich als Prinzip einer allgemeinen Gesetzgebung gelten könnte.«

Das Töten anderer Menschen kann wohl eine solche Maxime nicht sein, denn es bringt als Gegenkraft wieder Töten mit sich. Andererseits muß Verteidigung möglich sein, sonst wird man selbst umgebracht. Wir sehen, eine Gewissensentscheidung: die anderen oder wir, der andere oder ich! Für friedliebende Menschen ein fast unlösbarer Konflikt.

Volkstümlicher und verständlicher läßt sich Kantsche Definition in dem folgenden Sprichwort ausdrücken: »Was du nicht willst, das man dir tu', das füg' auch keinem anderen zu!«

Das Sprichwort führt in den gleichen Gewissenskonflikt. Aber was ist, wenn ich gegen den anderen nichts tue, aber er etwas gegen mich? Wieder sind wir bei einer Abwehr, die wir als solche gar nicht anwenden wollen.

Noch kürzer ist das Wort des Jesus von Nazareth, das wir im *Neuen Testament* (120) finden: »Liebe deinen Nächsten wie dich selbst!«

Wenn wir Saddam Hussein lieben, wird er uns dann auch lieben? Nachdem wir keine Glaubensbrüder von ihm sind, kann er uns gar nicht lieben wollen; er wird auf jeden Fall kämpfen!

Jesus von Nazareth ging seinen Weg konsequent bis zum Tod. Wir Christen scheinen nicht bereit zu sein, diesen Weg zu gehen, der uns vernichten müßte. Oder sehen wir es nur falsch?

Streiten wir uns nicht über den einen oder anderen Akzent in diesen Worten des Philosophen, des Volksmundes, des Jesus von Nazareth. Allen drei Fassungen ist gemeinsam, daß es so etwas wie ein Sittengesetz gibt, das für alle Menschen, die friedlich miteinander leben wollen, gilt: Die Freiheit des Individuums hört da auf, wo die Freiheit eines anderen berührt wird und ihm Schaden entstehen kann.

Es ist eine Erfahrungstatsache, daß erzieherische Einflüsse der Eltern oder anderer Autoritätspersonen eine Entscheidung zwischen Erlaubt und Verboten, Gut und Böse mit sich bringen. Erlaubtes ist gottgefällig, bringt Lob und Anerkennung und ein »gutes Gewissen«, Verbotenes bringt Tadel und Strafe, ein »schlechtes Gewissen«, Schuldgefühle und religiöse Konflikte. Mit zunehmender Persönlichkeitsreifung wird das Gewissen zu unserer »inneren Stimme«, der wir uns verpflichtet fühlen.

So schilderte der Schweizer Lehrer und Psychologe Hans Zulliger in seinem Buch *Vom Umgang mit dem kindlichen Gewissen* (121) die Ergebnisse seiner Untersuchungen des kindlichen und jugendlichen Gewissens. Seine Schüler der verschiedenen Klassen ließ er über Jahre hinweg das folgende Aufsatzthema bearbeiten:

»Wessen Stimme ist der inneren Stimme ähnlich, an wen erinnert sie mich?«

Er stellte fest, daß bis in die Zeit des zweiten Trotzalters – um das zwölfte bis vierzehnte Lebensjahr – die innere Stimme identisch war mit der Stimme des Vaters oder der Mutter, und erst in den Jahren danach, in Pubertät und Reifezeit, wurde die innere Stimme als die eigene Gewissensstimme erkannt und erlebt.

Es wird sicher nachvollziehbar sein, daß sich ein gutes Gewissen auch positiv auf unsere Gesundheit auswirkt, während ein schlechtes Gewissen unsere Lebensfreude einschränkt, unseren Willen lähmt, unsere Gefühle mit Schuld erfüllt, uns krankmachen kann. In diesem Sinne äußerte sich auch Viktor von Weizsäcker in seiner schon erwähnten *Pathosophie* (122), wonach »jede Erkrankung unbewußte Schuld enthält und daß sie zunächst in einer unbewußten Verlogenheit besteht.«

Aus unseren Überlegungen entsteht deshalb nach meiner Überzeugung die Konsequenz, daß wir nur dann gesund sind und bleiben, wenn wir mit unserem Gewissen »im reinen« sind, voll und ganz hinter dem stehen können, was wir tun wollten oder noch wollen. Demgegenüber riskieren wir Krankheit im weitesten Sinne, wenn wir uns nicht in Einklang mit unserem Gewissen fühlen, uns dem Druck anderer Meinungen oder dem Zwang bestimmter Zeitverhältnisse beugen.

Wie teilen wir nun anderen Menschen mit, ob wir etwas als erlaubt oder verboten, gut oder böse einstufen? Welches Vokabular verwenden wir dazu? Werden unsere Kinder, Freunde, Ehepartner, Mitarbeiter eigentlich genügend ermutigt, gelobt, anerkannt, bestätigt, wenn sie eine gute Leistung zuwege gebracht haben? Wenn wir ehrlich sind, müssen wir wohl zugeben, daß wir unsere Bereitschaft, Positives zu sagen, wohl noch steigern könnten!

Aber wie sieht es denn dann mit dem Schimpfen, mit Kritik, Tadel und Strafe aus? Sind wir da nicht schneller dabei, unseren Unwillen, unsere Enttäuschung, unseren Ärger kundzutun? Wie leicht platzt man mit einem Wort heraus, das man später am liebsten wieder ungeschehen machen würde!

Da gibt es Kraftausdrücke, die sich bis in die Richtung von Verwünschungen und Flüchen steigern können:

»Da soll doch ein Donnerwetter einschlagen!«

»Dich soll doch der Teufel holen!«

»Du verfluchter Dreckskerl!«

»Du verdammter Lümmel!«

»Wenn du nicht parierst, bist du mein Sohn/meine Tochter nicht mehr!«

»Du kannst deine Koffer packen und sehen, wo Du bleibst!«

Solche Gefühlsausbrüche noch nie gehört, lieber Leser? Jedem von uns kann da und dort »der Gaul durchgehen« oder »der Kragen platzen«. Aber jedes Wort, das wir aussprechen, hat eine bestimmte positive oder negative, »gute oder böse« Energie, die von uns ausgeht, aber auch wie ein Bumerang wieder zu uns zurückkehrt. Auch hier sind wir an einer Nahtstelle zwischenmenschlicher Begegnung, die mit einem guten oder schlechten Gewissen zu tun hat.

Was wir tun können, um ein unbedachtes Wort zu mildern oder gar wieder aufzulösen, ist die Entschuldigung, die Bitte um Verzeihung. Je mehr Selbstvertrauen wir besitzen, desto eher wird es uns möglich sein, ein böses Wort zurückzunehmen. Wir sollten darauf nicht verzichten.

Der Segen, die Verwünschungen und die Flüche

Als der Tod der Eltern und sonstiger Familienangehöriger noch innerhalb der Familie und den eigenen Räumlichkeiten erwartet wurde, gehörte es zu den Gepflogenheiten, daß der sterbende Vater und die sterbende Mutter ihre Kinder segneten. Dieser religiöse Brauch scheint in den Hintergrund getreten zu sein, seit heute vorwiegend in der nüchternen und kalten Atmosphäre von Krankenhäusern gestorben wird. Der Tote bleibt auch nicht mehr wie früher drei Tage und Nächte in seiner Wohnung oder seinem Haus, sondern er wird bereits kurze Zeit nach seinem Tod abgeholt und in einer Leichenhalle aufgebahrt.

Man kann wohl davon ausgehen, daß das Segnen der jungen Generation durch die ältere nicht mehr sehr oft zu den üblichen Gepflogenheiten gehört, zumal der Tod in unserer Zeit so weitgehend wie irgend möglich verdrängt wird.

Wie ist es jedoch mit Verwünschungen und Flüchen? Es ist mir nicht bekannt, wie oft so etwas vorkommt, ich will jedoch von einem Fall berichten, der sich im Rahmen meiner Praxis ereignete.

Eines Tages war ich mit einem Patienten mitten in der reinkarnationstherapeutischen Arbeit, aber es wollte nicht so recht weitergehen. Irgendwie stagnierte die Arbeit. Das innere Auge wollte sich an diesem Tage nicht recht öffnen, der Patient war höchst unkonzentriert und hatte auch erhebliche Schmerzen in der Hüfte und an den Oberschenkeln.

Vom Kriege her ist Hans-Ulrich M. beinamputiert. Vor einigen Jahren hatte er seine Frau verloren, so daß er trotz seiner Behinderung den Haushalt versorgen muß.

Über seine Ehe und die inzwischen erwachsenen und verheirateten Kinder hatten wir mehrfach gesprochen, und es gab für Hans-Ulrich einige Probleme aus seiner Vergangenheit aufzuarbeiten. Dazu gehörte sein autoritärer Erziehungsstil, den er nicht nur auf seine Kinder anwandte, sondern auch auf seine Ehefrau. Plötzlich sagte der Patient:

»Ich glaube, wir kommen nicht weiter, wenn wir nicht noch einmal auf meine verstorbene Frau zu sprechen kommen. Ich weiß, wir haben ja schon einige der Probleme, die ich in der Familie hatte, angegangen, aber da ist noch etwas, das mich belastet.«

Hans-Ulrich wollte von den letzten Lebenstagen seiner Frau erzählen, die sie auf der Intensivstation einer Klinik verbracht hatte. Wie in den ganzen letzten Wochen war Hans-Ulrich täglich bei seiner Frau am Krankenbett gesessen, auch wenn er sich kaum noch mit ihr verständigen konnte. Einfach da sein, die Hand der Sterbenden halten, ihr von Zeit zu Zeit das blaß gewordene Gesicht mit einem feuchten Waschlappen abtupfen, das war alles, was der fast siebzigjährige Ehemann noch für seine etwas jüngere Frau tun konnte.

Eines Abends hatte die sterbende Ehefrau noch einen lichten Augenblick. Hans-Ulrich war mit einem seiner Söhne im Krankenzimmer anwesend. Atmosphärisch wurde deutlich, daß Elsa sehr schwer sterben konnte, obwohl sie um die Unsterblichkeit der Seele wußte. Gern wäre sie noch am Leben geblieben, und vor allem vermutete sie, daß ihr rüstiger und geistig aktiver Mann nach ihrem Tode sicher wieder heiraten würde – was bis heute jedoch nicht geschah.

Allem Anschein nach war vor der schwerkranken Frau nochmals ihr bisheriges Leben vorbeigezogen: das Glück mehrerer Kinder, die von ihr sehr geliebten Enkel, die Landschaft des Eigenheims in der Nähe des Allgäus, aber auch die Einsamkeit neben dem stets sehr beschäftigten und mit seiner Freizeit geizenden Ehemann. Sicher hatte sie auf manche Lebensfreude verzichten müssen, denn im letzten Krieg war ihr Mann an der Front, und als er beinamputiert zurückkehrte, wollte er als überzeugtes Mitglied der Partei wenigstens am Wohnort noch »für das Vaterland« tätig sein. Die materielle Sicherheit der Familie war stets gewährleistet.

Was Hans-Ulrichs Frau wohl besonders zu schaffen gemacht hatte, war aus ihrer Sicht die von ihrem Ehemann erzwungene totale Unterordnung unter seine Autorität. So fühlte sie sich um manche glückliche Stunde des Lebens betrogen. Während des letzten lichten Augenblicks gab die Sterbende ihrem Mann zu verstehen: »Du sollst auch noch einmal leiden müssen. Ganz langsam sollst du mal sterben, damit du weißt, wie ich gelitten habe!«

Hans-Ulrich nahm diese Worte zunächst wie die Verbitterung seiner Frau darüber, vor ihm aus dieser Welt scheiden zu müssen, nachdem sie harte Wochen des körperlichen Leidens hinter sich gebracht hatte. Er hätte diese letzten Worte seiner Frau vielleicht nicht so ernstgenommen, wenn er sich nicht einige Wochen vor unserem Gespräch einer Krebsoperation hätte unterziehen müssen. Ob diese Erkrankung auf die letzten Worte seiner Frau zurückzuführen sein könnte?

Tiefenpsychologische Erfahrung zeigt, daß solche und ähnliche Wünsche nur dann auf »fruchtbaren Boden« fallen, wenn jemand bereit ist, sich solchen negativen Einflüssen zu öffnen.

Bei Hans-Ulrich mag es so sein, daß Schuldgefühle für weit zurückliegende eheliche Versäumnisse und Belastungen den Boden dafür vorbereiteten, daß die Worte der Ehefrau bei ihm »wie ein Blitz« einschlugen und ihn schwer trafen.

In den letzten Jahren habe ich immer wieder festgestellt, daß während der reinkarnationstherapeutischen Arbeit sich das innere Auge der Patienten auch für transzendente Wesenheiten öffnen kann. Manche können ihren Geistführer oder Schutzengel sehen, andere fühlen die Seele eines Verstorbenen in ihrer Nähe oder können deren Gestalt sogar deutlich wahrnehmen.

Hans-Ulrich fühlte zur Zeit unseres Gesprächs, daß die

Seele seiner verstorbenen Frau bei uns im Therapiezimmer aufgetaucht war. Wir bezogen sie deshalb mit ein, und Hans-Ulrich bat sie um Verzeihung für das, was er ihr angetan hatte und darum, ihn freizugeben. Elsa gab ihm zu verstehen, daß sie nicht daran denke, dies zu tun, schließlich habe er ihr zu ihren Lebzeiten sehr weh getan. Sie ginge es überhaupt nichts mehr an, wenn er leide und sich nicht wohlfühle.

Ich versuchte, der Verstorbenen in unserem Gespräch mitzuteilen, daß sie ja auch nicht frei werden und in die andere Welt hinüber gehen könne, wenn sie sich nicht von ihren Rachegedanken und der Verwünschung ihres Ehemannes lösen könnte.

Elsa verschwand vor dem inneren Auge des entspannt und mit geschlossenen Augen im Therapiezimmer sitzenden Ehemannes. Er berichtete mir, daß seine verstorbene Frau nicht loslassen wollte, es wäre ihr gleichgültig, wie es ihm ginge.

In den folgenden Tagen setzten wir unsere therapeutische Arbeit fort. Mehrfach kamen wir auf die verstorbene Ehefrau zu sprechen, und sie war auch von der anderen Welt her bei unseren gemeinsamen Überlegungen anwesend. Für uns beide war sie fühlbar.

Im Lauf einer Woche zeichnete sich eine Lösung der Problematik ab. Die verstorbene Elsa gab ihrem Mann zu verstehen, daß sie ihm verzeihe, loslassen und den Weg hinüber in die andere Welt gehen wolle.

Hans-Ulrich, ein sehr religiöser Mensch mit geistheilenden Fähigkeiten, tat alles, um seine Frau in der Licht-Meditation in helles, heilendes und göttliches Licht zu stellen und ihr dabei zu helfen, eine »Lichtbrücke« in die andere Welt zu bauen und ihr mit seinen guten Gedanken hinüber zu helfen (123).

Hans-Ulrich erlebte die Auflösung von Elsas Verwünschung als Befreiung, die sich körperlich dadurch ausdrückte, daß nach der Krebsoperation keinerlei Rückfall mehr auftrat und sich bei der nachfolgenden klinischen Untersuchung auch keine Metastasen zeigten. Inzwischen meisterte Hans-Ulrich vorwiegend allein seinen Umzug aus dem Allgäu in den südlichen Schwarzwald, wo er sich inzwischen sehr wohlfühlt.

Gehen wir mit unserer Thematik wieder aus der Gegenwart in weit zurückliegende Vergangenheit, in die Zeit der Berichte des »Alten Testaments«. Wir finden dort einen der ältesten Flüche, der das Judentum und das spätere Christentum bis zum heutigen Tage belasten dürfte. Es ist der göttliche Fluch nach dem Sündenfall, auf den schon im Kapitel »Krankheiten vor dem Hintergrund ... « auf Seite 83 hingewiesen wurde. Lesen wir die ganze Stelle im Zusammenhang (124):

»Da sprach Gott der Herr zu der Schlange: Weil du das getan hast, seist du verflucht, verstoßen aus allem Vieh und allen Tieren auf dem Felde. Auf deinem Bauche sollst du kriechen und Erde fressen dein Leben lang. Und ich will Feindschaft setzen zwischen dir und dem Weibe und zwischen deinen Nachkommen und ihren Nachkommen; der soll dir den Kopf zertreten, und du wirst ihn in die Ferse stechen.

Und zum Weibe sprach er: Ich will dir viel Mühsal schaffen, wenn du schwanger wirst; unter Mühen sollst du Kinder gebären. Und dein Verlangen soll nach deinem Manne sein, aber er soll dein Herr sein.

Und zum Manne sprach er: Weil du gehorcht hast der Stimme deines Weibes und gegessen hast von dem Baum, von dem ich dir gebot und sprach: Du sollst davon nicht essen -, verflucht sei der Acker um deinetwillen! Mit Mühsal sollst du dich von ihm nähren dein Leben lang. Dornen und Disteln soll er dir tragen, und du sollst das Kraut auf dem Felde essen. Im Schweiße deines Angesichts sollst du dein Brot essen, bis du wieder zu Erde werdest, davon du genommen bist. Denn du bist Erde und sollst zu Erde werden.«

Der Gott des Alten Testaments erscheint in obigen Worten als streng, unerbittlich und fast rachsüchtig. Nach theologischer Lehre ist mit dem Sündenfall und der nachfolgenden Vertreibung Adams und Evas aus dem Paradies die Erbsünde verbunden. Unzählige Generationen von Menschen leiden danach heute noch unter der damaligen Übertretung des göttliches Gebotes.

Wenn es nur die damalige Schlange, Adam und Eva gewesen wären! Aber nach herrschender Lehre unterliegen bis heute alle Menschen dem damaligen Fluch. Alle Frauen, für die die Bibel verbindlich ist, haben dieses Wort im Laufe von Jahrhunderten mehr oder weniger in ihr Lebensprogramm mit aufgenommen. Nicht von ungefähr entstand deshalb auch die Vorstellung, daß eine gebärende Frau »ihrer schwersten Stunde entgegensehe«.

Trotzdem kennt die Heilkunde seit antiken Zeiten bestimmte Pflanzen, deren Auszüge Milderung bei schweren Geburten ermöglichen.

Jedoch erst seit den dreißiger Jahren dieses Jahrhunderts löste sich der alttestamentliche Bann langsam auf. Der englische Arzt Grantley Dick-Read entwickelte die nach ihm benannte Readsche Methode zur möglichst schmerzfreien Geburt (125), worauf wir im Kapitel »Krankheiten vor dem Hintergrund . . . « schon zu sprechen kamen.

Schmerz ist natürlich nicht gleichbedeutend mit Krankheit. Wir können aber deutlich sehen, wie seit alters übernommene Vorstellungen und Erwartungen jahrtausendelang fortwirken können.

Wenn wir auch nicht so weit gehen und Krankheit ausschließlich als Ergebnis von irgendeiner Schuld sehen müssen, so können wir durchaus darüber nachdenken, ob Krankheit nicht irgendeinen Sinn für uns haben kann und muß. Vor allem dürfte das für die Krankheiten gelten, die wir bereits mit unserer Geburt in diese Welt mitbringen und für die unheilbaren Krankheiten.

Kehren wir nochmals zu den bösen Wünschen, Verwünschungen und Flüchen zurück. Tragisch hört sich der Fall des Heiligen Franziskus (1181 oder 1182-1226) an. Er stammte aus dem Hause eines reichen Kaufmanns und hatte in Kindheit und Jugend jede finanziell erreichbare Annehmlichkeit, bis er sein ganzes Verhalten änderte, auf eine innere Stimme hörte und sich von da an der Armut verpflichtet fühlte. Weder seine Eltern noch seine Freunde konnten die in ihm vorgegangene Veränderung verstehen. Sein Vater wurde so wütend über seinen Sohn, daß er ihn verfluchte. In der *Dreigefährtenlegende des Heiligen Franziskus* (126) können wir darüber nachlesen:

»Als sein Vater ihn so niedrig und erbärmlich (als Bettler) daherkommen sah, wurde er von übergroßem Schmerz erfüllt. Weil er ihn innig geliebt hatte, schämte er sich seiner nun um so mehr. Er empfand es bitter, seinen Sohn so zu sehen - wie ein Skelett fast, sinnlos unter der Kälte leidend, den Leib gezeichnet von den vielen Kasteiungen -, daß er ihm fluchte, wo er ihn nur traf.

Dem Mann Gottes ging das Fluchen seines Vaters nahe. Da nahm er sich einen verachteten Armen an Vaters Stelle und sagte ihm: ›Komm mit mir, ich gebe dir von den Almosen, die ich erhalte. Und wenn du siehst, wie mein Vater auf mich flucht, so werde ich dir sagen: Segne mich, Vater! Und du wirst über mich das Kreuzzeichen machen und mich an seiner Stelle segnen!‹

Und so geschah es. Der Arme segnete ihn, der Heilige sprach zu seinem Vater: ›Glaubst du nicht, daß Gott mir einen Vater geben kann, der mich segnet gegen deine Flüche?‹

Da begannen manche, die bisher über ihn gespottet hatten, angesichts der Geduld, mit der er alle Schmach ertrug, zu staunen und ihn zu bewundern.«

Bevor wir über dem Vater des Heiligen Franz »den Stab brechen«, sollten wir uns darauf besinnen, wie wir reagieren würden, wenn unsere Kinder eine ähnliche Wandlung durchmachen würden. Ist es manchen Eltern nicht schon ein Graus, wenn sich die »jungen Leute« die Haare lang wachsen lassen oder in »alten Klamotten« herumlaufen?

Wir erleben aber aus der zitierten Geschichte nach, wie wichtig früheren Generationen der Segen des Vaters war, sonst hätte der Heilige Franziskus kaum nach einem Ersatzvater gesucht, der ihn anstelle seines eigenen Vaters segnen sollte.

Ein betrübliches Kapitel der Kirchengeschichte sind die Bannbullen der Päpste, die einem tödlichen Fluch gleichkamen. Denken wir nur an Heinrich IV. Er hatte 1076 in der Deutschen Bischofssynode Papst Gregor VII. für abgesetzt erklären lassen. Darauf wurde Heinrich IV. exkommuniziert und mit dem Kirchenbann belegt. Um die Aufhebung des Bannes zu erreichen und damit auch seine Absetzung zu verhindern, machte er sich 1077 zu einem Büßergang nach Canossa auf. Der Papst ließ ihn tagelang warten, bis er ihn zu sich vorließ. Heinrich IV. konnte durch Kirchenbuße den Papst zwingen, ihm Absolution zu erteilen und den Bann aufzuheben.

Ein anderer, der unter dem Kirchenbann zu leiden hatte, war der Reformator Martin Luther (1483-1546). 1520, drei Jahre nach den »95 Thesen«, erhielt er die Bannandrohungsbulle, die er, kaum von der Öffentlichkeit bemerkt, in Gestalt eines gefalteten kleinen Heftes, am berühmten 10. Dezember 1520 vor dem Elstertor in Wittenberg verbrannte, als die Studenten päpstliche Dekrete und scholastische Lehrbücher in die Flammen warfen.

Am 3. Januar 1521 erreichte Luther die Bannbulle selbst, mit der er zum Reichstag nach Worms vorgeladen wurde. Sie war der Anlaß, daß mit dem »Wormser Edikt« vom 26. Mai 1921 über Luther die Reichsacht verhängt wurde. Darin stand (127):

»Luther ist als ein verurteilter Häretiker zu betrachten. Wenn die Frist abgelaufen ist, darf niemand ihn beherbergen. Seine Anhänger sind gleichfalls zu verurteilen. Seine Bücher sind auszurotten aus dem Gedächtnis der Menschen.«

Luther war also auf Initiative des Papstes und der Verurteilung durch den Reichstag »vogelfrei« geworden, wie man das damals nannte. Jedermann hätte ihn ohne Strafe töten können.

Es kann sein, daß wir uns heute schwertun, einen Zugang zu den historischen Persönlichkeiten wie Franziskus und Luther zu finden. Von Luther selbst ist bekannt, daß er in den Jahren um 1527 und danach immer stärker unter Depressionen und Angstzuständen litt, die ihm zeitweise auch den Schlaf raubten (128).

Naheliegender könnten dann Äußerungen aus der Gegenwart sein, die wir da und dort hören können: »Ich schlage dir noch das Kreuz ab!« – »Geh' doch hin, wo der Pfeffer wächst!« – »Ich wünsche dir, daß du auch noch mal so leiden mußt wie ich!« – »Ich hasse dich!« – »Du bringst mich noch ins Grab!« – »Du bist für mich ein Sargnagel!« – »Mein Haus ist von jetzt an für dich verschlossen, sieh' zu, wo du bleibst!«

Solche Äußerungen können »nur so dahingesprochen« sein. Aber wenn wir davon ausgehen, daß die guten Wünsche zum Geburtstag einen Sinn haben und irgendeine Energie übertragen, dann müssen wir auch davon ausgehen, daß Worte und Sätze wie vorstehend wirken, Menschen schädigen und sogar in den Tod treiben können.

Nach meinen bisherigen Erfahrungen wirken solche Sätze viel stärker, als man normalerweise annimmt. Und, wie schon oben gesagt, wenn von Schuldgefühlen oder einer »Sündenbock-Haltung« der Boden vorbereitet ist, wirken solche Worte wie ein Programm!

Die Frage nach Leben und Tod

Leben erfahren wir täglich an uns selbst, an anderen Menschen, vor allem in der Nähe von schwangeren Frauen, die in sich werdendes Leben spüren und sich auf die Geburt ihres Kindes vorbereiten. Selten werden jemandem schwangere Frauen oder Ehepaare mit Kinderwagen im Straßenbild so häufig auffallen, wie in den Zeiten, wenn eine Frau selbst ein Kind erwartet und ein Mann in absehbarer Zeit Vater werden wird.

Wer einmal ein Baby im Arm gehalten hat, es an der Brust seiner Mutter trinken sah, seine zierlichen Fingerchen betrachten konnte, bekommt ein Gefühl für Leben.

Wer mit einem Kind Fangen gespielt hat, um die Wette gerannt ist, es nach einem Schmerz tröstend auf dem Arm gehalten und ihm »Heile, heile Segen« an der wehen Stelle gemacht hat, der konnte Leben erfahren.

Natürlich können wir Leben auch biologisch, chemisch, medizinisch erklären in Form von bestimmten Parametern, nach denen Stoffwechsel, Blutzusammensetzung, Puls und Blutdruck gemessen werden. Geräte zeigen uns auch an, ob in einem kranken oder alten Körper noch ein Minimum an Leben ist, und trotzdem tun wir uns schwer, Leben in seiner Unmittelbarkeit und Vielfalt zu erklären oder gar zu verstehen.

Es mag mit dem Tod ähnlich sein. Solange wir nicht selbst mit dem Sterben eines uns lieben Menschen konfrontiert sind oder unserem eigenen Lebensende entgegensehen, wird uns der Tod kaum zum Problem werden, er ist noch weit weg von uns.

Jedoch können wir erschrecken, wenn wir gerade noch

einem schweren Autounfall ausweichen konnten und erleichtert vor uns hin flüstern, daß wir wohl »ein Schutzengele« gehabt hätten, das uns behütend in das Steuer gegriffen und uns vor Verletzungen, Operation und möglicherweise Tod bewahrt habe. Überhaupt kommt uns das Wort Schutzengel in solchen prekären Situationen leichter als sonst über die Lippen, und unsere Gesprächspartner werden dafür Verständnis aufbringen. Aber zu anderer Zeit? Da wird gern über den alten Kinderglauben der Erwachsenen gelächelt, leider.

Gehen wir einmal in eine modern eingerichtete Klinik. Kein Zweifel, es wird alles getan, um einem geschwächten, kranken, verletzten Menschen zu helfen, seine Schmerzen zu lindern, seine Gesundheit wieder herzustellen, seinen Tod hinauszuzögern. Ja, wir müssen wohl zugeben, daß der Tod sehr oft als Feind des Menschen erlebt wird, den man bekämpfen muß.

Da fällt es auf, wenn eine Persönlichkeit wie der weltberühmte Herzchirurg Christiaan Barnard, dem die erste Herzverpflanzung der Welt gelang, ein Buch mit dem Titel *Glückliches Leben, würdiger Tod* (129) schrieb. Professor Barnard fühlte die Begegnung mit dem Tod schon als Kind und schrieb darüber (130):

»Ich entsinne mich eines sanften Schauers, der wie die Schwingen eines Vogels über mein Gesicht strich, eines jähen Verlustgefühls, als ich vom Tod meines kleinen Bruders erfuhr.«

Noch eindringlicher erlebte er die Endlichkeit des Lebens, als er mit fünfunddreißig Jahren hören mußte, daß er an dem ersten Stadium chronischer Polyarthritis leide. Durch diese zunehmend schmerzhafter werdende Krankheit, deren Symptome er als Arzt kannte, mußte er viele Jahre später seine Karriere als einer der besten Herzchirurgen der Welt abbrechen. Über den Tag, als ihm seine Diagnose mitgeteilt wurde, schrieb Barnard selbst (131):

»Blitzartig schaltete meine Erinnerung um zehn Jahre

zurück, und ich sah mich wieder als Student im achten Semester vor meiner ersten Patientin stehen, einer kleinen alten Dame, die durch eben diese Krankheit völlig verkrüppelt war.«

So sehr sich Barnard dem Leben verbunden fühlt und als Arzt dafür eintritt, so sehr vertritt er heute auch den Standpunkt, daß es nicht in jedem Fall darum geht, den Tod zu besiegen. Barnard tritt in seinem genannten Buch sogar für den Freitod ein, wenn Unheilbarkeit, extremer Schmerz, wochenlanges Koma oder durch medizinische Apparate erzwungenes Funktionieren der Organe gegeben sind (132):

»Der Selbstmord ist ein fundamentales Recht des Menschen, von dem jeder einzelne jederzeit Gebrauch machen dürfen sollte ...

Die Allgemeinheit muß den Selbstmord neu entdecken und ihn nicht als Streitfrage, sondern als legitime Handlung betrachten ...«

An anderer Stelle schränkte er jedoch deutlich ein und erwähnt, daß zeitweilige Depressionen, vermeintliche soziale oder finanzielle Notlagen keine hinreichenden Gründe wären, seinem Leben ein Ende zu setzen. Letztlich sind wir hier wieder an Grenzen gestoßen, die nur aus der eigenen Verantwortung und mit dem eigenen Gewissen entschieden werden können.

Eine Gegenposition zu solchen an sich verständlichen Gedanken nimmt Silvia Wallimann ein. Wann immer technische Hilfe möglich sei, das Leben zu erhalten, solle man davon Gebrauch machen (133):

»Ein solcher Mensch wird dadurch in die Lage versetzt, trotz seines bewußtlosen Zustandes den Zeitplan seines irdischen Lebens mit seiner Entwicklung einzuhalten.«

Die Autorin meint auch, daß klinisch Tote Zugang zu beiden Welten hätten, noch zu der irdischen Welt, in der sich der Körper mit seinen restlichen Lebensfunktionen befinde, und schon zu den astralen Dimensionen, in die der Sterbende über kurz oder lang hinüberwechseln werde.

Die Lebenswende um das fünfundvierzigste Lebensjahr, heute gern als *midlife-crisis* bezeichnet, kann für uns eine Zeit der Rückschau und der Vorausschau sein. Kindheit und Jugend liegen hinter uns, in der Familie haben die Kinder meist das Jugendalter erreicht und bereiten sich auf die Ausbildung für den Beruf vor, die berufliche Karriere strebt ihrem Höhepunkt zu. Aber was kommt danach? Erfahrung ist, daß da und dort ein neuer Anfang gemacht, weiterer beruflicher Aufstieg oder eine andere Richtung im Beruf gesucht wird bis hin zu Gedanken, »auszusteigen«, sich dem täglichen Streß zu entziehen, ein Stück Land zum Bepflanzen zu erwerben, auf eine einsame Insel zu gehen, mit einem Wohnmobil oder einer Jacht zu reisen und die Welt besser kennenzulernen.

Die Lebenswende wird oft als ein »Nicht-mehr« erlebt, »die Jungen« verfügen über mehr körperliche Kraft als »die Alten«, sie sind beweglicher und im Beruf als »Aufsteiger« mehr gefragt. Es wird aber auch ein »Noch-nicht« erlebt. Man ist noch nicht am beruflichen Ende, noch nicht frei von der Erziehung und Beratung der Kinder, noch nicht am Ende des Lebens angelangt. Die Fragen nach dem Sinn des eigenen Lebens, dem Alter und dem Tod, mit den Grenzgebieten unseres Wissens werden intensiver.

Die Reinkarnationstherapie bringt Patienten häufig auch an Todeserlebnisse heran. Zwei bis maximal vier Stunden täglicher Arbeit über drei bis vier Wochen hinweg lassen den Patienten ungefähr zwei Dutzend früherer Inkarnationen nacherleben, wobei er auch durch damalige Todeserlebnisse hindurchgehen kann (134).

Diese rückerinnerten Tode können erfahren werden als langsame Ablösung der Seele vom Körper, da und dort aber auch verbunden mit Angst, wenn Gewalt im Spiel war, im Krieg und Kampf, durch Hinrichtungen oder Selbstmord. Körperliche Empfindungen, Schmerzen an früher verletzten Körperstellen sind möglich, jedoch bei weitem nicht in der Intensität, wie es damals war.

Sicher müssen nicht alle Menschen Rückerinnerungen nacherleben. Wer solche Erfahrungen respektieren und annehmen kann, wird seinen Tod einmal leichter annehmen können, als wenn er glauben müßte, daß nach dem Tode »alles vorbei« sei. Der Begriff »Ewiges Leben« kann vielleicht auch mit dem Gedanken an die Unsterblichkeit der Seele und den Gedanken der Reinkarnation verbunden werden.

Menschen, die einmal klinisch tot waren und wieder ins Leben zurückgeholt wurden, berichten übereinstimmend von hellem, strahlendem Licht, wunderschönen Farben, harmonischen Gefühlen, sphärischer Musik. Einige sahen auch verstorbene Familienmitglieder, Freunde oder ihnen unbekannte Wesenheiten, die bereit waren, ihnen in die »andere Welt« hinüberzuhelfen. Es mögen Schutzengel oder geistige Führer gewesen sein (135).

Tod ist also mit höchster Wahrscheinlichkeit nicht das, was von dogmatischer Seite vertreten wird. Tod ist nach meinen bisherigen Erfahrungen kein Endpunkt, sondern Übergang vom Diesseits zum Jenseits. Wenn wir hier sterben und unseren physischen Körper zurücklassen, werden wir nach drüben geboren, wenn wir nach einer Zeit der Entwicklung von drüben wieder herüber kommen, sterben wir dort und werden hier wieder geboren. Bis wir in die Ewigkeit eingehen und Gottesnähe erfahren, werden wohl noch viele Entwicklungs- und Reifungsphasen nötig sein.

Der Strom der Zeiten – Entwicklung durch Reinkarnation?

Die Frage nach der Unsterblichkeit der Seele wurde schon mehrfach beleuchtet bis hin zu der Ansicht der Neurophysiologen, die von einem »Irrtum mit der Seele« (136) sprechen. Bis zum heutigen Tage gibt es verschiedene Lager bis hin zur Theologie. So schrieb der bekannte katholische Theologe Hans Küng in seinem umfassenden Werk *Ewiges Leben?* (137):

»Was man in theologischen Lehrbüchern über die ›letzten Dinge‹ findet, schien mir zur Beantwortung der Frage nach dem ewigen Leben öfters weniger wichtig als das, was Dichter und Philosophen, Ärzte und Naturwissenschaftler dazu – negativ wie positiv – geschrieben haben.«

Diese Meinung teilt auch der evangelische Theologe Reinhart Hummel in seinem Buch »Reinkarnation – Weltbilder des Reinkarnationsglaubens und das Christentum« (138):

»Die Kirchen haben in ihrer seelsorgerlichen und theologischen Arbeit der letzten Jahrzehnte dieses Feld nur mit mäßigem Eifer beackert. Sterben und Tod sind weitgehend säkularisiert worden in dem Sinn, daß sie der religiösen Zuständigkeit entzogen wurden«.

Hoffnungsfroh stimmen da die Kongresse »Imago Mundi«, ins Leben gerufen und geleitet von dem katholischen Theologen Andreas Resch. Die Zusammenfassung des Kongreßthemas aus dem Jahre 1978 in Buchform, *Fortleben nach dem Tode* (139), hatte bis 1987 die 4. Auflage erreicht. Sehr deutlich an Wissenschaft und Kirchen ist der Satz gerichtet, »daß man die Verdrängung der Frage des Fortlebens nach dem Tode als das größte wissenschaftliche Vergehen der

Neuzeit an der Vollentfaltung der menschlichen Persönlichkeit bezeichnen kann« (140).

Hans Küng drückte sich über das Fortleben der Seele nach dem Tode und den Gedanken der Reinkarnation sehr vorsichtig aus. Er vertritt auch die Meinung, daß die Erlebnisse der zurückgeholten klinisch Toten über ein Leben nach dem Tode keine Aussagekraft hätten (141):

»Solche Sterbeerlebnisse beweisen für ein mögliches Leben nach dem Tod nichts; denn hier geht es um die letzten fünf Minuten *vor dem Tod und nicht um ein ewiges Leben nach* dem Tod. Alle noch so intensiven Lichtphänomene sind kein Beweis, ja nicht einmal ein Indiz für den Eingang in ein freundliches ewiges Licht ...«

Für Küng löst sich die Unsterblichkeit der Seele und ihr nachtodliches Leben auf in der Frage nach dem Vertrauen (142):

»Daß ewiges Leben ist, kann nur in einem – in der Wirklichkeit freilich begründeten – Vertrauen angenommen werden ... Dieses vertrauende Sich-Einlassen auf einen letzten Sinn der gesamten Wirklichkeit und unseres Lebens, auf den ewigen Gott, auf ein ewiges Leben, wird im allgemeinen Sprachgebrauch zu Recht als ›Glauben‹ an Gott, an ein ewiges Leben bezeichnet.«

Nach meinem Dafürhalten hilft es uns wenig, nur Gedanken anderer anzuhören, Bücher aus der einen oder anderen Richtung zu lesen. Wir kommen nicht um eine eigene Entscheidung herum, wenn wir unser Leben sinnvoll gestalten und am Ende dieses Lebens ein Gefühl der Erfüllung erstreben wollen. »Sterben scheint nicht zuletzt davon abhängig zu sein, wie das Leben bewältigt wurde ... Die Lösung der Lebensaufgaben mag die Lösung der Sterbeaufgaben erleichtern« (143), sagt Küng. Ich meine, er hat recht damit.

Wenn es ein Fortleben der Seele nach dem Tode und Inkarnationen vor und nach diesem Leben gibt, dann sollte dieser Gedanke mit den Wissenschaften in Einklang zu bringen sein.

In meinem Modell des »Reinkarnations-Bewußtseins« (144) habe ich den Versuch gemacht, die Ergebnisse der Gehirnforschung, die Schichten-Theorien der Psychologie, die Erfahrungen aus der Tiefenpsychologie, der Reinkarnations-Therapie und der Kosmobiologie miteinander zu verbinden. In den Abbildungen 14 und 15 auf den Seiten 154/155 wird das »Modell des Reinkarnations-Bewußtseins« vorgelegt. Danach durchströmt das Reinkarnations-Bewußtsein alle Schichten des Bewußtseins und des Unbewußten. Rückerinnerungen wären nicht möglich, wenn sie nur über das Gedächtnis im Gehirn abrufbar wären. Es muß also ein unstoffliches, immaterielles Gedächtnis geben, das die Seele nach dem Tode des Körpers mitnimmt und bei folgenden Inkarnationen wieder mitbringt.

Über die Phasen zwischen den einzelnen Leben wissen wir noch nicht viel (Abbildung 15). Vielleicht kann der Fall der Margrit im Kapitel »Warum hast du uns verlassen? . . .« auf Seite 228 etwas Licht in diese Übergangsphasen bringen.

Geburt und Tod können nach meinen bisherigen Erfahrungen mit der Reinkarnations-Therapie als Übergangsphasen von einer Seinsweise in eine andere gesehen werden, vom Jenseits in das Diesseits und wieder in das Jenseits zurück.

Es geht hier nicht darum, zu beweisen, daß mit dem Leben »nicht alles aus und vorbei« sei, auch nicht darum, den Leser davon zu überzeugen, daß es so etwas wie Wiederverkörperung und damit eine Wanderung durch mehrere oder sogar zahlreiche Leben und Tode hindurch gibt oder nicht. Ich kann nur für mich selbst sprechen, und für mich ist Reinkarnation eine Realität geworden. Wir werden aller Wahrscheinlichkeit nach immer wieder in diese Welt geboren, bis wir die uns von Gott übertragenen Aufgaben mit Hilfe von langdauernden Reifungsprozessen erfüllt und bewältigt haben. Es ist zu vermuten, daß die eine und andere Krankheit uns dabei helfen kann, in unserer Reifung und in unseren Erkenntnissen fortzuschreiten.

Modell des Reinkarnations-Bewußtseins (1)
nach B. R. Ebertin

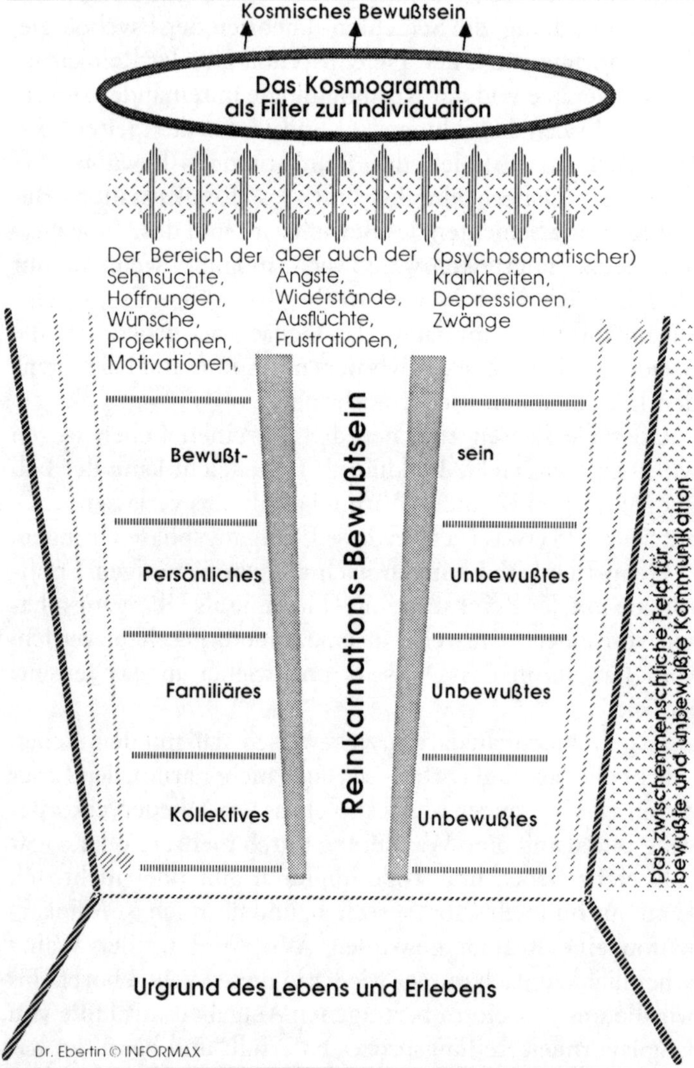

Abbildung 14

Modell des Reinkarnations-Bewußtseins (2)
nach B. R. Ebertin

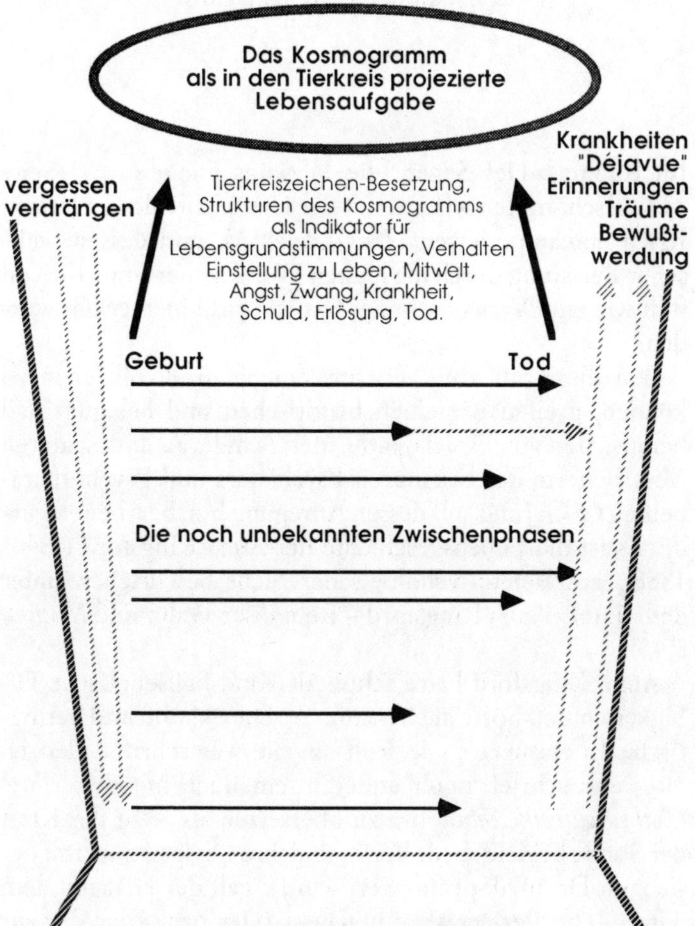

Abbildung 15

Drei Verwünschungen – drei Morde?

Der Fall der Lady Kingsford

Im Kapitel »Der Segen, die Verwünschungen ...« (Seite 137) beschäftigten wir uns mit der Geschichte des im letzten Krieg beinamputierten Hans-Ulrich M. und dessen seelischer Belastung durch die letzten Worte seiner Frau, die von ihm wie eine Verwünschung, fast wie ein Fluch erlebt wurden.

Um die Kraft von Verwünschungen nachvollziehen zu können, greifen wir einen historischen und belegten Fall heraus, der von Aniela Jaffé, der Schülerin und späteren Mitarbeiterin des bekannten Psychiaters und Psychotherapeuten C. G. Jung, auf dessen Anregung hin, bearbeitet wurde. Es ist die Lebensgeschichte der Anna Kingsford (1846-1888), aus tiefenpsychologischer Sicht beschrieben unter dem Titel »Anna Kingsford – Religiöser Wahn und Magie« (145).

Anna Kingsford hatte schon als Kind hellseherische Fähigkeiten und hörte auch Stimmen. Die okkulte und hermetische Literatur zog sie früh an. Sie war schriftstellerisch tätig und schrieb unter anderem ein Buch mit dem Titel *Clothed with the Sun* (etwa zu übersetzen als »Mit der Kraft der Sonne bekleidet« d. Verf.), und ihre Dissertation, mit der sie zum Dr. med. promoviert wurde, galt der Diät mit dem Titel »The Perfect Way in Diet« (Der perfekte Weg zur Diät).

Nachdem Anna Kingsford mit der Theosophie der Helena Blavatsky (1831-1891) bekannt geworden war, wurde ihr sogar 1883 die Präsidentschaft der Londoner Gruppe der »Theosophischen Gesellschaft« angeboten. Sie nahm an, gründete jedoch im Frühjahr 1884 eine eigene Gesellschaft, der sie den Namen »Hermetic Society« (Hermetische Gesellschaft) gab. Besonders bekannt wurde Anna Kingsford durch ihr Eintreten gegen die Vivisektion, also die schmerzhaften medizinischen Experimente an lebenden Tieren. In der Tat müssen mit den Versuchstieren in den Laboratorien damals schreckliche Grausamkeiten geschehen sein. Die Mieter von den umliegenden Wohnungen der zur Pariser Universität Sorbonne gehörenden Laboratorien sollen durch das Schreien der gequälten Versuchstiere immer wieder erschreckt worden sein (146).

Anna Kingsford lebte in einer Zeit politischer Unruhen und Revolutionen, aber auch wirtschaftlicher Fortschritte und wissenschaftlich bedeutsamer Erfindungen. Dazu einige Hinweise:

1830 bereits wurden die ersten Tierversuche zur späteren Entdeckung der Hormone durch den Physiologen J. Müller (147) durchgeführt, erweitert durch den Göttinger Physiologen A. A. Berthold seit 1849 (148). 1855 hatte der französische Physiologe C. Bernard verkündet (149):

»Wir nehmen an, daß jedes einzelne Gewebe und, allgemeiner, jede Zelle des Organismus Erzeugnisse abgibt, die ins Blut ergossen werden und durch Vermittlung des Blutes alle anderen Zellen beeinflussen können. Auf diese Weise wird eine Solidarität zwischen allen Zellen des Organismus durch einen Mechanismus hergestellt, der neben dem Nervensystem besteht.«

Zu diesen Ergebnissen, die die internationale Hormonforschung weiter anregten, war Bernard vor allem durch seine zahlreichen Tierversuche gelangt. Auch der französische Physiologe Ch. Brown-Sequard hatte umfangreiche Tierversuche und Selbstversuche durchgeführt. Über letztere berichtete er, zweiundsiebzigjährig, auf einer medizinischen Veranstaltung 1899. Er hatte sich selbst Tierhodenextrakt injiziert und dadurch eine überraschende Verjüngung erfahren (150).

Die schmerzhaften Tierversuche waren es, die zahlreiche

Tierfreunde zu Recht erbitterten und Gesellschaften gegen die Visisektion gründen ließen. Wir haben heute zwar ein Tierschutzgesetz, aber trotzdem müssen wir leider immer noch davon ausgehen, daß Millionen Tiere »im Dienste der Wissenschaft«, wie man gern verschämt sagt, leiden, dahinvegetieren, umkommen.

In die Lebenszeit der Anna Kingsford gehören auch die Erste Weltausstellung in London 1851, das Ende der Leibeigenschaft in Rußland zwischen 1855 und 1861, das gegen die Sklaverei gerichtete Buch »Onkel Tom's Hütte« der amerikanischen Schriftstellerin Harriet Beecher-Stowe 1852, die Entdeckung des ersten vorzeitlichen Menschen-Skeletts, des »Neandertalers«, 1856, die Begründung der Zellular-Pathologie durch Rudolf Virchow 1858, Charles Darwins revolutionäre Veröffentlichung *Über die Entstehung der Arten durch natürliche Zuchtwahl* 1859, die erste Promotion einer Frau in Frankreich 1861, die Weltausstellung in London 1862, die Gründung des Internationalen Komitees vom Roten Kreuz und andererseits im gleichen Jahr die fabrikmäßige Herstellung des Nitroglyzerins 1863 durch Alfred Nobel; 1864 entstand die Genfer Konvention *Zur Verbesserung des Loses der verwundeten Soldaten der Armeen im Felde* auf Anregung von Henri Dunant. Aber schon 1867 erfand Alfred Nobel das Dynamit. 1874 legte Wilhelm Wundt die Grundlagen für die moderne Psychologie mit seiner Veröffentlichung *Grundzüge der physiologischen Psychologie*. 1876 wurde durch Nikolaus Otto der erste Motor der Welt erfunden, und 1879 baute Werner Siemens die erste elektrische Lokomotive und den ersten elektrischen Webstuhl. Auf dem medizinischen Gebiet entdeckte Robert Koch 1876 den Milzbrand-Bazillus und 1882 den Tuberkulose-Bazillus (151).

Aber auch andere Bewegungen entstanden während der Lebenszeit der Mrs. Kingsford: 1875 wurde durch Helena P. Blavatsky (1831-1891) die »Theosophische Gesellschaft« gegründet, aus der später die »Anthroposophische Gesellschaft« Rudolf Steiners (1861-1925) hervorging. In Lourdes hatte die spätere Heilige der katholischen Kirche, Bernadette Soubirous (1844-1879), ihre Marien-Visionen.

Aus Amerika kommend breitete sich die »Christian Science« der Mary Baker-Eddy (1821-1910) aus, wonach Krankheiten durch den Glauben geheilt werden könnten. 1882 wurde in London die »Society for Psychical Research« gegründet, und damit mündeten Okkultismus und Spiritismus zunehmend in die wissenschaftlichen Untersuchungs-Methoden der Parapsychologie ein.

In Paris wirkte auch der bedeutende Psychiater und Neurologe Jean-Martin Charcot (1825-1893). Er wandte erstmals in einer Nervenklinik, der berühmten Salpêtrière, die Hypnose zur Linderung und Heilung von Geisteskrankheiten an, nachdem er 1862 mit der Leitung beauftragt worden war. Auch in Frankreich entwickelte der Apotheker Emile Coué einige Jahre später die Autosuggestion. Sein Kernsatz: »Mir geht es jeden Tag in jeder Weise besser und besser« wurde weltberühmt und ist bis heute nicht vergessen. Wir verdanken Coué die Erkenntnis, daß die Kraft der Gedanken in positiver Weise für die körperliche und seelische Gesundheit eingesetzt werden kann.

Nun zurück zu Anna Kingsford. Bevor sie gegen die unmenschlichen und für die Tiere schmerzvollen Versuche auftrat, hatte sie zu den Tieren eine regelrecht gegensätzliche Einstellung. In ihren jungen Jahren war sie eine leidenschaftliche Reiterin und Jägerin. Sie liebte die in England üblichen grausamen Treibjagden. Hierüber schrieb sie später (152):

»Ich liebe das wilde und aufpeitschende Vergnügen der Jagd ... Ich genieße es, bei dem Töten des Tieres dabei zu sein ... Ich empfinde einen barbarischen Genuß, wenn die Hunde sich an den Fuchs hängen und ich zusehen kann, wie sie ihn in Stücke reißen ...«

Eines Tages, nach einer solchen Jagd, hörte Anna Kingsford eine innere Stimme. Sie wurde von ihr gefragt, wie sie empfinden würde, wenn sie anstelle eines Tieres verfolgt würde. Das Hören dieser inneren Stimme bewirkte, daß Anna Kingsford von diesem Tag an niemals mehr an einer Treibjagd teilnahm und begann, öffentlich gegen die Vivisektion aufzutreten, und sie bezog in die von ihr vertretenen Gedanken auch die fleischlose Kost, also die vegetarische Lebensweise, ein.

Interessant ist in diesem Zusammenhang ein Traum, den Anna Kingsford während ihres späteren Medizin-Studiums hatte. Sie schrieb (153):

»Ich träumte, daß ich mich unter der Erde in einer künstlich beleuchteten Höhle befand; Tische standen längs an den Wänden, und darauf waren die lebenden Körper von halb sezierten und verstümmelten Tieren gebunden. Wissenschaftler waren eifrig am Werk und behandelten ihre Opfer mit Skalpell, heißem Eisen und Pinzette. Wie ich die gefesselten Kreaturen näher anschaute, schien es mir, als seien es gar nicht mehr Kaninchen oder Hunde, denn in jeder dieser Kreaturen sah ich eine menschliche Gestalt mit Gliedern und Umrissen, die der Gestalt ihrer Quäler sehr ähnlich war . . . Dann wurde ein weißes Kaninchen hereingebracht, und sie durchbohrten seine Augen mit heißen Eisen. Als ich hinschaute, schien mir das Kaninchen wie ein zartes Kind mit menschlichem Angesicht und Händen, welche es zu mir ausstreckte wie in flehentlicher Bitte, und mit Lippen, welche versuchten, in menschlichen Lauten um Hilfe zu rufen. Ich konnte es nicht länger aushalten, sondern brach in Tränen aus und rief: ›O blind! blind! nicht zu sehen, daß ihr ein Kind quält, das jüngste von eurem eigenen Fleisch und Blut!‹ Und damit erwachte ich, heftig schluchzend«.

Man kann diesen Traum als symbolhaft für die Auseinandersetzung mit den in ihrer Nähe vorgenommenen vivisektiven Vorgängen in den Instituten ansehen, wo Anna Kingsford selbst Medizin studierte. Wer jedoch auch offen ist für die Gedanken der Reinkarnation, kann vermuten, daß der eine und andere Traumteil als Rückerinnerung an schmerzvolle Erlebnisse in früheren Inkarnationen angesehen werden kann. Wenn es so wäre, könnte man vermuten, daß Anna Kingsford in früheren Inkarnationen entweder Opfer der geträumten grausamen Vorgänge war oder selbst zu Instrumenten griff, durch die Tiere oder Menschen gequält wurden.

In diesem Zusammenhang ist interessant, daß Anna Kingsford zwar heiratete – ihren Vetter Algernon Kingsford –, aber nicht daran dachte, mit ihm eine normale Ehe zu führen. Sie lebte in extremer Weise ihrer Freiheit, und das setzte sich auch fort, als nach kurzer Ehe eine Tochter geboren, diese aber einer Erzieherin überlassen wurde.

Nach der Geburt der Tochter Eadith erkrankte Anna Kingsford sehr schwer. Eine Operation war notwendig, und bis zu ihrem Tode litt sie unter Angstzuständen, Ohnmachten und epilepsieartigen Anfällen. Es wird auch von einem Waschzwang berichtet.

Die Beschäftigung mit religiösen Fragen bewirkte bei Anna Kingsford eine zunehmende Ablehnung des Protestantismus und eine Annäherung an den Katholizismus. Sie erlebte religiöse Visionen, die in ihr allem Anschein nach auch den Gedanken nährten, für eine höhere Mission auserwählt zu sein.

So weit, so gut, aber mit ungefähr vierzig Jahren sah sich Anna Kingsford veranlaßt, sich der schwarzen Magie zuzuwenden und mit dieser Kraft gegen die Ausübenden von Tierversuchen vorzugehen.

Aniela Jaffé schreibt dazu in ihrem oben bereits zitierten Buch (154):

»Die von ihr als Opfer ausersehenen Persönlichkeiten waren Naturwissenschaftler, die sie während ihres Studiums kennengelernt hatte. Sie verfolgte diese Männer mit ihrem Haß, weil sie bei ihren Versuchen Vivisektion anwandten«.

Zwei Jahre vor Beendigung ihres Medizinstudiums in Paris hatte einer der Professoren die Studentin Kingsford in einer wissenschaftlichen Diskussion äußerst gereizt. Thema waren die Tierexperimente des damals berühmten Physiologen Claude Bernard (1813-1878). Sie als absolute Gegnerin der Vivisektion geriet allem Anschein nach in höchste Erregung. Ihre Aggression richtete sich jedoch nicht gegen den sie provozierenden Professor, sondern gegen Claude Bernard selbst.

Aniela Jaffé berichtet weiter, daß Anna Kingsford nach Rückkehr von der Universität in ihr Zimmer sich gedanklich intensiv auf Claude Bernard einstellte und »mit leidenschaftlicher Energie den Zorn Gottes auf Bernard herabbeschwor und ihn verfluchte« (155).

Etwa zwei Monate nach diesem Fluch starb Claude Bernard im Alter von fünfundsechzig Jahren. Anna Kingsford soll vor innerer Erregung aufgeschrien haben, glaubte nunmehr an ihre magischen und schwarzmagischen Fähigkeiten und ging nun den Umständen seines Todes nach. Sie bekam heraus, daß Claude Bernard am Tage seiner Verfluchung sich wie von einem giftigen Anhauch getroffen gefühlt habe und dies mit seinen Experimenten in Zusammenhang gebracht hatte. Er erholte sich aber nicht mehr, sondern sein Unwohlsein verstärkte sich zu einer schweren inneren Entzündung, die nach sechswöchigem Krankenlager zum Tode führte. Die behandelnden Ärzte brachten Erkrankung und Tod in Zusammenhang mit der Brightschen Krankheit (Pyelonephritis), die er durch Tierversuche zu erforschen versucht hatte.

Aus Anna Kingsfords Lebensgeschichte geht weiter hervor, daß sie auch den Tod des berühmten Arztes Louis Pasteur und des Physiologen Paul Bert herbeiführen wollte, da beide, ebenso wie Claude Bernard, Tierversuche durchführten.

Anna Kingsford konzentrierte sich mit vernichtender und tötender Energie auf die beiden Forscher. Es wird berichtet, daß Pasteur im Oktober 1886, nachdem sich Anna Kingsford vier Monate lang mit ihrer negativen Energie auf Pasteur eingestellt hatte, schwer erkrankte. Pulsunregelmäßgkeiten und Herzschwäche wurden von seinen Ärzten diagnostiziert.

Der Patient reiste im November zu einem Genesungs-Urlaub nach Bordighera und kehrte von dort im Sommer 1887 zurück, ohne vollständig regeneriert zu sein. Pasteur lebte dann noch einige Jahre und starb 1895 mit dreiundsiebzig Jahren.

Im November 1886 starb Paul Bert, nachdem sich Anna Kingsford fünf Monate lang mit ihrer negativen Energie auf ihn eingestellt hatte. Von einer Reise war er krank zurückgekehrt. Tragisch hört sich ein Bericht an, den Anna Kingsford selbst über ihr Wirken verfaßte (156):

»Gestern, am 11. November um 11 Uhr nachts, erfuhr ich, daß mein Wille einen zweiten Vivisektor vernichtet habe. Ah, aber dieser Mann hat mich mehr mühsame Arbeit gekostet als sein Meister, der Feind Claude Bernard.

Monatelang habe ich daran gearbeitet, den Tod von Paul Bert herbeizuführen, und erst heute ist es mir gelungen. Aber es *ist* mir gelungen, und der Beweis der Macht ist erbracht. Der Wille kann töten und tötet, aber nicht immer mit derselben Geschwindigkeit. Claude Bernard starb wie vom Blitz getroffen. Paul Bert siechte dahin bis zu seinem Tod.

Nun bleibt nur noch einer – Pasteur, der sicher schon zum Tode verdammt ist, und der – davon bin ich überzeugt – spätestens in ein paar Monaten unterliegen wird. Oh, wie habe ich mich nach diesen Worten gesehnt: ›Mort de M. Paul Bert‹. Und nun stehen sie wirklich da, als Überschrift des ›Figaro‹ und schauen mich an, complimenting, congratulating, felicitating me. Ich habe Paul Bert getötet, so wie ich Claude Bernard getötet habe; so wie ich Louis Pasteur töten werde und nach ihm die ganze Schar der Vivisektoren, wenn ich lang genug lebe. Mut! Es ist eine herrliche Macht, die ich besitze, und diese Macht ist größer als alle sonstigen Methoden, durch welche je Gerechtigkeit an Tyrannen geübt wurde.«

Wie ein Bumerang richtete sich jedoch die mörderische Energie gegen Anna Kingsford selbst. Von dem Tag an, an dem sie in Pasteurs Labor gegangen war, um ihn zu stellen, jedoch weder ihn noch sonst jemanden antraf, begann ein langer Sterbeprozeß. Er zog sich hin vom 17. November 1886 bis zum 22. Februar 1888.

Die Kraft ihrer Lungen wurde immer schwächer, so daß sie zunehmend in Atemnot und Angstzustände geriet. Sie erkannte in ihren letzten Lebensmonaten immer mehr, daß sie sich in Schuld hineinmanövriert hatte. Sie starb mit erst zweiundvierzig Jahren, nachdem sie die Krankensalbung der Katholischen Kirche erhalten hatte.

Anna Kingsford ist ein Beispiel dafür, wie negative Kräfte nicht nur anderen Menschen schaden können, sondern auf deren Erzeuger zurückschlagen. Der Satz »Gottes Mühlen mahlen langsam« – ihr Todeskampf zog sich ein Jahr und drei Monate lang hin – erwies sich an ihr auf tragische Weise als richtig.

»Jetzt machst du einen Unfall, und dann ist alles vorbei!«

Mit neunzehn Jahren hatte Dietlinde ihren Führerschein gemacht und sich ein halbes Jahr später ein eigenes Auto kaufen können. Eines Abends war sie mit ihrem Wagen unterwegs, als sie fast gegen einen Baum gefahren wäre. Dietlinde erzählte mir zwei Jahre später die damalige Situation, wobei sie noch keineswegs frei von der damals erlebten Angst war:

»Als ich eines Abends durch meinen Wohnort fuhr, dessen Straßen mir gut bekannt sind, hörte ich plötzlich eine Stimme, die mir zuflüsterte, ›jetzt machst Du einen Unfall, dann ist alles vorbei!‹

Meine Gegenreaktion war sofort: Weitermachen! Aber ich bekam weiche Knie, öffnete das Wagenfenster und schrie um Hilfe, und dann fuhr ich an dem Baum, gegen den ich hätte fahren können, mit 60 km/std vorbei.«

Dieser Vorfall ließ in Dietlinde eine ausgesprochene Zukunftsangst entstehen, weshalb sie sich für einige Monate in eine psychotherapeutische Behandlung begab, die ihr aber damals nur kurzfristig half.

Ein halbes Jahr vor dem Ereignis war Dietlindes Oma gestorben, an der sie sehr gehangen hatte. Die Oma hatte Dietlinde jahrelang betreut, als sie noch klein und ihre Mutter voll berufstätig war. Nach dem Tode der Großmutter verfiel Dietlinde in einen depressiven Zustand, weil sie die Geborgenheit und Zuwendung, die sie durch die alte Frau erhalten hatte, nun schmerzlich vermißte.

Man könnte annehmen, daß der Verlust der von Dietlinde sehr geliebten Großmutter in ihr den unbewußten Wunsch heranreifen ließ, auch in die andere Welt hinüberzugleiten, um dort vielleicht Ruhe und Geborgenheit zu finden und der lieben Verstorbenen wieder nahe zu sein.

In den letzten Wochen, bevor ich Dietlinde kennenlernte, waren bei ihr immer wieder Selbstmordgedanken aufgetaucht, so als ob sie sich vom Balkon der Wohnung hinunterstürzen müsse. Im Verlauf unseres Gespräches fiel Dietlinde noch ein, daß sie mit ungefähr zwölf Jahren dem Gedanken nachhing, sich von einem nahe gelegenen Steinbruch in die Tiefe zu stürzen. Ein verständlicher Grund hierfür wäre gewesen, daß Dietlinde sich häufig gegenüber ihrem fünf Jahre älteren Bruder benachteiligt gefühlt hatte und zeitweise in ihrem Leben keinen Sinn mehr sah.

Nachdem wir begonnen hatten, psychotherapeutisch zu arbeiten, hatte sie in ihrer Lebensgeschichte, um deren Aufzeichnung ich sie gebeten hatte, noch weitere Vorstellungen beschrieben:

»Ich dachte damals auch daran, mich am Treppengeländer zu erhängen, und ich stellte mir vor, wie die anderen dann doch um mich weinen und sich schuldig fühlen würden, mich dazu gebracht zu haben. Oder ich dachte daran, mich vom Balkon ungefähr vier Meter tief zu stürzen. Ich wäre zwar nicht tot gewesen, hätte aber ein Zeichen gesetzt, und meine Eltern und mein älterer Bruder hätten sich dann wieder mehr um mich gekümmert«.

In den Wochen, bevor Dietlinde in meine Praxis kam, litt sie immer wieder unter Atemnot, Zittern der Oberschenkel, Verkrampfungen der Finger und dem Gefühl, »eine schwere Last drückt auf meine Brust«. Und weiter berichtete sie: »Seit zwei Wochen habe ich ein Stechen auf der rechten Bauchseite, teilweise auch auf der linken Bauchseite. Mein Magen und Darm reagieren nervös, das Essen schmeckt mir nicht mehr, und manchmal meine ich, ich müsse erbrechen.«

Beruflich gesehen ging es Dietlinde recht gut. Sie hatte auf dem zweiten Bildungsweg ein Studium der Betriebswirtschaft begonnen, eine gute Praktikumsstelle in einem international bedeutenden Unternehmen gefunden und stand nun vor einer weiteren Ausbildungseinheit, die mit einem Diplom abgeschlossen werden sollte. Dietlinde hatte sich bisher sehr gute Zeugnisse erworben, und ihre Firma wollte sie gern nach der abgeschlossenen Ausbildung behalten und weiter fördern. Dietlinde verstand sich gut mit ihrem Vorgesetzten und konnte mit ihm über ihre Interessen sprechen.

Wer diesen Auszug aus dem bisherigen Leben Dietlindes liest, wird deutlich spüren, daß Dietlinde eine Zeitlang in Lebensgefahr gestanden haben mußte. Ein Behandler hätte sich überlegen müssen, Dietlinde wegen akuter Selbstmordgefahr in eine psychiatrische Klinik einzuweisen. Nicht nur das, sondern auch das Hören von Stimmen und die klinisch nicht objektivierbaren Körperempfindungen hätten einen psychiatrisch ausgebildeten Behandler alarmiert; denn das Hören von Stimmen und nicht nachvollziehbare Empfindungen werden als deutliches Indiz für eine Schizophrenie, also eine sehr ernst zu nehmende Geisteskrankheit angesehen (vgl. dazu Kapitel »Krankheiten ohne Sinn und ohne Einsicht?«; Seite 110). Dietlinde wäre also mit ihren Symptomen in einer Nervenklinik keineswegs aufgefallen.

Am Beispiel Dietlindes kann deutlich werden, daß Symptome, die allgemein als zu den Geisteskrankheiten gehörig eingeordnet werden, sich aufschließen und erklären lassen, wenn man bereit ist anzunehmen, daß wir nicht nur einmalig auf der Welt sind, sondern in einer Vielzahl von Leben für uns wichtige Entwicklungsprozesse durchlaufen, wobei Geburt und Tod als Übergangsphasen von der einen Seinsweise in die andere aufgefaßt werden können.

Unsere Verhaltensweisen, Angewohnheiten, Träume, Ängste und Vermeidungshaltungen können aus weit zurückliegenden Zeiten stammen und in das gegenwärtige Leben hineinwirken. Nachdem unser Unbewußtes jedoch keine Zeitvorstellungen hat, können Erlebnisse aus verschiedenen Leben wie zu einem Konglomerat zusammengefügt worden sein und damit als ein Mischmasch aus Vorstellungen, Bildern, Träumen, Ängsten miteinander verflochten sein. Dadurch wird es sehr schwer, das eine vom anderen zu trennen und für sich zu betrachten.

Stellen wir uns mehrere aufeinander liegende Glasscheiben vor, die alle bemalt sind. Wenn wir durch alle diese Gläser hindurchsehen und von der einen oder anderen Seite aus ein bestimmtes Bild mit seinen Formen und Farben erkennen wollten, würden wir schnell scheitern. Nur jedes Bild für sich betrachtet kann uns erkennen lassen, was darauf gemalt wurde.

Wenn wir die verschiedensten Symptome, Bilder, Visionen, Halluzinationen, Körperempfindungen, Gefühle auf ihren individuellen Stellenwert hin untersuchen und verstehen wollen, müssen wir sie zunächst einmal für sich selbst nehmen und dann versuchen herauszufinden, was auf der einen oder anderen Zeitebene zusammenpaßt und was nicht.

Im Fall von Dietlinde können wir vermuten, daß in ihr gegenwärtiges Leben Rückerinnerungen aus früheren Existenzen eingeflossen sind, ohne daß diese als solche zunächst erkannt werden konnten. Erinnern wir uns an die anfangs geschilderte Situation: Dietlinde hätte fast einen Autounfall verursacht, als sie eine Stimme hörte: »Jetzt machst du einen Unfall, dann ist alles vorbei!«

Während der reinkarnationstherapeutischen Arbeit hatte Dietlinde eine Rückerinnerung, in der auch ein Autounfall eine Rolle spielte. Dieses Leben liegt nur einige Jahrzehnte zurück.

Dietlinde erlebte sich als die Tochter Jane von reichen amerikanischen Eltern. Eines Tages war Jane zu einer Gartenparty eingeladen, stieg nachmittags in ein Auto und fuhr los. Die Umgebung, die sie durchfuhr, die Häuser, die Kleidung der Menschen, ihr Kleid erinnerten sie an die zwanziger bis dreißiger Jahre dieses Jahrhunderts. Jane war vergnügt, sie freute sich auf das bevorstehende Gartenfest und ihren Freund John, den sie dort anzutreffen erwartete.

Dietlinde konnte mit ihrem inneren Auge die dramatisch abgelaufenen Geschehnisse der damaligen Zeit wie einem

Film nacherleben. Sie schrieb später auf, was sie in der Therapiestunde gesehen und gefühlt hatte:

»Plötzlich sehe ich ein Auto, das rechts von der Straße abgekommen und auf einen Baum aufgefahren war. Der Fahrer liegt nach vorn gebeugt über dem Lenkrad. Der Schock fährt mir in die Glieder, und es dauert einige Sekunden, bis mir bewußt wird, daß ich wenden und nachsehen muß, ob der Mann noch lebt. Ich halte ungefähr fünf Meter neben dem zerschundenen Auto.

Erst will ich stocken, denn ich scheue mich vor Wunden und vor Verletzten. Doch dann siegen die Neugier und der Drang zu helfen, falls es noch möglich ist.

Gleichzeitig steigt in mir die Ahnung auf, daß ich den jungen Mann kenne. Und tatsächlich, es ist John! Er ist ein guter Freund von mir, und zur Schulzeit hatten wir einmal ein intensives Liebesverhältnis gehabt. Ich kann nicht fassen, was ich hier sehe. Mir laufen die Tränen über das Gesicht, minutenlang kann ich mich nicht regen. Wieso hat er das wohl getan? Nun sehe ich plötzlich seinen Astralkörper, der im Baum schwebt. Er sieht von dort oben auf die Szene herab. Es tut ihm gut, daß ich so viele Gefühle für ihn habe, und er überträgt mir den Gedanken, daß ich mich nicht grämen solle. Ich sehe jetzt, daß die Fensterscheibe von Johns Auto zertrümmert ist und er eine riesengroße Platzwunde am Kopf hat. Wahrscheinlich erlitt er einen Schädelbruch.

Irgendwann fällt mir ein, daß ich ja zur Party eingeladen bin. Ich gehe zu meinem Wagen, schaue noch einmal zurück und fahre dann wie in Trance zu dem Anwesen einer Freundin. Die ganze Clique sitzt im Wohnzimmer, trinkt, ißt, unterhält sich, ist bester Stimmung. Als ich mit roten Augen, aufgelöst in der Tür stehe, drehen sich alle nach mir um und starren mich wortlos an . . .«

Dietlinde erlebte nach, wie sie als Jane den jungen Leuten, die auf sie gewartet hatten, berichtete. Sie sah, daß Johns Schwester Sylvia, die schon anwesend war, von einem Weinkrampf geschüttelt wurde. Die Polizei wurde benachrichtigt, dann fuhren alle zusammen zur nicht weit entfernten Unglücksstätte.

Dietlinde sah in der Tiefenentspannung auch die Zusammenhänge des damaligen Geschehens. Als die Gruppe am Unfallort angekommen war, entdeckte Dietlinde nochmals den Astralkörper Johns, in Baumhöhe schwebend. Er hatte sich mit seiner Seele vom toten Körper gelöst, war aber noch nicht weit davon entfernt.

Jane übernahm mit einem anderen Mädchen die traurige Aufgabe, Johns Eltern zu informieren. Sie konnte auch fühlen, daß John vor seiner Abfahrt zur Gartenparty eine ernste Auseinandersetzung mit seinem Vater gehabt hatte. John wollte von seinen reichen Eltern unabhängig werden und an einer vom damaligen Wohnort entfernteren Universität studieren. Der Vater hatte es abgelehnt, er wollte seinen Sohn unter seiner Kontrolle behalten.

Nach dieser Auseinandersetzung hatte sich John in sein Zimmer zurückgezogen, nachgedacht, dabei festgestellt, daß es ihm im Elternhaus ja im großen und ganzen gut gegangen wäre. Dann war ihm eingefallen, daß er ja mit seiner Freundin Jane – der heutigen Dietlinde – zu einer Gartenparty eingeladen war, zog sich seine Tenniskleidung an, nahm seinen Tennisschläger mit und verabschiedete sich liebevoll von seiner Mutter.

Übermütig und erwartungsvoll hatte sich John in sein Auto gesetzt und war draufgängerisch und schnell wie immer losgefahren ...

Nach Johns tödlichem Unfall wurde für Jane das damalige Leben in ihrem reichen Elternhaus ohne größere Anforderungen an ihre Leistungsfähigkeit eintönig, und sie wollte deshalb eine caritative Tätigkeit aufnehmen.

Jane wurde für ein Waisenhaus tätig, versuchte Spenden zu sammeln und auch sonst etwas für die dort untergebrachten Kinder zu tun. Sie verliebte sich in einen Mann, konnte sich aber doch nicht für ihn entscheiden. Immer noch fühlte sie sich an den tödlich verunglückten John gebunden. Mehr und mehr stürzte sie sich bis zur Erschöpfung in ihre soziale Arbeit.

Völlig müde und erschöpft fuhr sie eines Tages vom Waisenhaus nach Hause. Nun erlebte sie einen eigenen Autounfall nach. So wie John fuhr sie auf einen Baum, wurde nicht tödlich, aber erheblich verletzt, so daß ein mehrmonatiger Krankenhausaufenthalt notwendig war.

Jane dachte während der Rekonvaleszenz über sich nach, über ihre Arbeit, ihre frühere Beziehung zu John und auch über den jungen, schwarzhaarigen, kräftigen Mann im Waisenhaus, mit dem sie gleiche humanitäre Ideen verbanden. Dieser war einige Tage nach ihrem Unfall mit Blumen in ihrem Krankenzimmer erschienen. Jane spürte, daß zwischen ihnen beiden eine Art Kraftfeld entstand. Sie spürte, daß dieser Mann ihr viel bedeutete. Durch ihn fand sie auch wieder ins Leben zurück, aber heiraten konnte und wollte sie ihn nicht. Die Erinnerung an den geliebten und toten Freund John wirkte immer noch in ihr nach. Sie blieb unfähig für eine neue Beziehung zu einem Mann.

Es ist nachvollziehbar, daß die damalige Jane sich nach dem toten Freund sehnte und auf gleiche Weise wie er ihr Leben verlassen wollte. Nur die liebevolle Zuwendung eines anderen Mannes hatte ihr wieder in das damalige Leben zurückgeholfen.

Stellen wir eine Beziehung zwischen diesen Rückerinnerungen und Dietlindes Gegenwart her. Denken wir über die Einflüsterung nach: »Jetzt machst du einen Unfall, und dann ist alles vorbei!«

Könnte es sein, daß der damalige Freund John noch drüben in der anderen Welt ist und Dietlinde zu sich hinüberholen will? Könnte es sein, daß er sich von ihr noch nicht lösen konnte und über eine weitere Inkarnation hinweg die Bindung an sie sucht?

In diesem Zusammenhang ist auffallend, daß Dietlinde trotz ihrer inzwischen dreiundzwanzig Jahre bisher keine engere Beziehung zu einem Mann aufbauen konnte und wollte. Für Freundschaften war sie bisher offen, jedoch erotisch-sexuelle Beziehungen lehnte sie ab, auch als sie vor einem Jahr das Zimmer mit einem jungen Mann teilte, dessen Nähe ihr viel bedeutete.

Nach meinen bisherigen Erfahrungen muß man vermuten, daß zwischenmenschliche Beziehungen auch nach dem Tode eines Menschen fortdauern und dadurch anderweitige Kontakte erschwert oder sogar vereitelt werden. Dietlinde hat mir auch mitgeteilt, daß sie Phantasien gehabt habe, sich von einem Balkon oder einem Steinbruch in die Tiefe zu stürzen oder sich an einem Treppengeländer zu erhängen (vgl. Seite 165).

Auch zu diesen Gedanken hatte Dietlinde eine Reihe von Rückerinnerungen. So stürzte sie sich in einer früheren Inkarnation von einem Heuboden herunter, als ein Knecht sie im Heu vergewaltigen wollte. Sie kam dabei zwar nicht zu Tode, sondern war nach diesem Sturz körperlich schwer behindert. Ihre körperlichen Beschwerden – Schmerzen im Bauchraum, im Rücken, in den Beinen, ohne klinischen Befund – können auf der gegenwärtigen Ebene als psychosomatisch erklärt werden, auf der Reinkarnations-Ebene als Rückerinnerungen an die damaligen schweren Verletzungen.

In einem anderen Leben hatte sie sich nach einer für sie ausweglosen Situation erhängt. Sie war damals am Tode eines Babys schuldig geworden und bestrafte sich selbst, indem sie freiwillig aus dem Leben schied.

Das bewußte Rückerinnern an frühere Inkarnationen hat vor allem den Sinn, sich von früheren Belastungen, die noch in die Gegenwart hineinreichen können, zu lösen, die damaligen Körper gleichsam sterben zu lassen, damit man für das gegenwärtige Leben mit allen seinen Anforderungen frei werden und es sinnvoll gestalten kann.

Es können auf diese Weise Knoten gelöst werden, die in einem gegenwärtigen Leben Schmerz, Krankheit, Schuldgefühle, Selbstmordtendenzen aufkeimen ließen.

»Ich könnte ihnen allen den Kragen umdrehen!«

Kirsten, achtunddreißig Jahre alt, ist eine erfolgreiche Lehrerin für Englisch, Französisch und Russisch. Seit ihrer ersten Liebe mit siebzehn Jahren litt sie an einem partnerschaftlichen Problem:

Wann immer ein Kontakt mit jungen Männern entstand, konnte sie so lange zu ihnen freundlich sein und mit ihnen flirten, bis sich erotisch-sexuelle Kontakte entwickelten. Entstanden diese, fühlte sie Wellen von Aggression und Haß in sich aufsteigen, obwohl die Freunde sehr einfühlsam waren. Kirsten provozierte sie dann so lange, bis die Atmosphäre immer gespannter wurde. Sie suchte nach Möglichkeiten, sie zu schlagen oder ihnen in das Gesicht zu kratzen. Das wurde schließlich dem friedlichsten Mann zuviel. Entweder wurde Kirsten dann auch verprügelt oder der Partner löste die Beziehung.

Kirsten fand heraus, daß sie, ohne es zunächst zu bemerken, Männer auswählte, die meistens »lieb-trottelig« und nachgiebig waren, letztlich aber auch auf sie einschlugen, wenn sie lange genug von ihr »bis zur Weißglut gereizt« worden waren.

Sieben Mal war Kirsten bisher schwanger, aber jedes Mal entschloß sie sich zu einer Abtreibung. Nun ist eine Abtreibung allein für heutige Verhältnisse nichts Außergewöhnliches, ein Mehrfaches davon jedoch durchaus. Noch etwas kam hinzu: Kirsten erlebte zunehmend eine Art Befriedigung bei den Abtreibungen, sogar »eine Art Sucht zur Abtreibung«, wie sie es selbst ausdrückte.

Die Kontaktfähigkeit sowie die erotisch-sexuelle Reifung waren in Kirstens Entwicklung empfindlich gestört. Schon im Kindergarten fiel das Mädchen als eigenartig auf, es ließ »alles mit sich machen«.

Als Kirsten fünfzehn Jahre alt war, wurde sie in einem Wald vergewaltigt. Darüber hinaus gibt es Hinweise darauf, daß der sexuell pervertierte Vater seine Tochter schon in deren frühester Kindheit mißbrauchte.

Von ihrer Schwester weiß Kirsten, daß der Vater jahrelang mit ihr ein Verhältnis hatte, von dem die Familienmitglieder außer Kirsten nichts wissen. Der Ehemann der älteren Schwester vergewaltigte Kirsten als Sechzehnjährige und machte sich das Mädchen über drei Jahre lang gefügig.

Mit neunzehn Jahren hatte Kirsten einen ausländischen Freund. Als der Vater dahinter kam, trat er ihr in den Leib und ließ sie einen Eid schwören, daß sie noch Jungfrau sei. Die anwesende Mutter, die ihre Tochter von Anfang an abgelehnt hatte und ihr auch keine Zärtlichkeit entgegenbringen konnte, soll dem Vater zugerufen haben: »Schlag sie doch tot!«

Mit zweiundzwanig Jahren wurde Kirsten von ihrem ausländischen Freund schwanger. Er gab ihr das Geld für eine Abtreibung; damit war für Kirsten klar, was er von ihr erwartete.

Merkwürdigerweise erlitt dieser Freund jedoch ausgerechnet an dem Tag einen Autounfall, an dem Kirsten die Abtreibung vornehmen ließ. Nach dem Unfall war er drei Monate lang querschnittsgelähmt und konnte nur noch den Kopf bewegen. Der intelligente und gebildete Mann stand in der Klinik zunehmend unter Morphium; seine Organe versagten, er magerte bis zum Skelett ab. Dann erst konnte er völlig entkräftet sterben.

Es ist zu vermuten, daß der Freund die Abtreibung seines Kindes nicht verarbeiten konnte und sich aus einer Art unbewußtem Strafbedürfnis heraus eine Möglichkeit suchte, auf tragische Weise in die andere Welt hinüberzugehen.

Die zahlreichen gravierenden Erlebnisse von der frühen Kindheit an ließen Kirsten immer mehr an sich selbst zweifeln. Irgend etwas mußte doch bewirkt haben, daß sie immer wieder die falschen Männer auswählte, die Freundschaften abrupt endeten und Schwangerschaften abgebrochen wurden! Hinzu kam, daß sie mit ihren achtundreißig Jahren noch nie eine erotisch-sexuelle Erlösung gefunden hatte. Sie entschloß sich deshalb zu einer psychotherapeutischen Behandlung mit der Methode des Rebirthing, des Nacherlebens der eigenen Geburt.

Dabei stellte Kirsten fest, daß immer dann, wenn der Versuch gemacht wurde, in die Phase vor, während und nach der Geburt hineinzugehen, bedrohliche Masken auftraten und eine Gestalt in den Vordergrund trat, die Kirsten mit den Fingern die Augen eindrücken, sie also am Sehen hindern wollte.

Als wir die Reinkarnationstherapie vorbereiteten und erste Entspannungsübungen an den Anfang gestellt hatten, zeigte sich vor Kirstens innerem Auge plötzlich der Tag, an dem ihr Vater seinen fünfzigsten Geburtstag gefeiert hatte. Kirsten war damals gerade fünf Jahre alt. Deutlich konnte sie den Vater wahrnehmen, so wie er damals ausgesehen hatte. Sie konnte auch erkennen, wie ihr Vater sie allein in sein leicht abgedunkeltes Herrenzimmer führte. Sie wußte, daß dort auf der linken Seite ein Sofa stand, konnte es aber in der Tiefenentspannung nicht sehen.

Als nächstes traten körperliche Empfindungen auf, und Kirsten berichtete, was in ihr ablief:

»In meinen Beinen fühlt es sich so merkwürdig an, wie an- und abschwellende Wellen. Das sind so Wellen, die ich immer wieder beim Einschlafen spüre. Und nach diesen Wellen kommt dann immer ein Kopfdruck, und ich bin hellwach ... Ich komme mir vor wie in der Körpermitte durchgebrochen, ich fühle dort wie ein Zittern ...«

Es ist zu vermuten, und Kirsten fühlte auch so, daß sie damals im abgedunkelten Herrenzimmer vom Vater sexuell mißbraucht wurde und die damaligen Körperempfindungen bis zur Gegenwart in ihr nachwirkten, sie andererseits aber keinen Orgasmus empfinden konnte.

Diese Blockade läßt sich tiefenpsychologisch so verstehen, daß Kirsten, wann immer sie mit einem Mann zusammen war, unbewußt die Inzest-Situation mit dem Vater nacherlebte und sich deshalb an einen Partner – den sie dann unbewußt wie ihren eigenen Vater erlebte – nicht hingeben konnte. Wir müssen auch annehmen, daß der Kirsten vom Vater abgezwungene Eid, noch Jungfrau zu sein, von ihr als Meineid erlebt wurde. Eine der Folgen daraus war eine Selbstbestrafung, indem sie erotisch-sexuell gefüllos wurde.

Das aggressive Verhalten Kirstens gegen Männer wird verständlich, wenn wir uns in sie einfühlen. Das Einschlagen auf ihre Partner und das Hineinkrallen in deren Gesichter bis hin zu den Abtreibungen, all das galt eigentlich dem Vater, ohne daß es Kirsten bis zu ihrem Nacherleben bewußt werden konnte.

Kirstens Fall zeigt, daß bei ihr normale und gesunde partnerschaftliche Begegnungen bis zu ihrem achtunddreißigsten Lebensjahr nicht möglich waren. Die Traumata aus ihrer Kindheit waren total verdrängt worden. Kirsten konnte sie deshalb auch nicht verarbeiten.

Nun könnte man annehmen, daß Bewußtwerden, Aufschreiben, Besprechen gute Möglichkeiten sind, auch gravierende Erlebnisse aufzuarbeiten und sich von ihnen zu lösen. In Kirstens Fall reichte es nicht aus, und auch ein klärendes Gespräch mit dem heute bald fünfundachtzigjährigen Vater ist unrealistisch.

Der Vater würde sich mit hoher Wahrscheinlichkeit nicht mehr an seine damaligen sexuellen Spielereien mit der kleinen Tochter erinnern. Würde Kirsten ihrem Vater heute noch Vorwürfe machen, könnte eine Negativbindung entstehen. Aggression und Schuldgefühle wirken in eine solche Richtung. Nach bisherigen Erfahrungen könnten sie auch noch über den Tod hinaus erhalten bleiben und den Vater wie eine »erdgebundene Seele« im Diesseits zurückhalten.

Wir suchten nach einer anderen Möglichkeit über die psychotherapeutische Arbeit hinaus:

In der Meditation ist es manchen Menschen möglich, sich auf bestimmte Personen einzustellen und sie vor ihr inneres Auge zu holen. In solchen Fällen kann auch ein Gespräch von Seele zu Seele, über das Unbewußte, geführt werden. Kirsten erlernte diese Methode und sprach von Seele zu Seele mit ihrem Vater. Sie lernte dabei, ihm zu verzeihen, und die Seele des Vaters bat Kirstens Seele um Vergebung. Auf diese Weise bereitete Kirsten noch zu seinen Lebzeiten die behutsame Ablösung von ihrem Vater vor.

Wenn man es religiös sehen will, wird der Vater nach seinem Tode in friedlicher Weise in die andere Welt hinübergehen können. Er wird nicht durch Groll und Haß der Tochter an das Diesseits gefesselt sein. Das Verzeihen und Vergeben hier auf dieser Welt kann nach einem Jesus-Wort geschehen: »Was ihr bindet, wird gebunden sein, was ihr löst, wird gelöst sein« (157).

Erlösung für den Urgroßvater, den »Bösewicht« der Familie

Sonja ist sechsundreißig Jahre alt und als Fremdsprachenkorrespondentin tätig. Um ihren in den dreißiger Jahren durch Selbstmord aus dem Leben geschiedenen Urgroßvater gibt es ein Familiengeheimnis. Er soll ein ausgesprochener Bösewicht gewesen sein.

Sonja war nach einer mehrjährigen Liaison mit einem Mann wieder in das elterliche Haus zurückgekehrt und wohnte dort noch, als ich sie kennenlernte. Dabei hörte ich auch, daß sie von ihrem Vater, dem das Haus gehört, das Zimmer zum Wohnen, Arbeiten und Schlafen erhalten hatte, in dem sich der Urgroßvater einst durch Erhängen am Fensterkreuz das Leben genommen hatte.

Was Sonja über den Urgroßvater erzählte, klang wie entsetzlicher Sadismus: Der Urgroßvater hatte angeblich als Jugendlicher Katzen an ein Scheunentor genagelt und sich an ihrem angsterfüllten Schreien sogar noch freuen können.

Auch mit seiner Tochter, Sonjas späterer Großmutter, sei er sehr hart umgegangen, er habe sie aus dem Haus getrieben, nachdem er sie jahrelang immer wieder gedemütigt und geschlagen hatte. Er soll in seiner Arbeit »rechtschaffen, aber psychisch gewalttätig« gewesen sein.

In der Familie ging die Geschichte um, daß der Urgroßvater seine Frau, Sonjas Urgroßmutter, eines Tages im Suff die Treppe hinuntergeworfen habe. Durch den Sturz sei eine Haarnadel an irgendeiner Stelle unglücklich in Kopf oder Hals eingedrungen. Die Urgroßmutter sei durch den Sturz zu Tode gekommen.

Nach dieser Tragödie soll der Urgroßvater noch mehr als bisher Alkohol konsumiert haben. Eines Tages kam es wieder einmal zu einer Auseinandersetzung zwischen Großvater und Enkel – Sonjas Vater –, in dessen Haus er nach dem Tode seiner Frau gelebt hatte. Sonjas Vater hatte dem alten Mann Vorhaltungen wegen seines beträchtlichen Alkoholkonsums gemacht. Einen Tag nach diesem Streit erdrosselte er sich am Fensterkreuz.

Das Familiendrama, von dem Sonja nur Andeutungen kannte, sollte ein wichtiger Teil unserer reinkarnationstherapeutischen Arbeit werden. In der Nacht, bevor wir in der Therapiestunde auf den Urgroßvater zu sprechen kamen, war Sonja nachts »jede Stunde aufgewacht und hatte dabei jeweils einen Stich auf der linken Kopfseite gespürt«. Aber auch zu Hause war Sonja häufig schlaflos und erlebte immer wieder Angstzustände, die sie sich nicht erklären konnte.

In der Tiefenentspannung visualisierten wir das Zimmer im Hause des Vaters, in dem Sonja wohnte und ihr Urgroßvater sich in den dreißiger Jahren erhängt hatte.

Mit ihrem inneren Auge sah nun Sonja, wie der verstorbene Urgroßvater in diesem Zimmer vor ihr auf einem Stuhl saß. Sie hatte seine Gestalt gut in Erinnerung, denn jahrelang hing ein Foto von ihm gegenüber von Sonjas Bett an der Wand. Sonja hatte es allerdings vor einigen Monaten von dort entfernt.

Wir versuchten herauszufinden, ob dieser verstorbene Urgroßvater vielleicht irgend etwas mit Sonjas Schlaflosigkeit und den nachts wie auch tagsüber auftretenden Angstzuständen zu tun haben könnte. Lassen wir nun Sonja berichten. Vor ihrem inneren Auge tauchte eine Rückerinnerung an ein früheres Leben auf:

»Der Urgroßvater hat mit mir irgend etwas zu tun. Er sitzt vor mir auf einem Stuhl. Er entbindet mich von einem Kind, nein, es sind sogar zwei Kinder, die aneinandergewachsen sind wie siamesische Zwillinge ...

Entweder bin ich seine Tochter oder er ist ein Landarzt ... Er stellt die Zwillinge auf dem Jahrmarkt aus. Man weiß, daß diese Zwillinge nicht mehr lange am Leben bleiben werden . . . Ja, ich bin eine Tochter von ihm (damals, von dem heutigen Urgroßvater) . . .

Ich bin ganz krank, ich habe ein großes Loch im Bauch, ich glaube, er ist wirklich mein Vater . . . Da, wo er die Siamesischen Zwillinge voneinander getrennt hatte, ist bei mir ein großes Loch.

Meine Mutter (von damals) ist tot. Er ist mein Vater, er ist ein Schausteller. Er hat da noch andere obskure Sachen . . . Und da ist ein Embryo, der schwimmt in einer Art Lauge.

Da hat er auch eine Katze, die hat ein Blech am Schwanzende. Alles dient der Volksbelustigung. Eine andere Katze setzt er schnell auf eine Art Herdplatte, sie hebt dann immer so tanzend die Füße hoch, weil es ihr unter den Füßen heiß wird.

Er hat dann meinen Körper so weit heilen können, daß ich überleben kann, aber doch behindert, gestört bin.

Mein Vater muß schwarzmagische Dinge tun. Da hängen in einer Art Speisekammer Gänsehälse, die zum Trocknen aufgehängt sind und irgendein anderes totes Getier . . .«

Es gab noch andere Rückerinnerungen, in denen der Urgroßvater aus diesem Leben in einer Beziehung zu der heutigen Sonja stand. Merkwürdig ist auch der Zusammenhang mit der Quälerei der Katzen in diesem Leben und den damaligen Vorführungen der Tiere.

Zunehmend gewannen wir den Eindruck, daß der Selbstmord des Urgroßvaters in diesem Leben irgendwelche bisher nicht bekannten Hintergründe haben müßte. Eines Tages, als wir miteinander sprachen, fühlte Sonja, daß der verstorbene Urgroßvater mit seiner Seele in ihrer Nähe wäre. Er hielt sich zunächst etwas im Hintergrund und wollte sich nicht so recht zeigen, als ob er Angst hätte.

Im Verlauf unserer therapeutischen Arbeit erlebte er wohl aus seinem jenseitigen Seinszustand mit, daß dabei nichts geschah, was in irgendeiner Weise hätte gegen ihn gerichtet sein können. Er gewann Zutrauen zu seiner gegenwärtigen

Urenkelin und spürte wohl auch, daß wir ihn weder beschuldigen noch ihm sonst etwas Schlechtes wünschen wollten.

Wir gaben ihm zu verstehen, daß wir ihm helfen wollten, sofern er unsere Hilfe annehmen könne und wolle.

Mit seinem Einverständnis aus der Transzendenz enthüllte sich nun immer mehr, wie der Urgroßvater damals gelebt hatte.

Seine künftige Frau wurde seinerzeit von ihren Eltern in die Ehe mit dem Urgroßvater gezwungen, weil er reich war, Geld und Ländereien besaß.

Der Urgroßvater wollte eigentlich von Frauen nichts wissen, konnte auch mit Frauen überhaupt nicht umgehen. Es muß von ihm erzählt worden sein, daß er der reinste Frauenfeind gewesen sei. Nach der Heirat muß es fast ein Zufall gewesen sein, daß das junge Ehepaar ein Kind bekam, denn es zeigten sich beim Ehemann Zeichen von Impotenz. Mann und Frau müssen sich miteinander gequält haben. Haß und Aggression spielten eine große Rolle.

Sonja sah mit ihrem inneren Auge, wie die Frau des Urgroßvaters von ihm häufig beschimpft und mit einer Art Lederriemen geschlagen wurde. Dann lief vor Sonjas innerem Auge eine weitere Szene ab:

»Da ist jemand mit blonden Haaren. Die Urgroßmutter liebt ihn. Es ist nicht der Urgroßvater, es ist ein anderer Mann. Er lebt auf dem Dorf ... Ich bekomme jetzt Kopfschmerzen ... Das Kind der Urgroßmutter ist gar nicht das Kind aus der Ehe mit dem Urgroßvater ... Sie treffen sich ganz heimlich in einem anderen Haus ... Mein Kopfschmerz wird furchtbar ... Die Frau hat einen Liebhaber, ja, sie wird von ihm schwanger ... Jetzt sehe ich die Szene auf der Treppe. Die Urgroßmutter steht auf halber Treppenhöhe. Dort quält sie der Urgroßvater. Sie will aus dem Haus gehen, aber er treibt ein Spiel mit ihr auf der Treppe, sie kann weder die Treppe hinauf- noch hinuntergehen. Es sieht komisch aus. In ihrer Not tritt sie ihren Mann zwischen die

Beine, aber nicht mit Absicht. Es war wohl bei ihr wie ein Reflex ...

Er krümmt sich, drückt sich die Beine an den Unterleib. Jetzt tritt er sie mit dem Fuß, sie stürzt die Treppe hinunter wie in einem Film. Er liegt oben auf der Treppe und hat Schmerzen ... Die unten am Ende der Treppe liegende Frau lebt noch, hat rote Augen, sie guckt nach oben, wie wenn sie zu Tode erschrocken wäre ...

Er weiß gar nicht, was passiert ist, er hat nur wahnsinnige Schmerzen in seinem Genitalbereich und schleppt sich dann Stufe für Stufe die Treppe nach oben und läßt sich dann in sein Bett fallen.

Die Urgroßmutter liegt noch reglos unten, mit entsetzten Augen nach oben schauend. Aus ihrer Nase läuft Blut heraus. Die Urgroßmutter lebt noch eine Zeitlang, stirbt aber dann, ohne daß jemand da ist und ihr helfen könnte. Ich sehe, wie am Kopf das Blut getrocknet ist, es ist auf der linken Kopfseite ... das Nasenbein ist ihr gebrochen ...

Mein linkes Auge tut mir weh. Es ist mir so, als ob Gehirnmasse in mein Auge hineingelaufen wäre. Es klopft auch so in meinem Kopf ... Da fühle ich, als ob ein Strahl von außen in meinen Kopf, in mein linkes Auge hineingeschossen wäre ... «

Diese Rückerinnerungen machen uns deutlich, daß hier – es war damals Mitte der dreißiger Jahre – einmal ein Familiendrama ablief.

Sonja hatte in der Tiefenentspannung, während die obigen Szenen vor ihrem inneren Auge abliefen, körperliche Schmerzen, die sich auf ihren Kopf konzentrierten, als ob sie selbst die Treppe hinuntergestürzt wäre.

Wir müssen davon ausgehen, daß der Urgroßvater seine Frau zwar zwingen wollte, im Hause zu bleiben, aber nicht daran dachte, sie umzubringen, wie man ihm wohl vorgeworfen hatte.

Wir versuchten nun herauszufinden, unter welchen Umständen der Urgroßvater seinen Selbstmord vornahm. Wir fanden heraus, daß Urgroßvaters Enkel – Sonjas Vater – seinen bei ihm lebenden Großvater eines Tages unter Druck setzen wollte: Wenn er nicht mit seiner Trinkerei aufhöre, dann könnte er ja dafür sorgen, daß die Hintergründe des damaligen Unglücksfalls ans Licht kämen, und man könnte ja seine damalige Mitschuld unter die Leute bringen. Bisher habe die Familie den Tod der Großmutter als bedauerlichen Unglücksfall hingestellt.

Der Urgroßvater erlebte das als Erpressung und zog es dann vor, von sich aus dieses Leben zu verlassen, indem er sich erhängte. Sonja konnte mit ihrem inneren Auge die Auseinandersetzung zwischen ihrem Vater und dessen Großvater nacherleben.

Nachdem der verstorbene Urgroßvater in unsere therapeutische Arbeit einbezogen worden war und Verständnis bei seiner Urenkelin gefunden hatte, konnte er sich aus dieser Welt lösen.

Wir versuchten, ihm mit Lichtmeditationen nunmehr aus seiner bisherigen Erdgebundenheit, die Sonja mit ihren Ängsten unbewußt gespürt hatte, herauszuhelfen. Sonja war bereit, aus ihrer religiösen Sichtweise heraus für den Urgroßvater Fürbitte zu leisten, immer wieder für ihn in der Kirche eine Kerze zu opfern, für ihn zu beten und ihn in ihren Meditationen ins Licht zu stellen, ihm gleichsam über eine Lichtbrücke in die andere Welt hinüberzuhelfen.

Solche Erlebnisse können zeigen, wie Verstorbene versuchen, sich bei den Lebenden zu melden und bei ihnen Verständnis, Hilfe und Verzeihung zu finden. Manche Schlafstörungen und Träume können Folge von Bemühungen Verstorbener sein, auf sich aufmerksam zu machen. Wir müssen auch davon ausgehen, daß zu Lebzeiten ungelöste Konflikte, zwischenmenschliche Rivalitäten, Eifersucht und Haß Verstorbene davon abhalten, in die andere Welt hinüberzugehen. Die Fürbitte der Lebenden ist, wie wir heute wissen, eine große Hilfe, sich von dieser Welt zu lösen und drüben Frieden zu finden.

Sonja konnte in der Tiefenentspannung den Urgroßvater nochmals sehen, wie er sich von ihr verabschiedete und ihr mit einem erlösten Gesicht zuwinkte.

Sonja selbst ist heute frei von ihren Ängsten, und auch partnerschaftlich hat sie mehr Erfüllung als früher gefunden. Der Urgroßvater steht ihr nicht mehr im Wege.

Peter und Tanja – Todesbefehl aus dem Jenseits?

»Eine unglaubliche Geschichte«, werden Sie vielleicht sagen, wenn Sie den nachstehenden Bericht gelesen haben. Vielleicht denken Sie auch, was es für Sie und andere bedeuten könnte, falls es tatsächlich so war ...

Tanja beschäftigte sich seit mehreren Jahren mit Grenzgebieten, aber schon von ihrem vierzehnten Lebensjahr an hatte sie immer wieder Wahrträume gehabt. Über deren Inhalt schwieg sie, um von ihren Eltern und Freundinnen nicht für verrückt gehalten zu werden.

Tanja schlenderte eines Tages wieder an ihrer Buchhandlung vorbei, und plötzlich fiel ihr das Buch von Penny McLean auf, *Kontakte mit deinem Schutzgeist* (158). Tanja betrat den Laden, nahm das Buch zur Hand, blätterte darin und entdeckte eine Anleitung zum Pendeln, um Zugang zur anderen Welt und Kontakt zu ihrem Schutzgeist zu finden. Wie in Trance kaufte sie das Buch und verschlang es zu Hause in einem Zug.

Es dauerte nicht lange, und Tanja erhielt eine Art Durchsagen über das Pendel, das sich auf einer vorgezeichneten Platte mit dem Alphabet von einem Buchstaben zum anderen bewegte. Die Mitteilungen verblüfften sie, noch mehr aber ihre zunehmende Sensibilisierung. Sie hörte plötzlich eine Stimme, die ihr zuflüsterte und sie aufforderte, das Gehörte aufzuschreiben.

Tanja setzte sich an die Schreibmaschine, immer wieder wie unter einem Zwang, und las, was ihr mitgeteilt worden war. Kein Zweifel, aus den über Wochen hinweg diktierten Texten ging hervor, daß sie bald sterben würde und sich auf das Sterben vorbereiten sollte ... Tanja wußte damit nichts anzufangen, denn sie fühlte sich im großen und ganzen gesund. Als Beispiel nun einige Sätze aus den Eingebungen, die Tanja erhielt und auf sie beunruhigend wirken mußten:

»Liebe Tanja! Es scheint so, als nähme es mit der Sterberei kein Ende. Peter hat sein Versprechen wieder nicht gehalten und Dich ab zwei Uhr nicht mehr schlafen lassen. Immer wieder hat er Dir zugeflüstert: ›Bis Dein Wecker klingelt, kannst Du noch tausendmal sterben. Sterben dauert nur den Bruchteil einer Sekunde‹. So ist es. Die Silberschnur Deines Astralkörpers löst sich von Deinem stofflichen Körper so schnell wie der Blitz. Noch ist nicht der 25. Oktober, der ist erst morgen. Liebe Tanja, Peter hat wieder mit Dir das Sterben geübt! Liebste, es war nicht vorgesehen, daß Du in der vergangenen Nacht stirbst. Peter mußte Dich noch einmal üben lassen, und Du hast gut geübt!

Ich sah übrigens, daß Du mit Fritz seit einigen Monaten nicht glücklich warst und deshalb immer wieder so traurig bist. Bisher schimpfte er oft mit Dir, und Du konntest ihm nicht sagen, wie Du leidest.

Um an Dein Herz zu gelangen, hätte er liebevoller mit Dir umgehen müssen. Aber Du hast in den letzten Jahren zunehmend Dein Herz für ihn verschlossen. Jetzt, wo er gelernt hat, mit Dir liebevoller umzugehen, ist es fast zu spät . . .

Du bist unendlich verwirrt. Heute morgen hast Du mit dem Gedanken gespielt, Peter wegzuschicken. Du weißt mit ihm nicht weiter, aber auch ohne ihn weißt Du es nicht. Peter weiß genau, wie Dir zumute ist und wie schwer die ganze Sache für Dich ist . . .

Deine Zeit ist gekommen. Du kannst sie doch genau aus Deinem Horoskop erkennen. Nein, Liebes, es sieht nicht so aus, als würdest Du noch ein Wochenende erleben. Du hast die schönste Nacht Deines Lebens noch vor Dir. Du hast es nicht geglaubt, daß Du noch einmal ganze Nächte hindurch das Sterben üben müßtest. Seit mehr als einer Woche beschäftigst Du Dich von morgens bis abends nur damit, an Deinen Tod zu denken. Das ist von Peter so gewollt. Hätte er

Dir das erzählen sollen? Du hättest Dich unsagbar vor dem November gefürchtet!

Und so hat Peter Dir eben erzählt, Du würdest süß einschlafen und bei Peter aufwachen. Bewußtes Sterben ist Arbeit. Zwar löst sich die Silberschnur blitzschnell, aber intensive Vorbereitung ist notwendig. Und sie war bis heute noch nicht vollkommen, deshalb mußtest Du noch üben. Die ersten zwei Monate haben wir hauptsächlich damit zugebracht, unsere Kommunikation über Raum und Zeit hinweg aufzubauen. Du bist zwar der Meinung, daß Du das Sterben geübt hast, aber das war es weniger. Es war nur ein bißchen Sterben üben. Aber denke daran. Du brauchst gar nicht mehr lange zu warten, dann bist Du hier. Peter liebt Dich sehr und sehnt sich danach, Dich hier zu haben . . .«

Briefe gleichen und ähnlichen Inhalts waren Tanja schon seit Wochen diktiert worden, und in der Folgezeit ging es geradeso weiter. Tanja erlebte in sich einen Zwiespalt: Einesteils versicherte Peter ihr aus dem Jenseits ständig seine Liebe und seine Hilfe, andernteils wurde sie auf das baldige Sterben vorbereitet, aber immer wieder wachte sie morgens auf. Tanja konnte sich aus dem, was ihr mitgeteilt wurde, keinen Reim mehr machen!

Noch schockierender für Tanja, aber auch für ihren Mann, dem sie von ihren Aufzeichnungen berichtete, war folgender Briefinhalt:

»Lieber Schatz! Heute nacht ist es so weit. Fritz wird Dich morgen früh ›tot‹ in Deinem Bett finden, gestorben durch die Aufregungen der letzten Tage, von denen er nichts weiß. Du wirst nicht aufstehen können, und er wird gewaltig verschlafen. Und dann erwartet ihn der größte Schock seines Lebens: er findet Deine Leiche. Heute nacht wirst Du nach all der Aufregung sterben können. Du könntest auf Dein Abwesenheitsschild ›für immer‹ drunterschreiben . . .

Du kannst Fritz den Schmerz um Deinen Verlust nicht abnehmen. Denke nicht an ihn, sondern an Dich. Bald wirst Du nicht mehr frieren, sondern immer Frühling haben. Du wirst abends ruhig einschlafen und bei Peter aufwachen. Er wird Deine Armbanduhr zu Deiner Todesstunde anhalten. Das wird für Fritz ein Beweis sein ... Tanjas Tod ist nicht eine Strafe Gottes für sie oder einen anderen, er ist die Chance, einen eigenen Weg einzuschlagen ...«

Peter ließ es aus der anderen Welt mit solchen Mitteilungen nicht bewenden, er gab sogar Anweisungen an den Ehemann Fritz durch. Eine davon hieß:

»Laß die Leiche Deiner Frau obduzieren und die Todesursache feststellen. Deine Frau, die einmal Peters Frau war, ist an einem Schock gestorben. Die Ärzte können das feststellen. Tanja ist aber nicht tot. Sie ist in die sechste Astraldimension eingegangen. Du kannst etwas über die Astraldimensionen in Silvia Wallimanns Buch ›Die Brücke zum Licht‹ (159) erfahren. Tanjas Tod ist nicht Gottes Strafe für Dich oder für irgend etwas. Lies Silvia Wallimanns Buch, lies das Buch von Garfield, wie man mit seinem Schutzengel Kontakt aufnimmt (160). Wenn Du meditierst – Du hast eine Gabe dafür, die Du bisher nicht genutzt hast -, wird das Deinen Schmerz erheblich lindern. Man kann mit Wesen aus der sechsten Astraldimension unmittelbaren Kontakt aufnehmen, wenn man daran arbeitet. Du kannst nach Tanjas Tod ihre Stimme in Deinem Kopf hören, wenn Du durch Meditation Deine Astralschwingung erhöhst, so wie Tanja seit Februar dieses Jahres Peters Stimme hört. Aber Du wirst üben müssen ...«

Jedermann wird verstehen können, daß derlei Zeilen zwei Menschen, Tanja und ihren Mann Fritz, in höchstem Maße beunruhigen mußten.

Aber es gibt auch eine Vorgeschichte. Tanja hatte seit Jahren immer wieder starkes Herzklopfen und einen Druck auf dem Herzen und auf den Augen. Sie hatte keine rechte Lebensfreude mehr; auf sie traf das Krankheitsbild einer Depression zu. Abends schlief sie schon vor Peters Mitteilungen mit der Angst ein, sie könne morgens nicht wieder aufwachen. Immer wieder wurde sie von Verfolgungsträumen geplagt. Um ihre Ängste zu bewältigen, griff Tanja immer wieder zur Sherryflasche. Der Alkohol sollte betäuben und vergessen lassen.

Als ich Tanja kennenlernte, war sie schon über neun Monate in ihrem Beruf als Postbeamtin nicht mehr arbeitsfähig gewesen. Einen totalen Zusammenbruch hatte sie damals durch einen Selbstmordversuch mit Alkohol erlebt.

Den Aufzeichnungen nach, die Tanja während der Eingebungen vornahm, war Peter von der transzendenten Welt her daran beteiligt. So ließ er durch Tanja deren Ehemann Fritz mitteilen:

»Peter muß Dir, lieber Fritz, etwas gestehen: Er war an Tanjas Selbstmordversuch nicht unbeteiligt. Er hat sie dazu ermutigt. Du mußtest einen Schock bekommen. Sonst hättest Du ewig so weitergewurstelt. Peter hat Tanja gesagt, sie solle zu ihm kommen; er könne sie nicht einfach holen. So hat sie sich mit Whisky vollgeschüttet, um zu sterben. Peter hat das Sterben damals verhindert. Sie hatte so viel Alkohol im Blut, wie Du es nicht ahnst. Überlege: Wenn der Mensch in der Stunde 0,1 Promille abbaut, und sie hatte abends um sieben Uhr noch 3,7 Promille, wieviel Promille sie dann morgens um viertel nach fünf Uhr nach Deinem Weggang hatte. Der Alkoholspiegel war absolut tödlich. Und trotzdem ist sie nicht gestorben. Die vielen Stunden Bewußtlosigkeit! Hätte da eigentlich nicht etwas zurückbleiben müssen? Du hättest das alles als einen Beweis für das, was ich schon mitteilte, ansehen müssen!«

Tanja hatte ihren Selbstmordversuch mit einer Übermenge Alkohol vorgenommen, und seitdem hatte sich ihre Leistungsfähigkeit immer mehr reduziert. Nicht einmal die tägliche Arbeit im Haushalt konnte sie mehr leisten. Der Ehemann mußte neben seinem Beruf einkaufen, Mahlzeiten zubereiten, die Betten machen, die Wohnung richten, die Wäsche waschen. Tanja konnte nur noch im Bett liegen oder in der Wohnung untätig herumsitzen.

Im Zeitraum einer intensiven dreiwöchigen Reinkarnations-Therapie erkannte Tanja, daß Peter tatsächlich in der letzten erinnerbaren Inkarnation im 19. Jahrhundert ihr Ehemann war. Beide hatten eine von tiefer Liebe durchdrungene Ehe geführt. Peter war damals ein erfolgreicher Arzt in St. Petersburg. Er arbeitete in einem Krankenhaus und hatte noch Privatpatienten. Es war damals für das Ehepaar eine große Erschütterung, als der einzige Sohn im Kindesalter durch einen tödlichen Unfall umkam und aus ihrem Familienleben schied. Der sehr gebildete und erfolgreiche Arzt vergrub sich zunehmend in seine Arbeit und vernachlässigte dabei seine Frau.

Die damalige Tanja hielt es im Laufe der Jahre nicht mehr aus, nur mit Handarbeiten beschäftigt zu sein, in die berufliche Tätigkeit ihres Mannes keinen Einblick zu haben und immer mehr allein und einsam zu sein, wenn ihr Mann, der frühere Peter, im Krankenhaus arbeitete, zu Patienten unterwegs oder in seinem Labor nächtelang forschend tätig war.

Eines Tages war das Alleinsein so schlimm für sie, daß sie einem Arzneischrank in der Praxis ihres Mannes Tabletten entnahm, um aus dem Leben zu scheiden. Ihr Mann war zu einem Ärztekongreß nach Moskau gefahren, und dieses Mal wollte er sie nicht mitnehmen, ganz gegen seine bisherige Gewohnheit. Tanja fühlte sich noch mehr als bisher allein gelassen. Vor ihrem inneren Auge lief in der Tiefenentspannung die folgende Szene ab:

»Ich nehme die Tabletten alle, die fühlen sich so stumpf an, sie sind schwer zu schlucken. Es ist so, als wenn ich nicht mehr ganz da wäre. Ich weiß nicht, was ich tue. Es ist so, als hätte ich abgeschaltet, ich tue so, als wäre ich schon tot. Mir fällt der Satz ein: ›Ich will nicht mehr!‹«

In der Nachtod-Erfahrung sah Tanja ihren Mann vom Kongreß heimkehren und das Haus betreten. Er rief: »Peter ist da! Hörst du mich nicht?«

Tanja sah ihren Mann in der Tür stehen und auf das Bett zustürzen, in dem sie sich tot liegen sah. Er legte seine Hand auf ihre Stirn, zog mit dem Daumen ein Augenlid nach oben, hielt sein Ohr an die Brust der toten Frau, stand wieder auf, ließ Schultern und Arme schlaff und erschöpft herunterhängen, trat an eine Glasvitrine im gemeinsamen Schlafzimmer, in der das Brautkleid ausgelegt war. Tanja hörte ihn ausrufen: »Sie war mein Licht, oh Gott, warum?«

Dann sah Tanja in der Nachtod-Erfahrung mit ihren nun körperlosen Augen, wie Peter an ihr Bett zurückging, seine Hand auf ihre Stirn legte, seinen Kopf auf ihre Brust drückte und sich letztlich neben sie legte.

Tanja spürte nun, daß ihr Mann sie mehr liebte, als er ihr zu ihren Lebzeiten sagen konnte. Sie erschrak, weil sie sich zu wichtig genommen zu haben schien und deshalb aus ihrem Leben entflohen war. Sie spürte, daß sie sich geirrt hatte. Sie wollte wieder zurück in das Leben, aber eine ihr unbekannte Stimme flüsterte ihr zu: »Komm mit, du wirst ihn wiedersehen, er wird nachkommen!« Tanja löste sich dann aus der Situation des Abschieds vom damaligen Leben.

Wir arbeiteten diese Rückerinnerungen und die Zeit vor dem damaligen Selbstmord auf. Tanja hatte in ihrem vorherigen Leben immer wieder betrübt, daß sie trotz der Liebe zu ihrem Mann von seiner Arbeit ausgeschlossen war. Sie erlebte sich wie ein Püppchen ohne Aufgabe, und Peter versicherte ihr immer wieder, gleichsam diesen Eindruck verstärkend, »Du brauchst nur für Peter da zu sein!«

»Ich will doch etwas lernen! Kochen und Handarbeiten kann ich gut genug, ich muß etwas für den Kopf haben.« –

»Du brauchst nichts im Kopf zu haben, du mußt nur für Peter da sein!« So lief ein Dialog zwischen dem Arztehepaar ab, wie er von Tanja mit ihrem inneren Auge und inneren Ohr nacherlebt wurde.

Nachdem auch das einzige Kind tot war und keines mehr nachfolgte, erlebte Tanja zunehmend Leere und Isolation. Der von ihr erfolgreich geplante Selbstmord könnte sie aus ihrer Einsamkeit erlösen, so hoffte sie.

Der verwitwete Arzt überlebte seine damalige Frau um

zehn Jahre, aber es ergab sich der Eindruck, daß er sich vom Selbstmord seiner Frau nicht mehr richtig erholte.

Nun erlebte Tanja aus ihrem früheren Leben nach, daß sie vom Jenseits her mit ihrem noch lebenden Mann Kontakt aufnehmen konnte.

Auf dem Weg zu ihrer damaligen Beerdigung als Arztfrau sah sie ihren Mann hinter dem Sarg gehen. Plötzlich flüsterte er leise:

»Du bist da, du bist nicht weg, ich fühle dich . . . bleib' da, bis ich sterbe. Tanja fühlte intensiv, wie sie die Hand ihres Mannes streichelte.

Immer wieder besuchte Tanja aus der jenseitigen Welt ihren noch lebenden Mann, und er konnte ihre Gegenwart spüren. Eines Tages stand sie wieder in seiner Nähe. In der Tiefenentspannung berichtete Tanja, was vor ihrem inneren Auge ablief:

»Er liest. Sein Hocker, auf dem ich früher saß, ist leer. Er legt sein Buch weg, denkt an mich, fühlt mich in seiner Nähe. »Ja, jetzt kannst Du alles lesen, liebe Tanja«, hörte sie ihn sprechen. Er versuchte, ihr zu erklären, was er lese. Tanja erlebte auch den Tod ihres damaligen Mannes mit. Sie war bei ihm, als er sich von seinem Körper löste. Es passierte in seinem Studierzimmer. Tanja berichtete:

»Ich sehe ihn in seinem Sessel sitzen; ich weiß, daß er sterben wird. Er setzt seine Brille ab, legt ein Blatt auf seinen Schoß und sagt: ›Tanja, jetzt!‹

Nun ist es, wie wenn wir eng umschlungen am Kamin sitzen und miteinander eins sind. Das Gefühl ist so schön, so unvergleichbar. Auf dem Blatt auf seinem Schoß hat er geschrieben, daß er bei seiner Beerdigung niemanden dabei haben will, weil das für ihn unwichtig sei, wenn er unter die Erde komme . . .«

Peter und Tanja hatten sich in Rußland als Kinder gekannt, und schon früh war für beide klar, daß sie einander heiraten würden. So geschah es dann auch. Daß die Ehefrauen von Männern eines gehobenen Berufsstandes damals nicht arbeiten durften, behinderte extrem Tanjas Wissensdurst. Die Konvention war damit einer der Gründe, weshalb sie ihr Leben an der Seite ihres berühmten Mannes, der sich neben seiner ärztlichen Tätigkeit noch mit der Entwicklung von Medikamenten befaßte, nicht fortsetzen konnte und wollte.

Wir müssen uns fragen, ob die Liebe Peters zu seiner damaligen Frau heute noch so stark ist, daß er sie möglichst schnell in das Jenseits zu sich hinüberholen wollte.

Wie ging es mit Tanja weiter? Die reinkarnationstherapeutische Arbeit war sehr positiv verlaufen. Tanja stellte Überlegungen an, wie sie ihr Leben hier und jetzt fortsetzen und sinnvoller gestalten könnte.

Berufliche und private Perspektiven wurden entwickelt. Dazu gehörte, daß Tanja eine schon vor längerer Zeit entdeckte seherische Gabe im Sinne von Wahrträumen und Ahnungen immer stärker spürte. Wir überlegten gemeinsam, ob sich daraus eine noch weitergehende Beratung als bisher für hilfesuchende Menschen entwickeln könnte . . .

Die Weihnachtstage standen vor der Tür. Tanja freute sich sehr, wieder mit ihrer Familie zusammensein und gemeinsam feiern zu können. Auch der Ehemann war sehr optimistisch.

Es war am darauffolgenden Neujahrstag, als mich ein Anruf des Ehemannes erreichte. Es sei kurz nach acht Uhr, und seine Frau schlafe noch tief und fest. Er habe im Bad ein leeres Röhrchen von Schlaftabletten gefunden; ob sie vielleicht zuviel genommen habe?

Ich empfahl dem Ehemann, sofort den Notarzt zu verständigen und an die Aufnahme seiner Frau in eine Klinik zu denken. In der Tat entschied der Notarzt, daß die sofortige Einlieferung in eine Nervenklinik nötig sei. Dort wachte Tanja erst nach vielen Stunden wieder auf, war jedoch tagelang wie benommen.

Tanja mußte zwei Wochen in der Klinik bleiben, bis sie sich erholt hatte. Sie kehrte wieder vollständig in ihr Leben zurück.

Für mich persönlich ergab sich der Eindruck, daß trotz der reinkarnationstherapeutischen Arbeit nochmals ein starker Sog in das Jenseits hinüber zu ihrem früheren Mann Peter entstanden war. Aber Tanja konnte sich nach ihrem erneuten Selbstmordversuch überzeugen, daß ihre Lebensuhr tatsächlich noch nicht abgelaufen war. Es wird für Tanja noch Aufgaben in diesem Leben der Gegenwart geben. Ihre Lebenskraft ist noch stark genug, die Ehefrau ihres gegenwärtigen Mannes zu bleiben, für die schon erwachsenen Kinder weiterhin Mutter zu sein und sich eines Tages an ihren Enkeln zu erfreuen. Und sie wird ihre erworbenen spirituellen Gaben wohl auch helfend für andere Menschen einsetzen können.

Peter ließ inzwischen durch weitere Briefe aus der Transzendenz wissen, daß dieses Hin und Her zwischen Diesseits und Jenseits auch dem Ehemann Fritz gegolten habe, damit er in seine stark naturwissenschaftlich orientierte Auffassung auch Überlegungen einbeziehe, die sich nicht ohne weiteres handfest begreifen lassen. Er sollte, wie Peter mitteilte, erkennen, daß es noch andere Dinge zwischen Himmel und Erde gebe, die sich nicht unbedingt mit dem Verstand allein erfassen lassen.

Die Erfahrungen von Tanja und Dietlinde, der früheren Jane (vgl. ab Seite 165) zeigen eine gewisse Parallele. In beiden Fällen entstand ein Sog in die andere Welt, der im einen Fall zum Selbstmord, im anderen zum tödlichen Autounfall hätte führen können. So müssen wir uns tatsächlich fragen, ob es nicht auch andere Fälle geben kann, in denen Menschen aus zunächst unerfindlichen Gründen aus ihrem gegenwärtigen Leben entschwinden und in die Transzendenz hinübergehen.

Tanja lebt bis heute. Als ich im Februar 1991 mit ihr telefonierte, machte sie einen sehr gesunden und lebensfrohen Eindruck. Sie steht wieder mit beiden Beinen fest auf der Erde, ohne den Kontakt zur transzendenten Welt aufgegeben zu haben.

War es nur ein Traum? –

Erlebnisse im Diesseits und Jenseits

Wanja wachte mitten in der Nacht auf. Es war zwei Uhr früh. Plötzlich auftretendes und anhaltendes starkes Herzklopfen ließ sie bis in den frühen Morgen nicht mehr einschlafen. Mehr fühlend als sehend nahm sie eine Person wahr, die in ihrer Nähe saß. »Es war, wie wenn mich jemand wegziehen wollte . . . und dann war es so, als ob ich weglaufen wollte, aber nicht konnte. Meine Beine trugen mich nicht!«

Mit diesen Worten berichtete mir Wanja ihre angstbetonten Erlebnisse einer Nacht. In der folgenden Nacht hatte sie einen ähnlichen Traum:

»Ich saß auf einer Bank in der Nähe eines Hauses. Dabei fühlte ich mich wehrlos und ausgeliefert. Meine Beine waren unverletzt, aber trotzdem konnte ich sie nicht bewegen. Willenlos, wie ohne Bewußtsein, fühlte ich mich in der Bank hängen. Eine Krankenschwester mußte mir hinaus in den Garten und wieder hinein in mein Bett helfen.«

Wanja hatte noch mehrere Erinnerungen an die Nacht. Sie sah sich allein in einem Bett schlafen, aber schemenhaft entdeckte sie die Gestalt eines Mannes. Sie hörte ihn zu ihr sprechen. Seine Stimme klang wie: »Du kannst das nicht, du bist zu schwach!« Wanja erlebte sich wie leblos durch diese Worte, sie war unfähig, sich zu rühren. Zunehmend glaubte sie zu spüren, daß dieser Mann gar nicht leben könnte, er eigentlich tot sein müßte. Trotzdem spürte sie: »Er versucht, mich ständig unter Druck zu setzen, mich hilflos zu machen«.

Einige Tage später hatte Wanja wieder einen Traum. Sie schlief, und doch schlief sie nicht. Wie die Szenen eines Films zog ein ganzer Lebensroman an ihr vorbei. Sie erlebte sich als die Tochter bürgerlicher, aber keineswegs reicher

Eltern. Einen guten, für ihre Tochter passenden jungen Mann hatten sie ausgewählt, so meinten sie, einen Offizier, von dem Karriere zu erwarten war. Das Mädchen fügte sich in sein Schicksal, ließ sich heiraten und versuchte, eine gute Ehefrau zu werden, ihrem Mann alle seine Wünsche von den Augen abzulesen. Trotz ihres Bemühens gelang es ihr aber nicht. Der junge Offizier konnte ihr weder Verständnis noch Zuneigung entgegenbringen. Die noch mädchenhafte Ehefrau traute sich bald nichts mehr zu, resignierte und spürte, daß sie auch körperlich schwächer wurde, als ob etwas sie lähmen würde.

Krieg brach aus, der Ehemann mußte als Offizier ins Feld. Es dauerte nicht lange, und die Todesnachricht traf ein; tapfer war er »auf dem Feld der Ehre«, wie man damals sagte, durch einen Schuß ins Herz gefallen.

Einige Tage später sah Wanja im Traum diesen im Krieg umgekommenen Offizier. Schemenhaft tauchte er vor ihr auf. Sie fühlte deutlich, wie unerklärliche Angst vor diesem Mann in ihr aufstieg. Gleichzeitig wußte sie, daß er ja nicht mehr am Leben wäre. Aber sie sah ihn deutlich in der Nähe ihres Bettes stehen.

Wanja erzählte diese Geschichte, die nachts wie ein außergewöhnlich intensiver Traum in ihr abgelaufen war, in der Sprechstunde. Und sie berichtete weiter:

»Ich hatte ein Gefühl im Körper, als ob jemand in meine Körperhülle schlüpfen, von mir Besitz ergreifen wollte. Im Traum wußte ich, daß dieser Offizier um mich herum war. Ich war hilflos, ich konnte gegen ihn nicht ankommen, es war, wie wenn er über mich bestimmen wollte ... ja, und dann fühlte ich, daß ich selbst diese junge Offizierswitwe wäre, die keinen Lebensinhalt mehr hatte, zunehmend an Lebenskraft verlor, immer mehr dahinsiechte und gerade noch im Garten sitzen oder im Bett liegen konnte.«

Wanja und ich konnten später herausfinden, daß sie im Traum in eine frühere Inkarnation geraten war, diese aber als solche noch nicht erkennen konnte.

Wanja ist mit einem sehr real denkenden Mann in leitender Position verheiratet; sie hat eine vierzehnjährige Tochter. Sie selbst machte sich vor zwölf Jahren selbständig mit einer bis heute gut gehenden Versicherungsagentur. Die fleißige und bodenständige Familie konnte kurz vor der Geburt des Kindes in ein eigenes Haus mit großem Garten einziehen.

Was Wanja in die Sprechstunde geführt hatte, waren seit nunmehr zwei Jahren immer wieder auftauchende Schwächezustände. Sie nahmen solche Formen an, daß Wanja Besprechungen mit Kunden verkürzen oder vorzeitig abbrechen mußte. Schon ging das Gerücht um, daß Wanja nicht mehr so versiert wäre wie früher und die Qualität ihrer Beratungen nachgelassen hätte. Wanja hatte für ihr Versagen im Beruf keine Erklärung, auch medizinisch zeigte sich nichts, was auf irgendeine organische Funktionsschwäche hätte schließen lassen.

Die Träume veranlaßten Wanja zum Nachdenken. Sie stieß auf Bücher über das Fortleben nach dem Tode und begann, sich Gedanken über Reinkarnation zu machen. Der Ehemann und beider Eltern begegneten den Äußerungen Wanjas mit zunehmendem Mißtrauen. Sie und ihre Geschwister wie auch ihre ganze Verwandtschaft waren auf dem Boden des schwäbischen Pietismus erzogen worden, der auch den in Calw geborenen Schriftsteller Herrmann Hesse prägte. Gedanken über das Fortleben der Seele nach dem Tode oder gar durch mehrere Erdenleben waren da so schlimm wie die Häresie im Mittelalter, das Abfallen vom rechten Glauben.

Die weitere Beschäftigung mit Grenzfragen ließ in Wanja weitere Träume entstehen. Sie erlebte den Tod der damaligen Offizierswitwe nach, die sie in einem früheren Leben gewesen war. Sie spürte, wie sie sich mit ihrer Seele von ihrem gelähmten und vorzeitig gealterten Körper löste und sich von ihm entfernen wollte. Sie sah sich im Sterbezimmer mit ihrer Seele vom Körper Abschied nehmen.

Plötzlich entdeckte sie die Gestalt des im Krieg umgekommenen Offiziers, ihres früheren Ehemannes:

»Er wartete schon auf mich, nahm mich gleich in Beschlag. Ich erlebte mich wie seine Gefangene, ohne Chance, mit anderen Wesenheiten in der anderen Welt Kontakt aufzunehmen. Er schirmte mich regelrecht ab. Ich bemerkte immer mehr, wie er dort in dem Bereich, den wir Jenseits nennen, eine Art Mauer um mich aufbaute, so daß niemand an mich herankam und mit mir reden konnte. Es war wie zu seinen Lebzeiten. Ich war wie gelähmt, konnte mich nicht von der Stelle bewegen, war durch ihn wie in einem Gefängnis eingeschlossen.«

Wanjas Geschichte setzte sich fort. Sie erlebte sich drüben in der anderen Welt, als sie noch nicht Wanja von heute, sondern die verstorbene Witwe des gefallenen Offiziers war. Ihr Bericht ging weiter:

»Im Laufe der Zeit war es so, als ob ich etwas Kraft aufbauen könnte, und eines Tages konnte ich ihm entwischen. Ich konnte mich verstecken, hörte ihn immer wieder ausrufen: ›Ich finde dich schon! Du kannst nicht weg, du bist in meiner Macht, auch wenn du dich noch so gut versteckst.‹ »Er fand mich nach einiger Zeit, aber ich hatte inzwischen jenseitige Freunde gefunden, die mich schützten, so daß er nicht mehr an mich herankommen konnte. Trotzdem spürte ich Angst vor ihm, traute mich nicht wegzugehen, weil ich immer noch seine Macht über mich fühlte.«

Letztlich gelang es Wanja, sich dem Einfluß des damaligen Mannes zu entziehen. Sie erlebte, wie sie sich wieder inkarnierte, als Junge. Sie sah mit ihrem inneren Auge, daß sie liebe Eltern und ein harmonisches Elternhaus gefunden hatte.

Aber immer wieder entstand ein Gefühl, als ob jemand ihre Schultern packen und den Körper nach hinten wegziehen würde. Als Junge konnte Wanja sich nicht entwickeln, sie fühlte sich wehrlos und schwach, allein und isoliert. Wanja erlebte nach, daß sie als Junge früh starb. Hohes Fieber und eine schwere Krankheit lähmten die Widerstandskraft. Mit ungefähr vierzehn Jahren endete dieses Leben.

Eine neue Nachtoderfahrung öffnete sich vor Wanja nach dem Tod als Junge. Der frühere Ehemann, der im Felde gefallene Offizier, stand wieder vor ihr, aber seine Macht hatte sich verringert. Irgendwie zog er Wanja an; sie mußte immer wieder zu ihm hinschauen. Aber beide kamen nicht mehr miteinander in direkten Kontakt.

Es war wieder in einer Nacht. Wanja wachte auf, wieder hatte sie ein intensives Herzklopfen. Es mußte jemand neben ihr stehen, den sie jedoch nicht sehen konnte. Aber sie hörte eine Stimme ihr etwas zuflüstern. Sie identifizierte diese Stimme als die des früheren Offiziers. Er sagte ihr, daß er in der anderen Welt keinen Frieden finden könne. Er müsse etwas in Ordnung bringen:

»Ich will nicht, daß du weiter von mir gequält wirst, du sollst nicht mehr durch mich leiden. Kannst du mir verzeihen?«

Wanja gewann den Eindruck, als ob sie die Lebensgeschichte dieses Offiziers, ihres früheren Ehemannes, vernehmen würde. Er war verbittert, daß er im Kriege früh hatte sterben und auf ein weiteres Leben mit seiner Frau, die er liebte, aber nicht verstand, verzichten mußte. Er wollte sie in Besitz behalten. Gleichzeitig hatte er erkannt, daß er als Offizier auch am Tode vieler Menschen mitschuldig geworden war.

Wanja hörte, wie ihr früherer Mann sie um Verzeihung bat. Deutlich wurde sie an das Vater-unser erinnert . . . »und vergib uns unsere Schuld, wie auch wir vergeben unseren Schuldigern . . .« Sie erinnerte sich an ihr damaliges Leben, wie sie sich gelähmt und unfähig zum Leben gefühlt hatte.

Nach dem Aufwachen dachte sie an einen Brauch der katholischen Kirche. Obwohl sie evangelisch erzogen worden war, besuchte sie eine ihr bekannte katholische Kirche, deren angenehme Atmosphäre sie schon früher einmal gespürt hatte. Sie näherte sich einem Seitenaltar, wo schon eine

Reihe Kerzen brannte. Bewußt zündete auch sie eine Kerze an und verband dieses Kerzenopfer mit der Fürbitte für den längst verstorbenen Ehemann, der nach ihrer Erkenntnis bisher in der anderen Welt keine Ruhe gefunden hatte. Sie stellte sich in ihrer Fürbitte meditativ darauf ein, dieser noch zwischen Diesseits und Jenseits hin und her gerissenen Seele eine Lichtbrücke wie in einer Art Regenbogen zu bauen, über die sie in die andere Welt hinübergehen könnte. Und wie in einer Vision sah sie, noch betend, vor ihrem inneren Auge diesen früheren Ehemann ihr zuwinken, sich von ihr verabschieden und in helles Licht getaucht entschwinden. Von leuchtenden Wesenheiten, die ihm wohlgesinnt waren, wurde er drüben erwartet. Er hatte Verzeihung erlangt und Erlösung gefunden.

Wanja konnte von nun an ruhig schlafen, sie fühlte sich entspannt, der Druck von ihrem Herzen wich. Sie gewann wieder an Zutrauen zu sich und erneuter Lebenskraft. Zwischen zwei Menschen, dem einen hier, dem anderen mit seiner Seele dort, waren Versöhnung und Frieden eingetreten.

Wanjas Fall steht nicht allein für sich. Ihr war nur bewußt geworden, daß sie von etwas ihr zunächst Unbekanntem bedrängt und geängstigt wurde. Sicher würde es vielen Menschen helfen, wenn sie mehr auf ihre Träume und traumähnlichen Erlebnisse, auf ihre Körperempfindungen und Gefühle, ihre Gedanken und Ahnungen achten würden. Frieden mit den Verstorbenen und wohl auch anderen Wesenheiten im Jenseits dient auch unserem Leben und der Auflösung von Angst und Krankheit.

Diese Überlegungen fügen sich nach meiner Ansicht voll und ganz in christliches Denken und Handeln ein. Unser Sehen, unser Verständnis, unsere Hilfe und unsere Fürbitte können auch weit in die Transzendenz hinüberreichen.

Die Trommeln bringen es an den Tag!

Die zeitüberdauernde Wirkung des Voodoo-Kultes

Maggi hat Freude am Tanz. Wenn sie allein ist und im Radio Tanzmusik gespielt wird, zuckt es ihr in den Beinen, wird sie ganz kribbelig: Sie muß einfach tanzen! Vor allem Rhythmen mit Trommeln haben es ihr angetan. Deshalb kaufte sie auch vor einiger Zeit eine Kassette mit afrikanischen Buschtrommeln.

Die dreißigjährige, selbständig tätige Frau litt seit ihrem zwölften Lebensjahr an Selbstmordgedanken. Freundschaften mit Männern endeten immer wieder mit Trennungen, weil Maggi unbewußt Partner wählte, mit denen eine ständige Partnerschaft nicht möglich war. Sie suchte Zuwendung und Zärtlichkeit, aber gleichzeitig erlebte sie so etwas wie eine Wand zwischen sich und einem möglichen Gefährten. Intimität war ihr zwar möglich, jedoch fand sie keine vollständige Erlösung.

Immer wieder hatte Maggi das Gefühl, daß sie von etwas Dunklem umgeben wäre, das sie aber nicht fassen konnte. Sie hatte Zeiten, in denen sie sich »wie leergebrannt« vorkam.

Eines Tages hatte Maggi aus einer Laune heraus wieder ihre Kassette mit den afrikanischen Buschtrommeln aufgelegt. Plötzlich spürte sie rhythmische Bewegungen durch ihren Körper strömen. Sie mußte sich aus ihrem Sessel erheben und sich tänzerisch bewegen, geradeso wie sie es schon aus Filmen über Eingeborene gesehen hatte. Mit geschlossenen Augen wiegte sie ihren Körper, und zunehmend geriet sie in fast ekstatische Bewegungen. Je mehr Maggi tanzte, desto deutlicher spürte sie die Nähe einer Person mit einer Maske, mal vor ihr, mal neben oder hinter ihr. Sie hatte sogar plötzlich das Gefühl, daß jemand Unsichtbares ihren Körper benützte und sie zum weiteren Tanzen zwinge.

Maggi war schon einige Tage in unserem Hause zur reinkarnationstherapeutischen Arbeit. Anlaß waren die seit Jahren immer wieder auftretenden partnerschaftlichen Schwierigkeiten und Selbstmordgedanken gewesen, durch die sie sich zunehmend bedroht und um ihre Lebensfreude gebracht fühlte.

Wir nutzten Maggis bisherige Erfahrungen, gingen in die Tiefenentspannung und hörten uns nochmals die Kassette mit den Buschtrommeln an.

Maggi konnte mit ihrem inneren Auge einen Medizinmann sehen, der mit einer Maske vor dem Gesicht um eine Feuerstelle herum tanzte und eine Art Opfertanz aufführte. Ein kleines Kind sollte getötet und einer Gottheit zum Opfer dargebracht werden. Zuvor wurde an ihm ein Ritual ausgeführt. Das durch Drogen betäubte Kind wurde mit einer Art Pfeilspitze an bestimmten Stellen des Körpers berührt. Der Medizinmann zeichnete auf die Stirn, das Sonnengeflecht und die rechte und linke Schulter ein christliches Kreuzeszeichen.

»Ich habe den Eindruck, daß der Medizinmann selbst erschrickt, als er sieht, daß er die Kreuze auf die Haut des kleinen Kindes gedrückt hat.«

Maggi sah mit ihrem inneren Auge, daß sie selbst das Kind eines Missionars-Ehepaars war, das auf einer nahegelegenen kirchlichen Krankenstation lebte. Maggi setzte ihren Bericht fort:

»Sie wollen das Kreuz Christi zu den Eingeborenen bringen, und jetzt leuchtet das Kreuz mehrfach auf dem Körper des Kindes auf! Der Medizinmann kann sein Ritual nicht fortsetzen, das Kind wacht aus seinem Trancezustand auf. Er entläßt es wie fassungslos aus seinen Armen, und das Kind scheint zu seinen Eltern zurückkehren zu wollen.«

Nach dieser Szene ging der Medizinmann in den Busch und baute eine kleine Hütte. Er schnitzte dort eine Puppe und band ihr die beiden Unterschenkel fest zusammen. Maggi spürte dabei einen Schmerz in ihren eigenen Unterschenkeln. Sie hörte den Medizinmann Worte murmeln wie: »Du läufst mir nicht mehr weg!«

Maggis Schmerzen dehnten sich inzwischen von den Knöcheln bis zu den Knien aus: »Es spannt mir in den Beinen, wie wenn da kein Blut mehr durchfließen könnte!« Schon drückte Maggi aus, was sie mit ihrem inneren Auge sehen konnte und nacherlebte:

»Ich habe das Gefühl, daß er diesen Zauber über so viele Leben aufrechterhalten kann, bis er mich in irgendeinem Leben erwischt, mit abgedrückten und wie abgequetschten Füßen, so daß ich dann nicht mehr weglaufen kann. Als Kind des Missionars kommt er nicht an mich heran, weil ich das christliche Kreuzzeichen in mir trage . . . Es sieht so aus, als ob er sich gegen diesen andersartigen Glauben zur Wehr setzen wollte . . . Jetzt werden meine Füße ganz hart, es spannt, sie werden mir eiskalt, als ob alles abgedrückt wäre, es ist alles so eng, als ob die Füße und Unterschenkel mit viel Schnur umwickelt wären . . .

Wir müssen davon ausgehen, daß Maggi in einem früheren Leben als kleines Mädchen dem Zauber des afrikanischen Voodoo-Kultes ausgeliefert war. Voodoo gilt heute als eine Art Volksreligion auf Haiti und in anderen Ländern. Nach dort gebracht worden war der Glaube durch die Negersklaven aus Afrika und ihre Nachfahren. Die religiösen Rituale sollen heute mit afrikanischen, katholischen und örtlichen Kultformen verbunden sein (161).

Voodoo-Kult bedeutet Hingabe an die oberste Gottheit und niederer stehende Götter. Im Trance läßt sich der Schamane oder ein für diesen Zweck ausgebildetes Medium von den Göttern besetzen. Trommeln spielen hierbei eine große Rolle. Holger Kalweit schrieb in seinem höchst lesenswerten Buch *Urheiler, Medizinleute und Schamanen* (162) darüber:

»Der Rhythmus ist entscheidend für die Trancestimulierung. Maria-José (eine brasilianische Macumba-Priesterin.

D. Verf.) sagt: ›Unsere Götter reagieren vor allem auf den Rhythmus. Ändert sich dieser, ändert sich auch das Verhalten der Götter. Die Trommeln treten bei den Göttern für uns ein. Sie sind unsere überzeugendste Stimme. Unsere Instrumente sind keine gewöhnlichen, keine weltlichen Trommeln. Wir betrachten sie als Lebewesen. Die Trommeln werden gefüttert, sie verzehren die Opfergaben, und man darf mit ihnen als Frau während der Regel nicht in Kontakt kommen; das nimmt ihnen die Kraft, verfälscht die Stimme der Trommeln‹.«

Maggi war also durch die Diskette mit den afrikanischen Trommeln in ein früheres Leben zurückversetzt worden, ohne daß sie es zunächst bemerkt hatte.

Einige Tage später tauchte nochmals eine ähnliche Puppe vor Maggis innerem Auge auf. Maggi erlebte sich jetzt jedoch als ein Mädchen von ungefähr achtzehn Jahren:

»Es wird mir ganz warm in Nacken und Schultern. Da ist wie eine rote Farbe, das glüht richtig. Ja, Nacken und Schultern erlebe ich ganz gerötet, gleichmäßig heiß, es sieht wie ein feuerroter Blutschwamm aus . . .

Ich sehe, wie ich zu einer alten Frau in einem Wald gehe und ihr meinen roten Nacken und Rücken zeige. Es sieht so aus, wie wenn einer Puppe von hinten ein Kreuz aufgelegt worden wäre, vom einen Schulterblatt zum anderen. Jetzt ist es so, wie wenn ich eine Puppe bin wie Christus am Kreuz . . .

Da wurde eine Missionarstochter im Dschungel überfallen. Ein Eingeborener hatte versucht, sie zu vergewaltigen. Sie ließ es jedoch nicht zu und ohrfeigte ihn. Damit hatte er ›sein Gesicht verloren‹. Er flocht deshalb eine Puppe mit meinem Gesicht und nähte ihr ein Kreuz auf, wegen meiner Heiligkeit, wie er meinte . . . Jetzt nimmt er die fertige Puppe mit dem aufgenähten Kreuz und macht eine merkwürdige Handbewegung, die er gegen mich gemacht hatte, als ich unter ihm am Boden lag. Er hängt die Puppe an einen Baum, so wie man ein Kreuz an eine Wand heften kann. Es sieht so aus, als ob sich hinter der Puppe Insekten einnisten könnten ... Jetzt erlebe ich, wie die kleinen Tierchen an mich gehen. Es schüttelt mich richtig, ich spüre, wie sie sich in mich hineinfressen. Die Puppe, die wohl mit mir zu tun haben muß, wird wie zu einem Brutplatz. Sie muß so wie aus Heu oder Gras gemacht sein ...

Jetzt sehe ich die Missionarstochter. Bisher war sie wie von einem Lichtmantel umgeben. Aber jetzt wird es so, wie wenn die ganze Haut auf dem Rücken aufbrechen würde. Er sieht aus wie eine offene Wunde, die brennt und nie mehr zuheilt. Ich sehe mich unter einem Moskitonetz liegen, damit mein Rücken vor den Insekten einigermaßen sicher ist.«

Maggi erlebte ein früheres Leben als Tochter eines Missionars nach, auch die Ratlosigkeit, die dort nach Ausbruch ihrer Krankheit herrschte. Auf sie hatte der junge Schwarze, der sie als Frau haben wollte und nicht bekam, die schwarzmagische Form des Voodoo-Kultes angewendet: Über eine von ihm hergestellte Puppe wollte er an dem Mädchen Rache üben, weil er durch dessen Schläge sein Gesicht verloren hatte.

Eine Eingeborene im Hause der Missionarsfamilie empfahl, zu einer ihr bekannten kräuterkundigen Frau zu gehen. Ihr Rat wurde befolgt, wie die oben erwähnte Rückerinnerung zeigt, aber der krankmachende Zauber konnte nicht entkräftet werden. Der Medizinmann sollte helfen! Es war der gleiche, der vor vielen Jahren versucht hatte, durch das Ritual an dem damals kleinen Kind die ganze Missionsstation zu vertreiben. Er schaffte es aber damals nicht, weil er gegen die Kraft des Kreuzeszeichens, das er selbst dem Mädchen aufgezeichnet hatte, nicht aufkam.

Die Missionarsfamilie wußte nicht recht, ob sie den Medizinmann konsultieren sollte. Der Pfarrer war sich inzwischen sicher, daß er seinerzeit – ohne es zu wollen – den Schamanen brüskiert hatte, als er die Krankenstation aufbaute. Aber jetzt ging es um die eigene Tochter; und der Missionar und seine Frau waren mit den zu erwartenden alten Bräuchen des weisen Mannes einverstanden, wenn nur dem Mädchen geholfen würde.

Maggi erlebte in der Tiefenentspannung die damalige kultische Handlung des Medizinmannes nach. Sie sah den Medizinmann in Trance tanzen, etwas entzünden, das einen starken Qualm entwickelte. Dann murmelte er Beschwörungsformeln. Maggi nahm an der vor ihrem inneren Auge ablaufenden Szenerie intensiven Anteil und beobachtete, wie er eine Art magisches Dreieck zwischen sich, der Puppe und der Missionarstochter aufbaute.

Maggi bekam das Gefühl, daß auch der Medizinmann ihr nicht helfen könnte. Er brach auch von sich aus die Zeremonie ab. Er schien zu wissen, daß da eine Puppe an einem Baum hinge. Er mußte sie suchen, um den Zauber zu lösen.

Maggi erlebte mit, wie der Zauberer wegging und die Puppe fand. Unzählige Insekten waren an ihr und in ihrem Inneren zu finden, die Puppe war von ihnen durchfressen worden.

Die Puppe wurde mit dem Qualm aus einer unbekannten Substanz ausgeräuchert, damit die Insekten abfielen. Dann nahm der Medizinmann die Puppe ab, löste von ihr das Kreuz auf ihrer Rückseite und nähte die Puppe hinten wieder zusammen. Danach ging der Medizinmann wieder an seine Feuerstelle zurück und setzte seine Beschwörungen fort, die Trommeln dröhnten wieder, und er begann zu tanzen.

Alle Bewohner des Eingeborenendorfes, zu dem die Missionsstation gehörte, nahmen an der Zeremonie teil. Maggi sah sich auf einer Art Bahre liegen, die auf einem Tisch stand. Der damalige Vater, der Missionar, stand bei seiner Tochter und versuchte, den Eingeborenen mit seinem Blick zu streifen, der den Voodoo-Zauber ausgelöst hatte.

Maggi erkannte den Eingeborenen, der sie vor einiger Zeit hatte vergewaltigen wollen und von ihr geohrfeigt worden war. Er war, angelockt durch die Trommeln, in sein Dorf zurückgekehrt und erschrak, als er sah, was sein Zauber Entsetzliches ausgelöst hatte.

Maggi sah sich in ihrer früheren Inkarnation wie in einer tiefen Ohnmacht liegen. Wir gewannen den Eindruck, daß sie die damaligen Schmerzen und die zunehmende Vergiftung ihres Körpers durch den offenen und blutenden Rükken nicht überstanden hatte. Sie hörte nur noch das Dröhnen der Trommeln, dann löste sie sich mit ihrer Seele vom damaligen Körper.

Erst in der Nachtod-Erfahrung konnte Maggi noch miterleben, wie dem Eingeborenen, der die Puppe mit dem Kreuz hergestellt hatte, später einfiel, eine weitere Puppe gefertigt zu haben, die er jedoch vergraben hatte. An ihr hatte er mit einer Art Nadel einen Stich in die Herzgegend vorgenommen und sie dann vergraben. Voller Schuldgefühle grub er die Puppe aus und verbrannte sie.

Als Maggi das als Rückerinnerung nacherlebte, spürte sie in ihrem gegenwärtigen Körper einen stechenden Schmerz in der Herzgegend, der sich jedoch nach einigen Minuten völlig auflöste. Maggi bekam ein Gefühl der Entspannung und Befreiung.

In den folgenden Tagen fing Maggis Haut an, sich abzuschuppen. Sie kaufte sich eine Bürste, um diesen Vorgang zu unterstützen.

Von da an erhielt Maggi einen zunehmend besseren Teint ihrer Haut. Die weit zurückliegende Schädigung ihrer Haut begann zu heilen. Die Schmerzen und körperlichen Leiden durch die schwarzmagische Form des Voodoo-Kultes hatten sich verloren, lange nachdem dessen Rituale die damalige Missionarstochter totkrank gemacht hatten.

Die Zerstörung der Puppen und die Auflösung des schwarzmagischen Voodoo hatte Maggi zu ihren Lebzeiten als Missionarstochter nicht mehr miterlebt. Erst in der Rükkerinnerung konnte sie es sehen. Maggi konnte mit dem nun bewußten Wissen ihrerseits dem damaligen Medizinmann verzeihen, der sie zunächst opfern wollte, und sich gleichzeitig bei ihm bedanken, weil er ihr später helfen wollte.

Interessant ist in diesem Zusammenhang ein weiterer Bericht Maggis. Sie war nämlich vor einigen Jahren auf einer Urlaubsreise in Sri Lanka, dem früheren Ceylon. Sie hörte damals von dortigen Teufelstänzern und hatte als Souvenir eine kleine Marionette mitgebracht, die einen solchen Teufelstänzer darstellte. Dazu hatte sie eine Holzmaske mit Eingravierungen von ihr unbekannten Symbolen mitgebracht. Beides, Marionette und Maske, hängt an einer Wand in Maggis Wohnzimmer.

Maggi bekam ein Gefühl, als ob diese beiden fremdartigen Gegenstände ihr etwas erzählen wollten:

»Ich habe das Gefühl, daß ich in diese Marionette schlüpfe, und jemand anderes nimmt die Holzmaske, und wir tanzen zusammen in meinem Wohnzimmer. Wir stehen uns gegenüber und wiegen unsere Körper so wie in Ceylon, tief in den Knien mit der dort üblichen Beinstellung beim Tanz.«

Maggi erlebte, wie sie in der Rolle einer Tempeltänzerin mit ihrem Körper wie in Trance grazile rituelle Handbewegungen ausführte.

Maggi ist ein besonders Beispiel dafür, wie Wunden, Schmerzen, Krankheiten und Narben aus längst vergangenen Zeiten in die Gegenwart hineinwirken und psychosomatische Beschwerden, Allergien, unverständliche Symptome auslösen können bis hin zu Angstzuständen und Lebensüberdruß.

Die Geschichte der Marionette und der Maske kann uns darüber nachdenken lassen, ob wir über Souvenirs nicht manchmal Erinnerungen an frühere Existenzen in unser Bewußtsein holen.

»Ich habe ständig Schmerzen, ich halte es einfach nicht mehr aus!«

Thea ist der Typ der ordentlichen, sauberen, fleißigen schweizerischen Hausfrau. Seit ihrer Heirat lebt sie mit ihrem deutschen Mann und zwei Töchtern auf der Schwäbischen Alb. Thea hatte eine Odyssee an Reisen zu dem einen und anderen Arzt oder Heilpraktiker hinter sich. Seit ihrem fünfunddreißigsten Lebensjahr vor fast dreizehn Jahren litt sie immer wieder unter rheumatischen Schmerzen, vor allem im Bereich der Schultern und Arme. »Ich meine manchmal, ich müsse vor lauter Schmerz etwas hinausschreien, um es loszuwerden!«

Morgens wachte Thea schon kraftlos auf. Tagsüber traute sie sich nicht auszuruhen, denn sonst würde sie sofort wieder Schwindelzustände bekommen, wie sie meinte.

Weiter berichtete sie: »Morgens habe ich stets ein Angstgefühl, dann geht es vielleicht eine halbe Stunde gut, und dann sackt mein Körper wieder zusammen ... Die Angst läuft mir über die Wirbelsäule und den Kopf, ich kann dann gar nicht recht denken, sehen oder hören. Dann befürchte ich auch immer wieder, nicht mehr laufen zu können, und gleichzeitig fühle ich eine starke Unruhe in mir, und manchmal ist mir so, als ob ich im Kopf nicht mehr recht wäre«.

Thea war das älteste von vier Kindern, und Thea erinnerte sich: »Wenn die anderen etwas ›ausgefressen‹ hatten, bekam ich immer die Schläge!« Thea erinnerte sich sogar, daß sie von ihrem Vater noch geschlagen wurde, als sie mit ihrem ersten Kind schwanger ging. Lob gab es nie, Tadel dagegen ständig. So war Thea ein Mensch geworden, der stets meinte, an allem schuld zu sein und gleichsam die Last der Welt tragen zu müssen.

Thea fühlte sich von ihren Eltern abgelehnt. Ein Grund dafür konnte sein, daß sie vielleicht ein Junge hätte sein sollen. Durch ihre Erziehung wurde sie in die Rolle des Sündenbocks hineinmanövriert, und bis in die Gegenwart hinein konnte sie davon nicht ablassen.

Von Kindheit an hatte Thea Angst, eine Kellertreppe hinunter zu gehen, und die Mutter hatte ihr vor Jahren auch erzählt, daß sie tatsächlich einmal von der Treppe gestürzt wäre. Ihre Schwester Traudel war sogar einmal aus einem Fenster im ersten Stock gestürzt, und seither soll sie schwer hören.

Thea ist unablässig auf den Beinen, im Haushalt und im Garten; sie wäscht auch die zwei Autos der Familie und putzt regelmäßig das Büro des Mannes, obwohl die finanziellen Verhältnisse des selbständig tätigen Partners als sehr gut bezeichnet werden können. »Was sollen denn die Leute sagen, wenn ich immer die Putzfrau kommen lasse? Die meinen doch, ich wäre faul und wolle nichts schaffen!« So ist Theas Einstellung.

Der Garten ist Theas Hobby, aber sie macht auch sehr geschickt Handarbeiten und Blumengestecke, und einmal in der Woche geht sie zur Übungsstunde des Kirchenchores, wo sie als eine der besten Sopranstimmen gilt.

Thea hat zwei Töchter. Die Schwangerschaft mit dem ersten Kind war bis zum siebten Monat sehr schwierig; ständig bestand die Gefahr eines Abgangs. Thea hatte auch ständig Angst, sie könnte das Kind nicht austragen. Eine zweite Schwangerschaft endete tatsächlich vorzeitig, Thea hatte im vierten Monat einen Abgang. Die dritte Schwangerschaft mit der zweiten Tochter verlief dann leichter.

Es gab noch einige weitere Symptome, die Thea zu schaffen machten. »Nachts habe ich vom Hinterkopf über den ganzen Körper ziehend immer wieder das Gefühl, als wenn ich gar nicht mehr da wäre, als ob ich mich auflösen würde«. Im partnerschaftlichen Kontakt mit ihrem Mann ist es oft so,

»daß er mich nicht anrühren darf; da bin ich innerlich wie verkrampft und komme nicht zur Ruhe«.

Außer diesen und anderen Symptomen, die noch zu besprechen sein werden, hatte Thea auch den Tod ihrer Schwiegermutter vor zwölf Jahren noch nicht verarbeitet.

Die alte Dame hatte wegen eines Oberschenkelhalsbruches lange im Krankenhaus gelegen. Thea hatte stets eine gute Beziehung zu ihr gehabt, und sie war es auch, die Thea nach der Geburt des ersten Kindes im Haushalt geholfen hatte.

Einige Tage vor dem Tod der Schwiegermutter durfte sie heimgeholt werden. Aber ihre Genesung war nur von sehr kurzer Dauer. Am Tage ihres Todes wollte Thea sie mit ihrem Mann besuchen, aber das Ehepaar traf zu spät ein. Thea litt sehr darunter, nicht rechtzeitig zum Abschied von der Sterbenden anwesend gewesen zu sein, ja, sie machte sich deshalb jahrelang Selbstvorwürfe. »Sie war noch warm, als wir eintrafen, aber doch schon tot. Ich küßte sie zum letzten Mal.«

Nach ihrem Tode konnte Thea jahrelang ihre Schwiegermutter als Geistwesen in ihrer Nähe sehen, für die Schwiegertochter eine schlimme Zeit, weil es ihr unheimlich war und sie mit ihrer Sensibilität für die Transzendenz nicht umgehen konnte.

Im Rahmen einer mehrmonatigen psychotherapeutischen und später reinkarnationstherapeutischen Arbeit tauchten immer wieder wechselnde Symptome auf. Lassen wir die Patientin sprechen:

»Heute Nacht bin ich aufgewacht, ich meinte, ich verbrenne ...«

»Mir kommt es vor, als ob ein Pilz in meinen inneren Organen sitzen würde ...«

»Ich trinke und kann dann nicht Wasser lassen ...«

»Seit drei Tagen wird es in meinem Arm wieder schlimmer, als ob sich im Arm etwas losgemacht hätte, als ob jemand in meinem Arm herumschneiden würde ...«

»Mein Arm ist manchmal gar nicht mehr da . . . ich träumte auch, daß man mir den Arm abgeschlagen hätte . . .«

»Als ich kürzlich meine Eltern besuchte und meinem Vater begegnete, verkrampfte sich mein ganzer Bauch . . .«

»Ich bekomme immer wieder Atemnot, als ob ich einen Stein auf der Brust hätte . . .«

»Mein linkes Schultergelenk wird ganz heiß . . . beide Schultergelenke sind wie gefesselt, mein linker Arm schmerzt wieder; der Schmerz zieht sich zum Herzen hin . . .«

»Ich habe das Gefühl, als ob man mir meinen Arm amputiert hätte . . .«

»Es drückt mich etwas in den Sessel hinein, ich spüre Arme und Beine nicht mehr . . . ich bekomme keine Luft mehr . . .«

»Seit einigen Tagen ist meine Haut gerötet, es ist, als ob sie brennen würde . . .«

»Die Härchen meiner Haut stellen sich kerzengerade auf, sie sind ganz empfindlich . . .«

»Ich fühle mich ganz kraftlos, es ist, als ob mich jemand zerdrücken und mich nicht mehr hochkommen lassen wollte . . .«

»Es ist, als ob ich irgendwo auf etwas draufgebunden wäre . . . auf eine Art Nagelbrett . . . jemand muß mir etwas an meinem Arm gemacht haben . . . ich habe das Gefühl, wie wenn ich in einer Ohnmacht wäre . . .«

»Da sehe ich einen Kopf, der sich über mich gebeugt hat. Es ist eine Frau mit langen Haaren . . . Jetzt habe ich das Gefühl, als ob ich in einer Gruft liegen würde, und von oben würden irgendwelche Menschen auf mich herunter schauen . . .«

»Jetzt erlebe ich mich wie in einem Sarg. Erde wird zugeschüttet . . . jetzt werden meine Arme und Beine ganz leicht, es wird hell, ich fühle mich wohler . . .«

Über einige Wochen hinweg traten immer wieder solche und ähnliche körperliche Empfindungen auf, verbunden mit

Gefühlen der Angst, der Wehrlosigkeit, des Ausgeliefertseins.

Wer diese Zeilen liest, mag den Eindruck nicht loswerden, daß Theas Zustand sich im Bereich einer Psychose, einer Geisteskrankheit befände. Solche Symptome können tatsächlich bei Menschen auftreten, die an der Grenze zur Schizophrenie angekommen sind. Thea war aber nicht geisteskrank, nur waren ihre Symptome vom üblichen medizinischen und psychologischen Standpunkt aus nicht einsehbar. Hinzu kam, daß nach den Befunden des Hausarztes und des von ihm aufgenommenen Elektrokardiogramms (EKG), des Orthopäden und des Röntgenologen immer deutlicher wurde, daß die von Thea geschilderten Symptome ohne klinischen Befund waren. Es zeigten sich zwar einige Kalkablagerungen im linken Schultergelenk, aber die zahlreichen Beschwerden der Patientin ließen sich daraus nicht ableiten. Sie hatte auch weder Herzrhythmusstörungen, noch die Neigung zu einem Herzinfarkt. Es mußten Symptome sein, die mehr aus dem seelischen Bereich heraus erklärt werden mußten, aber wie?

Zunächst bot sich ein psychosomatisch orientiertes Behandlungskonzept an, bestehend aus Massagen und durchblutungsfördernden Medikamenten einerseits, psychotherapeutischer Arbeit andererseits. Im seelischen Bereich zeigten sich deutliche Störungen in der Eltern-Kind-Beziehung, die sich in schweren Schuldgefühlen und ständiger Unruhe und Angst vor Leistungsversagen niedergeschlagen hatten. Auch die erotisch-sexuelle Ebene war durch eine sehr tabuierte Erziehung im Elternhaus noch immer blockiert. Thea konnte sich einfach nicht loslassen, Zärtlichkeiten nicht annehmen, Zuwendung nicht genießen, erotisch-sexuelle Erlösung nur selten gewinnen.

Aber es blieben Beschwerden, die mit der üblichen Psychotherapie nicht allein angehbar waren. Sie mußten aller Wahrscheinlichkeit nach aus früheren Inkarnationen stammen.

In den für die Reinkarnations-Therapie notwendigen Tiefenentspannungen tauchten immer wieder eine ganze Reihe von körperlichen Symptomen auf:

»Ich habe einen Druck im Kopf, auf der linken Seite ... auch auf der Wirbelsäule ... es ist mir so, als ob jemand meine Oberarme niederdrückt ... mein Kopf wird mir zurückgedrückt, als ob mich jemand in die Kissen hineindrükken würde ... jetzt habe ich in meinen Waden Krämpfe, und mein linker Arm schmerzt immer mehr ... jetzt fängt auch mein Gesicht an, ich habe wie Migräne im Kopf ... jetzt ist es so, als ob man mich von unten her hochdrückt ... der Schmerz wandert in meinen Arm zurück ... unter meiner Haut wird es so wellig, als ob unter meiner Haut etwas schweben würde ... jetzt spüre ich einen Schnitt im Armmuskel ... ich habe einen Schmerz, als ob mir ein Messer in den Körper schneidet ... jetzt habe ich wieder ein Ziehen in der Kniekehle ... in der Herzgegend ein Druck- und Schweregefühl ...«

Das waren eine Reihe von Empfindungen und Gefühlen, häufig wechselnd, schmerzhaft, obwohl man nicht davon ausgehen konnte, daß jemand in der Gegenwart der Patientin einen erkennbaren Schmerz zugefügt hatte.

Nach der reinkarnationstherapeutischen Arbeit traten da und dort noch Nachwirkungen auf, beispielsweise Kopfschmerzen oder Weinkrämpfe, jedoch schlafen konnte die Patientin danach gut. Nach dem Weinen war sie immer wieder wie erlöst. Ansonsten verging kaum ein Tag ohne Beschwerden, wie Thea immer wieder versicherte. So traten auch Angstgefühle auf, daß sie einmal an einer schweren Krankheit sterben und vorher viel leiden müßte.

Über drei Wochen hinweg zeigten sich auf der Haut allergische Reaktionen mit deutlicher Rötung und Juckreiz. Dann waren diese Symptome plötzlich wieder verschwunden. Dann spielten Empfindungen an den Augen eine Rolle, auf, Druck in und hinter den Augen, die Angst vor dem Verlust des Augenlichts. Die Augen brannten ohne erkennbaren

Grund. Allerdings gab es eine Erinnerung an einen schweren Scharlach in der Kindheit, so daß Thea für sechs Wochen ins Krankenhaus eingeliefert werden mußte. Dort konnte sie im Verlauf der Krankheit einige Tage nichts sehen und hatte panische Ängste, blind zu werden.

Die genannten Symptome wurden im Laufe von einigen Wochen verständlicher. Thea erinnerte sich an frühere Inkarnationen, in denen sie Strafen, Foltern, Messerstiche und den Verlust eines Armes erlitten hatte. Einmal war sie auch als angebliche Hexe auf dem Scheiterhaufen verbrannt worden. Im Verlauf einer fürchterlichen Folter war ihr das Augenlicht genommen worden.

Nachdem Thea diese früheren Geschehnisse nochmals nacherlebt hatte, vergingen die Schmerzen zunehmend. Aber ihr Befinden wechselte: mal ging es ihr sehr gut, dann rutschte sie wieder in die alten Schmerzzustände zurück. Wir hatten also noch nicht alles, was Thea bedrängte, gefunden und verarbeiten können.

Eines Tages erlebte Thea eine besondere Bereicherung. Mit ihrem inneren Auge sah sie eine Gestalt, umgeben von roter und weißer Farbe:

»Sie ist so, wie ich mir die Mutter Gottes vorstellen würde ... genau so habe ich sie auch erlebt, als ich in anderen Umständen war ... plötzlich fällt mir das wieder ein ...«

Im Laufe der reinkarnationstherapeutischen Arbeit trat diese lichte Gestalt mehrfach auf. Ich will offen lassen, ob es sich um eine Marienerscheinung handelte. Auf jeden Fall möchte ich jedoch annehmen, daß es sich um eine Wesenheit handelte, die der Patientin gut gesonnen war. Vielleicht war es ihr Schutzengel oder geistiger Führer.

Diese Szenen ließen in Thea die Hoffnung entstehen, daß ihr engelhafte Wesenheiten der anderen Welt helfen würden, aus ihren Schmerzen herauszufinden.

Überhaupt gewann ich in den letzten Jahren immer mehr den Eindruck, daß sich diese Schutzengel oder geistigen Führer da und dort zeigen und zu erkennen geben, daß sie zur Hilfe aus der Transzendenz bereit sind, so weit ihnen das erlaubt ist. Andererseits konnte ich aber auch feststellen, daß es tranzendente Wesenheiten gibt, die man als negative Kräfte, als eine Art Dämonen ansprechen muß. Auch solche erlebte und sah Thea mit ihrem inneren Auge. Sie schilderte das so:

»Da liegt mir etwas schwer auf der Brust ... Da will sich etwas zeigen. Ich möchte am liebsten die Augen aufreißen ... ja, da sitzt mir etwas auf der Brust, hat ein komisches Gesicht, schwarze, dunkle Augen ... jetzt sehe ich ein Gesicht, es sieht so aus wie meine verstorbene Schwiegermutter, zu deren letzter Lebensminute ich zu spät kam ... sie starb vor jetzt ungefähr dreizehn Jahren ... und da ist jetzt ein Mann zu sehen mit einer langen großen Nase ... jetzt bekomme ich wie einen Schlag auf den Hinterkopf ... jetzt wieder das Gesicht wie vorhin, wie das meiner verstorbenen Schwiegermutter ... Ich war damals sehr traurig, weil ich in ihren letzten Stunden nicht mehr mit ihr reden konnte ... Jetzt bekomme ich wieder Atemnot, es wird mir ganz schwarz vor den Augen ... jetzt sehe ich meine Schwiegermutter ganz deutlich vor mir, sie hat jetzt weißes Haar, damals war sie noch rotblond. Sie sieht anders aus, als ob sie halbverwest wäre ...«

Thea erzählte noch einmal, daß sie mindestens zwei Jahre lang ihre verstorbene Schwiegermutter immer wieder im Hause gesehen habe. Das sei ihr eine große Belastung gewesen und habe bei ihr viel Angst und ein Beengungsgefühl auf der Brust ausgelöst. Thea glaubte, daß ihr die Schwiegermutter mitteilen wollte, es solle ihr als Schwiegertochter auch mal nicht besser gehen, als ihr zu Lebzeiten.

Die Aufarbeitung der Beziehung zwischen Thea und ihrer Schwiegermutter zeigte, daß sich die beiden Frauen keineswegs so gut verstanden hatten, wie man aus dem Bericht über den versäumten Abschied von der Sterbenden hätte vermuten können. Es muß wohl ein erhebliches Maß an Ressentiments gegeben haben, denn Thea hatte ihren Mann zuerst gar nicht heiraten wollen. Nur durch die erste Schwangerschaft war es zur Ehe gekommen. Thea hatte jedoch im vierten Monat einen Abgang, so daß nachträglich die Heirat gar nicht mehr notwendig gewesen wäre. Erst als Thea in der Ehe wieder schwanger wurde, konnte sie das Kind austragen.

Nach dieser Lebensgeschichte war es durchaus möglich, daß die verstorbene Schwiegermutter Thea mit negativen Gedanken verfolgte und keineswegs daran interessiert war, daß es ihr gut ging!

Als wir unsere therapeutische Arbeit fortsetzten, traten immer wieder gleiche und ähnliche Empfindungen am Körper auf:

»Ich habe Hände wie Stummel, meine linke Hand ist wie abgeschlagen, ich habe jetzt auch Schmerzen im Genick ... aber jetzt kommt wieder dieses feine Gesicht, das wie die Maria aussieht ...«

Das innere Auge der Patientin öffnete sich immer mehr. Sie erlebte Mißhandlungen, Schläge, Folterungen, einen Tod durch Ertrinken und einen anderen durch Verhungern, Sturz in einen Brunnen, Verbrennen auf dem Scheiterhaufen.

Besonders entscheidend war jedoch, daß Thea in der Tiefenentspannung das Gefühl hatte, daß jemand, den sie zunächst nicht sehen konnte, neben ihr stünde. Dann konnte sie eine schwarze Gestalt entdecken, die sie als Abt bezeichnete. Als Thea am nächsten Tag zu Hause mit Bügeln beschäftigt war, entdeckte sie die gleiche Gestalt bei sich im Zimmer. Beim nächsten Mal sagte sie zu mir:

»Ich weiß nicht, warum ich ihn ›Abt‹ nenne, aber ich habe das Gefühl, als ob er meine zweite Haut wäre. In seiner Nähe war es mir, wie wenn er mich in den Tod treiben wolle ... durch Depressionen, Erschöpfungszustände, die juckenden allergischen Reaktionen an meiner Haut ...«

Als wir wieder miteinander arbeiteten, konnte Thea den Abt wieder neben sich sehen. Es war so, als ob er ihr den Kopf herunter drücken wollte. In der folgenden Nacht tauchten im Traum häßliche, mißgestaltete Tierköpfe auf. Auch die Gestalt des Abtes konnte sie wieder erkennen, neben sich an ihrem Bett stehend. Dabei hatte Thea die Vorstellung, daß dieser Abt von damals in einer früheren Inkarnation ihr heutiger Mann sein könnte.

Weitere Rückerinnerungen zeigten, daß Thea in einer früheren Inkarnation als Nonne mit diesem Abt ein Kind gehabt, man ihr es aber weggenommen hatte. Der Abt verleugnete das Kind und suchte später einen Grund, die Nonne als Hexe verbrennen zu lassen.

Einige Tage später tauchten gravierende Ängste auf. »Da ist etwas, das mich behindert«, sagte Thea. »Mein Kopf und Hals sind wie gelähmt. Ich bin nicht fähig, herauszubekommen, was es ist.«

Thea erlebte ihre Hände wie angebunden, sie schauderte, bekam keine Luft mehr. Masken traten vor ihrem inneren Auge auf. Sie jagten ihr Angst ein. »Es ist, als ob mich etwas blenden würde, damit ich nichts sehen kann«.

Wieder einige Tage später wachte Thea nachts auf, es war gegen ein Uhr dreißig. Sie sah wieder den Abt neben sich stehen. Was wollte er nur von ihr? Thea konnte es nicht herausfinden, sie hatte nur panische Angst.

Während der Therapie entdeckte Thea den Abt wieder, er hatte sich hinter einer Truhe versteckt. Dorthin war das damals getötete Kind gebracht worden. Die Truhe diente als Sarg.

Eines Tages tauchte eine Frau auf. »Ich habe das Gefühl, daß sie mir etwas Schlimmes wünscht, aber was?« fragte Thea. »Ich höre so etwas wie »verdammt in alle Ewigkeit.«

Ein anderes Bild tauchte auf: »Ich habe die Pest!« stellt Thea fest. »Ich spüre, daß ich einen langen wahnsinnigen Leidensweg vor mir habe. Das wurde mir eingegeben; es geht mir durch Mark und Bein. Ich sehe so etwas wie eine zerfressene Hand, fühle mich schwer krank. Ich will auch nicht mehr . . .«

In den nächsten Tagen wurde Theas Gesicht knallrot, die

Drüsen am Hals schwollen ihr dick an. Sie bekam Schmerzen am Hinterkopf, sie fühlte, wie der ganze Rücken zu jucken anfing. Der Hals fühlte sich an, als ob Thea eine eitrige Angina hätte. Thea erlebte nach, wie sie immer schwächer wurde und letztlich an ihrer unheilbaren Krankheit starb. Die Symptome der Pest waren nochmals in ihr aufgeflammt. Und wieder hörte sie eine Stimme: »Du darfst nicht gesund werden!« Thea spürte, daß irgendeine transzendente Macht in ihrer Nähe war, die sie nicht gesund werden lassen wollte!« Thea sah mit ihrem inneren Auge eine Frau mit einer Maske, so daß sie deren Gesicht nicht erkennen konnte.

Eines Tages sagte Thea, daß ihr immer wieder ihr früh verstorbener Vetter einfalle, der in jungen Jahren einen tödlichen Autounfall erlitt. Er war verheiratet und hatte drei kleine Kinder. »Ich meine, er ist mit seiner Seele in meiner Nähe«, sagte Thea plötzlich. »Vor zwölf Jahren war es, daß er von einem betrunkenen Autofahrer überfahren worden war. Mit ihm verstand ich mich sehr gut, er war ein feiner Kerl.«

Merkwürdigerweise hatten die körperlichen Symptome Theas in der Zeit um seinen Tod angefangen!

Vor Theas innerem Auge tauchte das Grab des Vetters mit der Beerdigungszeremonie auf, und dann bekam sie Kopfschmerzen. Die Szene änderte sich plötzlich, und sie erkannte, daß sie in einem früheren Leben die Frau dieses verstorbenen Vetters war, er aber in einem Duell wegen ihr damals tödlich getroffen worden war. Die damalige Mutter hatte ihr entgegengeschleudert: »Du bist schuld, daß mein Sohn nicht mehr lebt.« Thea spürte deutlich, daß sie seinerzeit Schuld auf sich geladen hatte, als sich wegen ihr zwei Männer bekämpften. Von diesem Mann hatte Thea damals ein uneheliches Kind. Thea konnte nun das Gesicht der Frau, die sich vorher verhüllt hatte, deutlich erkennen. Es war die damalige Mutter des jungen Mannes, der im Duell gestorben war.

Ihre Worte von der Schuld am Tode des Sohnes hatten in

der damaligen Thea so starke Schuldgefühle gesetzt, daß sie bis in die Gegenwart darunter litt!

Theas Geschichte mag wie ein Kriminalroman klingen. Die Erfahrung aus der reinkarnationstherapeutischen Arbeit zeigt jedoch immer wieder, daß nicht nur Rückerinnerungen an frühere eigene Fehler sich als Angst und Schmerz niederschlagen können, sondern auch die bösen Wünsche, Verwünschungen, Flüche anderer Menschen bis hin zu dämonischen Kräften.

Auch muß man heute immer noch annehmen, daß es Formen von Besessenheit gibt. In diesem Falle sind es oft Wesenheiten, die nach ihrem persönlichen Tod nicht in die andere Welt hinübergehen können oder wollen, so etwas wie erdgebundene Seelen sind und sich sensible oder sonstwie geschwächte Menschen suchen, durch deren Körper sie zeitweise wirken können.

Warum die Mutter nicht zärtlich sein konnte

Verstrickungen um eine Totgeburt

Irmgard war neunundvierzig Jahre alt, von Beruf Sportlehrerin an einem Gymnasium. Sie ist verheiratet; der Ehemann wohnt die Woche über in der gemeinsamen Wohnung, Irmgard hat aber noch eine Wohnung am Schulort, wo sie unterrichtet. Das Wochenende verbringt das Ehepaar im allgemeinen gemeinsam. Die beiden Töchter sind bereits erwachsen und haben ihren eigenen Hausstand.

Einige Monate vorher hatten sich erhebliche Schmerzen an der Brust- und Lendenwirbelsäule eingestellt, die Irmgard beruflich fast lahmlegten. Manchmal meinte sie, sie müsse aufschreien. Medizinisch war ein Bandscheibenschaden diagnostiziert worden.

Irmgard stammt aus einer Pastorenfamilie. Die beiden Kinder, Irmgard und ihr sechs Jahre jüngerer Bruder Sven, wurden streng erzogen. Schließlich saß man ja in der Gemeinde »auf dem Präsentierteller« und wurde ständig beobachtet.

Der Vater war in der Nachkriegszeit als Pfarrer in drei Gemeinden tätig und mehr als überlastet, so daß er für seine Frau, Irmgard und Sven nur sehr wenig Zeit erübrigen konnte. Sein Arbeitszimmer war für ihn aber auch eine »Fluchtburg«, weil er mit seiner Ehe erhebliche Schwierigkeiten hatte.

Irmgards Mutter, ursprünglich strenggläubige Katholikin, war mit der Eheschließung zum evangelischen Glauben konvertiert. Mit der lebens- und leibfeindlichen katholischen Tradition in ihrer Familie war sie schon lange nicht mehr zurechtgekommen. Vom evangelischen Bekenntnis erwartete sie mehr Offenheit, Toleranz und persönliche Freiheit, vor allem jedoch Entlastung von der sexuell tabuierten Erziehung ihres Elternhauses. Dort hatte sie gelernt, sich mit ihren Gefühlen zurückzuhalten und stets die ihr auferlegten Pflichten gegenüber Gott und Kirche in den Vordergrund ihres Lebens zu stellen.

Die Ehe von Irmgards Eltern war nach außen hin in Ordnung, aber insgeheim muß es zwischen ihnen, vor allem im Schlafzimmer, oft Streit gegeben haben, der vor den Kindern versteckt wurde. Zunehmend fühlte sich die Mutter vom Leben betrogen. Irmgards Eltern hatten ursprünglich drei Kinder. Irmgard selbst war 1938 geboren, dann kam eine Schwester 1942, die eine Totgeburt gewesen sein sollte, auf die Welt und zuletzt der Bruder 1944. Über die totgeborene Schwester verloren die Eltern kein Wort. Irmgard gewann jedoch den Eindruck, daß sich um sie eine Art Geheimnis gebildet hatte.

Irmgard verstand sich mit ihrer Mutter nicht gut, denn diese hatte eine zwingende Art in ihrem Erziehungsstil. Wenn die Tochter sich gegen den Willen der Mutter auflehnte, konnte sie hören: »Du bist ja so egoistisch, du könntest über Leichen gehen!« So wurde Irmgard immer vorsichtiger, stiller und zurückhaltender, um ihre »alte Dame« nur ja nicht zu provozieren.

Auch als die Tochter längst erwachsen war und ihr Studium beendet hatte, gab es die Mutter nicht auf, Irmgard ihren Willen aufzuoktroyieren. Das ging so weit, daß sie einen Selbstmordversuch unternahm, als die junge Lehrerin aus dem Elternhaus ausziehen und sich eine eigene Wohnung nehmen wollte.

Die Mutter war 1977 gestorben. Zuvor hatte sie einen Schlaganfall mit nachfolgender Lähmung erlitten und sechs Wochen im Koma gelegen. In den letzten Tagen ihres Lebens war sie fast nicht mehr ansprechbar. Irmgard war damals neununddreißig Jahre alt.

Diese letzten Lebenswochen der Mutter waren für Irmgard sehr belastend. Sie sah, daß sie für die Mutter nichts mehr tun konnte, aber auch kein Gespräch mehr zwischen ihnen beiden möglich war.

Während Irmgard ihre Mutter im Krankenhaus mit versorgte und oft bei ihr wachte, erinnerte sie sich nochmals an ihre Kindheit und Jugend. Wie ein Film zogen die früheren Erlebnisse an ihr vorbei.

Als ein Jahr nach der Eheschließung das erste Kind unterwegs war und Irmgard ihrer Mutter die freudige Nachricht überbrachte, bekam sie nur den Ausruf: »Ach, du lieber Gott!« zu hören. Dieses erste Kind kam jedoch nicht lebend zur Welt! Irmgard hatte im dritten Monat einen Abgang. Man hatte ihr in der Klinik gesagt, daß der Fötus schon ganz schwarz gewesen wäre. Als Irmgard wieder schwanger wurde, hatte sie große Sorge, das Kind wieder nicht austragen zu können.

Irmgard wartete dieses Mal einige Wochen länger, bevor sie ihrer Mutter von der erneuten Schwangerschaft erzählte. »Sie machte mich richtig fertig«, erinnerte sich die damals werdende Mutter. Sie schrie mich an: »Wie kannst du nur ein Kind in die Welt setzen, wo es so viele Kinder ohne Eltern gibt!«

Von da an zog sich Irmgard immer mehr von ihrer Mutter zurück und beschränkte sich auf konventionelle Kontakte zu Geburtstagen und sonstigen Familienfeiern.

Mit Schrecken erinnerte sich Irmgard an eine Auseinandersetzung mit ihrer Mutter, als sie einmal mit ungefähr achtzehn Jahren ihre Vorstellungen verteidigte. Der Mutter rutschte vor Zorn der Satz heraus: »Ich verfluche dich!« Irmgard nahm diesen Fluch zwar von ihrem Bewußtsein her nicht an, aber der Ausspruch der Mutter saß tief in ihrem Unbewußten.

Als ich Irmgard kennenlernte, war die Mutter bereits über zehn Jahre verstorben, aber immer noch wirkte die Belastung durch sie in Irmgard nach. Sie erinnerte sich, daß eigentlich schon, als sie erst zwölf Jahre alt war, erstmals Schulter- und Rückenschmerzen auftraten, vor allem, wenn sie sich aufgeregt hatte und ihren Ärger aufstauen mußte. Einmal war sie von der Mutter so hart geschlagen worden, daß sie an einem Auge eine blutunterlaufene Stelle bekam. Trotzdem mußte Irmgard in die Schule gehen. »Sie hatte blindlings auf mich eingeschlagen«, erinnerte sich Irmgard. »Ich war damals ungefähr sechzehn Jahre alt.«

In der Tiefenentspannung holten wir während unserer psychotherapeutischen Arbeit nochmals das Krankenzimmer der Mutter vor Irmgards inneres Auge. Sie konnte die gelähmte Mutter deutlich erkennen, hatte ihren Körpergeruch in der Nase, bemerkte, wie die Mutter nochmals mit ihr sprechen wollte, es ihr aber nicht mehr gelang.

Für Irmgard wurde es von Tag zu Tag qualvoller, das Zimmer der Mutter zu betreten. Sie hatte sogar Angst davor, daß die Mutter noch einmal zum Bewußtsein kommen und ihr irgendein böses Wort entgegenschleudern könnte.

Als wir die Mutter-Tochter-Beziehung psychotherapeutisch bearbeiteten, hatte Irmgard plötzlich ein Gefühl, als ob ihre verstorbene Mutter neben ihr stehen würde und ihr irgend etwas mitteilen wollte. Und tatsächlich, in der Tiefenentspannung gewahrte Irmgard die Gestalt ihrer verstorbenen Mutter.

Irmgard durfte das Leben ihrer Mutter zurückverfolgen. Sie zeigte ihr einige wesentliche Ausschnitte ihres vergangenen Lebens. Die Mutter hatte einen Zwillingsbruder, der jedoch bei der Geburt gestorben war. Der gewünschte Stammhalter wurde wieder abberufen, während sie – »nur ein Mädchen« – am Leben blieb. Die eigene äußerst strenge Erziehung war von den Eltern auf ein Leben als Nonne ausgerichtet, in das die Mutter ab ihrem sechzehnten Lebensjahr eintreten sollte, sich jedoch dagegen wehren konnte.

Irmgards Mutter war allem Anschein nach vor ihrer Ehe schwanger. Die Eltern kamen dahinter, und das Kind mußte abgetrieben werden. Wahrscheinlich erlebte Irmgards Mutter das in ihrer Ehe zweite totgeborene Kind als Strafe Gottes.

Entscheidend für Irmgard war nun, daß sie mit ihrem inneren Auge sehen konnte, was es mit der angeblich totgeborenen Schwester auf sich gehabt hatte. Sie hatte nämlich bei der Geburt gelebt, war aber mißgestaltet mit nur einem richtig ausgeformten Bein, während das andere verkümmert war. Die Vagina des Babys war wie verschlossen, so daß das Neugeborene wohl niemals zu einer gesunden Frau hätte heranwachsen können.

Dem Pastor und Vater des Kindes wurde nahegelegt, das Kind unversorgt zu lassen, damit es in Ruhe sterben könnte und nicht das Leben eines mißgestalteten Menschen führen müßte. Für die Eltern sicher ein verständlicher medizinischer Rat, zumal in der Zeit des Dritten Reiches.

Der Vater konnte mit dieser Belastung fertig werden, nicht jedoch die Mutter. Sie erlebte das mißgestaltete Kind, das nun nicht leben konnte und durfte, als persönliche Strafe für sich selbst. Ihre Weiblichkeit wurde dadurch noch mehr belastet als vorher schon. Weder ihrem Mann, noch ihrer Tochter Irmgard und dem später geborenen Sohn Sven konnte sie Zärtlichkeit geben oder deren Zuwendung beantworten. Sie verhärtete, erkaltete regelrecht mit ihren Gefühlen und reagierte immer autoritärer, um dahinter ihre eigene verwundete Seele zu verstecken. Irmgard hatte nun Mitleid mit ihrer Mutter und konnte für sie mehr Verständnis aufbringen. Die verstorbene Mutter an Irmgards Seite bat ihre Tochter um Verzeihung. Sie habe ihr oft wehgetan, und es tue ihr leid, was sie falsch gemacht habe.

Irmgard fiel es nicht leicht, allen Groll gegen ihre Mutter aufzugeben, aber sie machte sich auf den Weg des Verzeihens.

Irmgard folgte einem Vorschlag, den ich schon vielen Patienten machte: Sie zündete als Zeichen der Versöhnung in einer Kapelle eine Kerze an.

An dieser Stelle ist vielleicht ein persönliches Wort fällig. Ich stamme väterlicherseits aus einer schlesischen Familie mit Hugenotten als Vorfahren, während meine Mutter in Bamberg in katholischer Tradition aufwuchs. So lernte ich früh die beiden religiösen Auffassungen der evangelischen und katholischen Kirche kennen.

Nach dem letzten Weltkrieg als Schüler der Oberschule in Aalen/Württemberg hatte ich viele Gespräche mit meinen katholischen Banknachbarn und manche kritische Diskussion mit den evangelischen Pfarrern in meinem Religionsunterricht. Zur Feier des Abiturs saß ich abends zwischen dem evangelischen und katholischen Geistlichen, im nachhinein ein fast symbolischer Sitzplatz!

Die beiden Sichtweisen der evangelischen und katholischen Kirche wurden mir erst viele Jahre später sowohl im privaten als auch im beruflichen psychotherapeutischen Bereich schmerzhaft bewußt, als ich mich noch über das Versagen des einen oder anderen Geistlichen und dessen enge Auslegungen der Kirchengesetze aufregte.

Mein heutiger Standpunkt ist, daß wir Institution und Religion nicht gleichsetzen sollten. Überall im Leben gibt es »solche und solche«, finden wir Stärken und Schwächen; und das gilt auch für die kirchliche Gemeinschaften. Letztlich sind wir alle »auf dem Wege« und wollen dem göttlichen Willen gerecht werden, jeder auf seine Weise.

Die katholische Kirche konnte nach meiner Auffassung viel spirituelles Gedankengut aus der Vergangenheit in die Gegenwart retten, ohne daß ihre Vertreter es vielleicht selbst zur Kenntnis nehmen wollen. Ich denke an den tiefen Sinn der beiden Feiertage Allerheiligen und Allerseelen mit der Fürbitte für die Verstorbenen, den Gedanken an die erdgebundenen Seelen bis hin zur Besessenheit, die Kraft des Weihwassers, über dem ein Gebet gesprochen wurde, die schützende Kraft des Kreuzeszeichens, das die Chakras vor dem Gebet öffnet, nach dem Gebet wieder schließt.

Zurück zu den Kerzen: Sie sind ein Symbol des Lebens, sie helfen von außen her ein inneres Licht zu entzünden; sie sind Zeichen des Friedens.

Irmgard entzündete einige Tage nach der oben dargelegten Thematik in einer Kapelle eine Kerze. Sie sollte Ausdruck des Verzeihens und der Fürbitte für ihre verstorbene Mutter sein.

Als Irmgard das nächste Mal in die Tiefenentspannung hineingeglitten war, erschien vor ihrem inneren Auge nochmals ihre Mutter und bedankte sich für Verständnis und Hilfe. Wir gewannen den Eindruck, daß sie nunmehr nicht mehr erdgebunden war, sondern frei von hier in die andere Welt hinübergehen konnte.

Für Irmgard selbst löste sich der Fluch der Mutter auf! Diese verabschiedete sich von ihrer Tochter sogar mit Worten des mütterlichen Segens. Die früheren Rückenschmerzen sind heute verschwunden. Irmgard fühlt sich befreit von Bürden, die sie jahrelang auf ihren Schultern mit sich herumgetragen hatte.

Warum hast du uns verlassen, warum hast du das getan?

Verwünschungen, die über den Tod hinaus weiterwirken

Über ein Tal im südlichen Schwarzwald schwingt sich eine hohe Eisenbahnbrücke. Wer auf ihr steht, könnte einen intensiven Sog nach unten spüren ...

In den zwanziger Jahren stand eine junge Frau, Maria mit Namen, auf dieser Brücke. Sie war von einem im Tal liegenden Dorf hinaufgehetzt und wollte von oben in die Tiefe schauen, vielleicht auch durch einen Sturz hinunter ihrem sinnlos gewordenen Leben, wie sie meinte, ein Ende setzen. Maria war verzweifelt von zu Hause weggelaufen. Ihre beiden kleinen Töchter, die siebenjährige Barbara und die fünfjährige Sonja, hatte sie bei der Großmutter gut versorgt zurückgelassen.

Maria hatte großen Kummer. Ihr Mann hatte sie, Barbara und Sonja, einer anderen Frau zuliebe verlassen. Maria, gerade fünfunddreißig Jahre alt geworden, wußte nicht mehr weiter. In ihrer Not suchte sie Vergessen, sie stürzte sich von der hohen Brücke in die Tiefe ... sie war sofort tot.

Maria hatte ein Nachtod-Erleben, das sie Jahrzehnte später, als sie sich wieder inkarniert hatte, als Rückerinnerung in ihr Bewußtsein holen konnte.

Sie sah sich wie in einem Traum leblos unten im Tal liegen, ihre Seele hatte sich vom Körper gelöst und schwebte darüber. Kaum dem damaligen Leben entflohen, plagten sie Skrupel, Selbstvorwürfe, Schuldgefühle. Es wurde ihr grausam bewußt, daß sie ihre beiden Kinder bei der Großmutter zurückgelassen hatte. Maria erkannte ihre damalige Umwelt wieder:

»Ich sehe meine Kinder vor dem Haus spielen. Sie wissen noch nicht, daß ich von ihnen weggegangen bin. Es muß gleich frühmorgens gewesen sein, als ich zur Brücke hinaufstieg und mich von oben hinunterstürzte.«

Margrit, so heißt heute die damalige Maria, weinte bitterlich, als sie diese Szene mit ihrem inneren Auge nacherlebte. Sie lag in der Tiefenentspannung in meinem Therapiezimmer. Ihre Rückerinnerungen als Maria, die sich im Jahre 1924 in einer Depression das Leben genommen hatte, liefen wie ein Film ab. Sie war nochmals ganz von der Not ihres damaligen Lebens und der Zeit danach gefangen:

»Die Großmutter, meine Mutter, erklärt den Kindern, daß ihre Mutter nicht mehr lebe, weil sie verunglückt sei. Sie sind ganz verzweifelt, mit ihren fünf und sieben Jahren hätten sie mich so dringend gebraucht, und die Oma ist auch nicht mehr die Jüngste . . .«

Margrit erlebte nach, wie sie als Maria »von drüben aus« immer wieder in der Nähe ihrer Kinder war, ohne sich ihnen bemerkbar machen zu können. Sie konnte keine Ruhe finden, so lange sie nicht wußte, daß es ihren Töchtern in Zukunft gut gehen würde. Sie fühlte sich auch wie festgebunden an ihre frühere Umgebung und das Haus der Großmutter, in dem sie mit den Kindern gelebt hatte:

»Die Großmutter versorgt meine beiden Kinder, aber sie sind weiterhin niedergeschlagen, werden mit dem frühen Tod ihrer Mutter nicht fertig . . .

Nun kann ich meinen damaligen Ehemann sehen und erkennen, wie es ihm lästig ist, seine Töchter und meine Mutter zu besuchen. Für ihn ist es nur Pflicht. Es ist keine seelische Bindung mehr da zwischen ihm und den Kindern . . .

Sonja und Barbara hängen nun mit abgöttischer Liebe an ihrer Oma und leben, als sie älter werden, ständig in der Angst, daß auch sie ihnen bald durch den Tod genommen werden könne. Sie sind nun schon fünfzehn und siebzehn Jahre alt und sorgen jetzt mehr für meine Mutter, als diese sich um sie kümmern kann.«

Über viele Jahre hinweg blieb Maria in der Nähe ihrer

Kinder und ihrer Mutter; sie konnte sich von ihnen nicht trennen. Maria konnte miterleben, wie die älteste Tochter Barbara einen sehr lieben Mann heiratete, während die andere noch bei der Oma lebte und sie nun verpflegte.

Die alte Frau, vielleicht inzwischen um die siebzig Jahre alt, war kränklich geworden, mußte meist das Bett hüten und wurde von Sonja liebevoll versorgt. In ihren letzten Tagen prägte sie ihren beiden Enkelinnen ein, daß sie ihre Mutter niemals vergessen dürften, denn sie hätte ihre beiden Kinder immer sehr geliebt.

Als die Großmutter ihrem körperlichen Ende entgegen ging, war Maria in ihrer Nähe und erwartete sie. Als sich die Seele der Sterbenden von ihrem Körper gelöst hatte, trat Maria auf ihre Mutter zu, empfing sie in der jenseitigen Welt und bedankte sich bei ihr für die aufopfernde Betreuung ihrer Kinder. Mit spürbarer Erleichterung erlebte die heutige Margrit nach, wie die damalige Mutter ihr als Tochter Maria nach dem Tode den damaligen Selbstmord verzieh.

Für die beiden Mädchen, die inzwischen zu jungen Frauen herangewachsen waren, war der zweite Tod eines von ihnen geliebten Menschen wieder ein gravierendes Ereignis, das sie ernster und stiller werden ließ.

Nach dem Tod der Großmutter war die ältere Tochter zwar in ihrer Ehe versorgt, aber die jüngere wurde mit dem Tod der Mutter und der Großmutter nicht fertig. Im Laufe von wenigen Jahren wurde sie kränklich, fühlte sich immer schwächer werden, mußte sich oft hinlegen und ausruhen.

Maria blieb weiterhin an die Gegend ihres früheren Lebens gebunden. Sie spürte immer wieder Reue, weil sie ihre Kinder allein gelassen hatte, obwohl sie inzwischen längst erwachsen waren:

»Wenn sich meine jüngere Tochter hinlegt, setze ich mich neben sie und bin bei ihr. Manchmal lächelt sie auch, als ob meine Nähe beruhigend auf sie wirken würde ... Jetzt sehe ich, wie sie auf ihr eigenes Lebensende zugeht. Sie blieb unverheiratet und ist wohl erst Mitte vierzig alt ... Sie freut sich, als wir uns nach ihrem Tod wiedersehen; wir fallen uns in die Arme. Sie freut sich, daß sie wieder bei mir ist, auch die Oma ist nunmehr zu uns gekommen ...«

Die frühere Maria ist heute als Margrit verheiratet und hat eine Tochter. Vor zwölf Jahren eröffnete sie eine heute gut gehende Boutique.

Als Margrit fünfunddreißig Jahre alt war, trat immer wieder eine Migräne auf, die von Monat zu Monat schmerzhafter wurde. Hinzu kamen Angstzustände. Margrit konnte in ihrem Laden nicht mehr allein sein, und sie war auch nicht mehr in der Lage, ohne Begleitung zum Einkaufen zu gehen oder mit dem Wagen zu fahren. Zunehmend kam sie sich wie in einem Gefängnis vor. Die Angstzustände hatten ihren Lebensnerv getroffen. Immer wieder traten depressive Zustände auf. Manchmal hatte sie Zeiten, in denen sie am liebsten ihrem Leben ein Ende gesetzt hätte, wenn nicht die Familie gewesen wäre.

Die Ängste waren es vor allem, die Margrit vor einigen Jahren in eine psychotherapeutische Behandlung führten, die ihr aber keine endgültige Hilfe bringen konnte. Auch bestens ausgewählte Medikamente halfen langfristig nicht, weder bei ihrer Migräne, noch bei ihren depressiven Phasen.

Für Margrit war es notwendig, eine Reihe ihrer früheren Inkarnationen nachzuerleben, bis Körper und Seele miteinander in Einklang waren. Sie mußte erst noch wichtige Erkenntnisprozesse durchlaufen, bevor ihre Seele bereit war, den Körper wieder ganz gesund werden zu lassen.

Es zeigte sich, daß es nicht allein der Selbstmord im Jahre 1924 als Maria war, der sie mit Schuldgefühlen belastete, sondern eine wie ein Fluch wirkende Verwünschung der damaligen Tochter Barbara.

In der weiteren reinkarnationstherapeutischen Arbeit erlebte Margrit das Leben ihrer damals älteren Tochter Barbara nach. Diese war zwar glücklich verheiratet gewesen, aber durch einen tödlichen Unfall des damaligen Mannes wurde sie früh Witwe und haderte deshalb mit ihrem Schicksal. Es war nach dem Tod der Mutter, der Großmutter und der jüngeren Schwester Sonja der vierte Verlust eines ihr nahegestandenen Menschen. Es verdroß sie, daß alle ihre Lieben ihr genommen worden waren und sie niemanden bei sich behalten durfte. In Selbstgesprächen machte sie ihrer verstorbenen Mutter Vorwürfe, daß sie damals ihre Kinder verlassen und nicht an sie gedacht hätte. Ein Verzeihen des mütterlichen Suizids war ihr unmöglich.

Margrit erlebte als die verstorbene Maria nach, wie auch das Leben Barbaras zu Ende ging. Traurig mußte sie mit ansehen, daß es auch nach dem Tode der Tochter kein Verständnis für sie gab:

»Meine ältere Tochter kann mir nicht verzeihen. Sie gibt mir die Schuld, daß ich zuerst davon gegangen wäre und damit die Reihe derjenigen angeführt hätte, die sie im Laufe der Jahre verließen.

Und nun schleudert sie mir entgegen, daß ich kein glückliches Leben mehr führen solle, denn ich hätte ihr zu großen Schmerz zugefügt ...

Ich werde immer stiller und einsamer. Meine Tochter freut sich darüber, sie lacht mich sogar aus ...

Zu einem späteren Zeitpunkt höre ich, wie Barbara zu mir sagt, sie ginge jetzt ganz weg von mir, und sie fügt hinzu, daß ich immer meine Schuld behalten und nie mehr glücklich werden solle. Ich erlebe ihre Worte wie eine Verwünschung oder einen Fluch . . .«

Margrit war tief betroffen, als diese Szene vor ihrem inneren Auge ablief. Sollten die Migräne und die Angstzustände der letzten Jahre die Folge einer Verwünschung, vielleicht sogar eines Fluches sein? Wenn ja, dann hätte sie nichts dagegen tun können, wäre wie ausgeliefert gewesen.

Die ältere Tochter Barbara hatte sich relativ schnell wieder inkarniert. Margrit konnte sie sehen als ein junges, ausgelassen tanzendes Mädchen. Sie hatte sich zwei einfache Leute als Eltern ausgewählt, denen sie zunehmend mit ihrem Verhalten »auf der Nase herumtanzte.« Margrit mußte mit ansehen, wie die damalige Barbara, die jetzt Tina hieß, eine regelrechte Vergnügungssucht entwickelte, ihre Lebenskraft bis zum Letzten ausschöpfen und keinerlei Verantwortung für andere Menschen übernehmen wollte. Ihren Mann ließ sie ohne Zärtlichkeit neben sich dahinleben.

Wir versuchten während Margrits Tiefenentspannung herauszufinden, wie sich Tinas Leben fortsetzte. Margrit konnte es deutlich wahrnehmen:

»Ich sehe sie in einem Bett liegen, ganz allein, sie scheint schwer krank zu sein. Sie beginnt, über sich und ihr Leben nachzudenken, empfindet es nun als leichtsinnig und gedankenlos. Ich sehe, wie sie ihre Eltern und ihren Mann um Verzeihung bittet. Sie spürt, daß sie nicht mehr lange zu leben hat, und sie schläft dann auch ein ...

Ich sehe sie sterben, ohne daß sie sich nach ihrem Tode zurechtfinden kann. Ich beobachte sie aus der Ferne. Sie entdeckt mich, erkennt mich aber nicht mehr ...

Es ist einige Zeit vergangen. Sie schaut immer wieder zu mir her, versucht zu lächeln, winkt mir zu ...

Eines Tages kommt sie zu mir, fragt mich, wie es mir ginge, wir seien doch alte Bekannte. Sie nimmt mich am Arm, ich freue mich riesig ... ich sage nichts, weil ich mir zu armselig vorkomme. Ich meine, daß ich ihr nicht sagen darf, daß sie einmal meine Tochter war ... auf einmal ist sie wieder verschwunden ...«

Der Kontakt zwischen Maria und ihrer früheren Tochter Barbara, die sie nach dem Leben als Tina nur als irgendeine alte Bekannte bezeichnet hatte, war abgebrochen. Das hing damit zusammen, daß sich Maria zu einer weiteren Inkarnation entschlossen hatte:

»Ich bin ein kleines Mädchen, sehr scheu und ängstlich, wachse allein auf ... es muß Krieg sein ... ich lebe in einer Stadt, die vom Krieg bedroht wird ... es kann Freiburg sein ... mein Name ist Karin ...«

Maria erlebte als Karin, die in die erste Schulklasse ging, den Bombenangriff auf Freiburg am 27. November 1944 nach. Die Menschen rannten zu den Bunkern, auch Karin mit ihrer Mutter. Schüchtern und ängstlich, wie sie damals war, ließ sie sich von den Menschenmassen, die in einen der Bunker drängten, zur Seite schieben und ließ ihnen den Vortritt. Letztlich wurde die Stahltür geschlossen und Karin blieb, von den anderen unbemerkt, draußen in der Dunkelheit stehen, den Bomben, Splittern und zusammenbrechenden Häusern ausgeliefert:

»Da ist ein Haus eingestürzt, es brennt, ich muß einen glimmenden Balken auf den Kopf bekommen haben. Ich merke noch, wie meine Kopfhaare angesengt werden, dann stürze ich zu Boden, werde ohnmächtig, mein Körper verbrennt ... Ich weiß, daß mein Vater an der Front ist. Meine Mutter hatte mich im Gedränge verloren. Sie sucht mich nach dem Angriff, findet mich aber nicht mehr ...«

Eine weitere Aufgabe unserer reinkarnationstherapeutischen Arbeit galt Barbara/Tina und der Frage, ob die damalige Verwünschung noch nachwirken könnte.

Wir verfolgten den Weg der im letzten Krieg umgekommenen Karin hinüber in die andere Welt, und wir wollten herausfinden, ob die damalige Tochter ihre ablehnende Haltung beibehalten hatte. Margrit erlebte nach, wie die im Krieg umgekommene Karin von Barbara in der anderen Welt erwartet wurde und berichtete, was sie mit ihrem inneren Auge sehen konnte:

»Es ist, als ob sie mich erwarten würde. Ich erlebe mich als ängstlich und gespannt, wie sie mir begegnen würde, ob sie mich wieder beschimpft ... ich sehe, wie ich drüben bin, ich stehe verschüchtert da, ich kann mich nicht orientieren. Ich weiß nicht, was ich machen soll. Jetzt werde ich erkannt. Ich höre Worte wie: ›Du bist nicht meine Mutter ... Du hast mich allein gelassen ... Ich mag dich nicht mehr ... Wie konntest du so etwas tun? Du sollst auch nicht mehr glücklich werden ... Du sollst immer ein schlechtes Gewissen behalten ... Du sollst eine schwere Last zu tragen haben ... Du bist eine richtige Rabenmutter ... Gott soll dich dafür strafen, daß du deine Kinder verlassen hast! Man läßt doch nicht zwei Kinder zurück und macht sich aus dem Staub ... Ich gehe jetzt; ich will nichts mehr mit dir zu tun haben!‹

Ich bin traurig. Diese Worte haben mich im tiefsten Inneren getroffen.«

Als Margrit zu den nächsten Therapiestunden erschien, wollten wir versuchen, Barbaras wie auch Tinas verwünschende Worte aufzulösen, die Margrit bis in dieses gegenwärtige Leben hinein zu bedrängen schienen.

Wir gingen davon aus, daß die damalige Tochter drüben in der anderen Welt sicher auch keine Ruhe finden könnte, wenn sie die jahrelangen Beschwerden ihrer Mutter mit ansehen müßte. Margrit ihrerseits hatte ein Gefühl, als ob ihre frühere Tochter darauf warte, sich ihr zeigen und ihr etwas mitteilen zu können.

In der Tiefenentspannung konnte Margrit tatsächlich ihre frühere Tochter sehen. Margrit weinte vor Ergriffenheit. Sie sah Barbara/Tina ganz deutlich und wurde von ihr gebeten, ihr nichts mehr nachzutragen. Sie sei ergriffen von dem, was sie gesehen habe. Es schmerze sie, daß sie ihre damalige Mutter so lange mit ihren Rachegedanken verfolgt habe. Margrit möge für sie beten. Ganz sicher würden sie sich in Frieden und Freude begegnen, wenn Margrit eines Tages von dem gegenwärtigen Leben Abschied nehmen würde.

Barbara/Tina bat Margrit auch darum, mit ihrer gegenwärtigen Mutter Frieden zu schließen, auch wenn sie von ihr nie voll angenommen worden wäre. Sie würde bald von ihrem Leiden erlöst werden. In der Tat, Margrits Mutter hatte vor einigen Monaten eine schwere Operation durchgestanden und sich davon lange nicht erholen können.

Margrit erkannte eine Schicksalsverkettung, die sich vor allem zwischen ihr als Maria und der Tochter Barbara abgespielt hatte. Ihren Verbrennungstod als Karin während des Angriffs auf Freiburg erlebte Margrit als ein Opfer ihres jungen Lebens. Aber dieses Opfer war von Barbara nicht angenommen worden. Sie hatte keine Erlösung von ihren

Schuldgefühlen als Maria, die sich 1924 von der Brücke gestürzt hatte, gefunden.

Erst jetzt, nachdem Margrit mit ihrem inneren Auge ihre Vergangenheit erfahren hatte und verarbeiten konnte, war alter Druck von ihr gewichen.

Margrit selbst trug ihrer Tochter Barbara nichts mehr nach, und Barbara konnte ihre Aggressionen gegen Maria, ihre frühere Mutter, abbauen. Beide, Margrit hier in der Welt, Barbara drüben, konnten sich einschwingen auf die tiefe Bedeutung der Bitte ». . . und vergib uns unsere Schuld, wie auch wir vergeben unseren Schuldigern . . .«

Margrits Seele hatte sich jahrelang gegen die Gesundung ihres Körpers gewehrt, bis der Bann gebrochen, die Verwünschung durch Verzeihen und Vergeben ihre fatale Wirkung verloren hatte.

Übrigens, Marias Mann, der sie und die Kinder damals verlassen hatte, ist Margrits heutiger Ehemann. Er liebt seine Frau und will sie auf keinen Fall (nochmals) verlassen.

Was ist nur mit unserem Haus los?

Gerhard und Liselotte bauten vor fünfzehn Jahren ein Einfamilienhaus mit einem Ladenanbau für eine Buchhandlung. Das Ehepaar mit der zwölfjährigen Tochter Angela hatte ein größeres Grundstück neben Gerhards Elternhaus erwerben können, das auch den besonderen Vorteil hatte, nur wenige Kilometer von seiner Arbeitsstelle entfernt zu sein. Bevor mit dem Bau begonnen werden konnte, mußte jedoch das in dem verwahrlosten Garten stehende alte Bauernhaus mit einem unterkellerten Schuppen abgebrochen werden. Die Familie freute sich riesig, als sie in das neue Haus im Schwarzwaldstil einziehen und die auf Taschenbücher spezialisierte Buchhandlung eröffnet werden konnte.

Nicht lange nach dem Einzug wunderte sich Gerhard, daß seine Frau nicht mehr allein mit dem Hund spazieren gehen und mit dem Auto einkaufen fahren wollte. Auch fiel ihm auf, daß Liselotte ihre Kunden im Laden immer wieder in längere Gespräche verwickelte. Die in der unmittelbaren Nachbarschaft wohnende Schwiegermutter bat Liselotte immer öfter mit nach Ausrede klingenden Worten, ihr dies und jenes im Haushalt zu helfen oder nur einfach im Laden mit anwesend zu sein. Auffallend war für Gerhard auch, daß seine bisher sehr aktive Ehefrau immer langsamer ihre täglichen Aufgaben in Haushalt und Geschäft verrichtete, ja, er hatte das Gefühl, wie wenn sie bleischwere Hände bekommen hätte und ihr alles besondere Mühe machen würde. Totmüde sank sie dann abends ins Bett, nachdem sie mehr oder weniger lustlos den Tag verbracht hatte.

Mehrere medizinische Behandlungen hatte Liselotte absolviert. Seitdem waren Herzstiche und Kopfschmerzen verschwunden, sie konnte auch wieder wesentlich besser schlafen und wachte morgens frischer als vorher auf. Trotzdem blieben Unruhe, Nervosität, Angst in ihr, sowie sie allein im Haus oder in der Buchhandlung war:

»Ich bekomme Zustände, wenn niemand da ist, ich fühle mich dann wie bedroht, ja, wie wenn mich jemand bedrängen wollte, obwohl ich doch weiß, daß niemand da ist und ich nichts zu befürchten habe!«

Als ich mit Liselotte ihre bisherige Anamnese aufnahm, wurden einige Belastungen aus ihrer Kindheit und Jugend deutlich. Die Eltern hatten sie auch noch als Erwachsene immer wieder wie ein unerfahrenes, unmündiges Mädchen behandelt, dem man noch sagen müßte, »wo es langgeht«. Diese Eltern-Kind-Problematik, an der viele Erwachsene leiden, konnten wir aufarbeiten, aber es mußte noch andere Hintergründe ihrer Angst geben. Nachdem diese eindeutig mit dem Haus verbunden war, ohne daß irgend etwas auffiel, was mit dem Verstand zu fassen war, machten wir uns mit der in der Reinkarnationstherapie verwendeten Tiefenentspannung auf die Suche.

In ihrer Vorstellung tastete sich Liselotte durch den Garten und das Haus. Wir sensibilisierten ihre Hände so, daß sie für feinste Schwingungen gespürig wurden.

Vor Liselottes innerem Auge tauchte plötzlich das Grundstück in seinem früheren Zustand mit dem alten Bauernhaus und dem unterkellerten Schuppen auf. Dieser Schuppen stand da, wo sich heute der Anbau mit dem Laden und einem Zugang zum Garten befindet.

Behutsam tasteten wir uns mit Liselottes Vorstellungskraft in den damaligen Schuppen und den darunter befindlichen Keller. Liselotte entdeckte mit ihrem inneren Auge die gekrümmte Gestalt einer am Boden liegenden Frau, die eine Fehlgeburt gehabt hatte und am Verbluten war. Neben ihr stand wie zur Säule erstarrt ein Mann, der ihr aber keineswegs half, sondern nach einiger Zeit den Raum verließ.

Liselotte erlebte nach, daß die schwangere Frau und dieser

Mann sich immer wieder in Hütte und Keller heimlich getroffen hatten. Über längere Zeit hatten sie heimlich, ohne Wissen ihrer Ehepartner, ein Verhältnis miteinander gehabt.

Die Frau wurde immer schwächer und geriet in eine Ohnmacht. Der neben ihr stehende Mann flüchtete aus dem Keller, als er bemerkte, daß die Frau im Keller verschied. Der Mann verschwand und wollte mit der toten Frau nichts zu tun haben. Seine Schuldgefühle führten ihn aber in der folgenden Zeit immer wieder an den früheren Ort ihrer Liebe. Er fühlte, daß er so nicht mehr weiterleben konnte, obwohl ihn niemand mit dem Tod der Frau in Zusammenhang gebracht hatte. Eines Tages schlich er sich die schmale Treppe hinunter und erhängte sich an der Stelle, wo die Frau verblutet war.

Liselotte konnte mit ihrem inneren Auge sehen, daß dieser Mann an das Grundstück gebunden war. Er konnte nicht weg, weil die Frau, die er einmal geliebt hatte, dort durch seine Schuld verblutet war und er sich bald darauf das Leben genommen hatte.

Diese Ereignisse, die Liselotte nacherlebte, lagen nur ungefähr drei bis vier Generationen zurück. Liselotte hatte sie mit ihrer Sensibilität erfaßt. Mit ihrem inneren Auge konnte sie diesen längst verstorbenen Menschen in ihrem heutigen Garten herumlaufen sehen, als ob er die Blumen pflegen wollte.

Ich bat Liselotte in ihrem entspannten Zustand, diesen Mann, der sichtlich von diesem Stück Erde nicht loskam, anzusprechen. Sie tat es, und er erzählte ihr daraufhin, daß er den Rasen und die Blumen für seine frühere Geliebte, die er dort habe sterben lassen, versorgen müsse. Er fühle sich nach wie vor an ihrem Tode schuldig. Er könne nicht einfach weggehen.

Wir gewannen den Eindruck, daß ein Verstorbener seinen Tod nicht hatte annehmen können, orientierungslos war und sich wie ein Lebender verhielt. Liselotte und ich stellten uns darauf ein, der erdgebundenen Seele dieses Mannes zu helfen. Er mußte unser Gespräch »von drüben her« mit angehört haben. Jetzt erst erkannte er, daß er mit seiner Gegenwart aus der Transzendenz, ohne es zu wollen, Liselotte jahrelang beunruhigt hatte. Sie hatte immer wieder das Gefühl gehabt, als ob jemand, den sie nicht sehen konnte, in ihrer Nähe war. Aber wie hätte sie es formulieren können? Ehemann und Verwandtschaft hätten sie sicher »für verrückt erklärt«, wenn sie von ihrem Gefühl gesprochen hätte.

Als Liselotte ihren Entspannungszustand wieder verlassen hatte, saß sie aufrecht im Sessel und schaute in eine Ecke. Wie in einer Vision konnte sie plötzlich entdecken, daß sie einmal diese Frau war, die vorzeitig ihr Baby bekam und hilflos verblutete.

Liselotte hatte in ihrem gegenwärtigem Leben zu einem Stück Erde gefunden und mit ihrem Mann da ein Haus gebaut, wo sie schon einmal lebte und dann verblutete. Der damalige Freund hatte jahrzehntelang seinen Weg in die andere Welt nicht gefunden, wenigstens wollte er die Rosen im Garten pflegen.

Inzwischen hat die erdgebundene Seele des Mannes die Realität annehmen können. Er wird Margrit nicht mehr ängstigen. Gegenseitige Schuldverstrickungen fanden ihr Ende.

Vom Nachdenken zum Handeln

»Denken und Tun, Tun und Denken, das ist die Summe aller Weisheit, von jeher anerkannt, von jeher geübt, nicht eingesehen von einem jeden« (163), lesen wir bei Johann Wolfgang von Goethe. Der Sinn dieser Worte ist, unserer Einsicht entsprechend zu handeln. Erfahrung ist jedoch: Wir essen und trinken häufig, was ungesund und damit nicht sinnvoll ist. Wir lassen uns zu Handlungen überreden, die bei genauer Betrachtung falsch sind. Wir pflegen Gewohnheiten, die künftige Lebensfreude einschränken und sogar verkürzen. Wir riskieren Krankheiten, weil in uns Antriebe wirken, die jegliche Überlegung überrollen. So kann man auch sagen, der Weg von unserem Kopf zu unserem Herzen, von unserem Verstand zu unseren Gefühlen und Wünschen, kann sehr lang, manchmal unendlich lang sein.

In den ersten Kapiteln ging es darum, Denkanstöße zu setzen. So kann das Aufschreiben der bisherigen Lebensgeschichte anregen, über das bisherige Leben nachzudenken und Initiativen für die zukünftige Lebensgestaltung zu entwickeln. Das Ankreuzen und Unterstreichen in den Übersichten Nr. 1 bis 12 und eigene Anmerkungen dazu mögen noch intensivere Denkprozesse anlaufen und Entscheidungen für die künftige Lebensgestaltung treffen lassen. So ist es erwünscht, wenn es dem Leser immer wieder »wie Schuppen von den Augen fällt« und eine »gesunde Unzufriedenheit« entsteht. Wer mit sich nur zufrieden ist, sieht auch kaum Steigerungsmöglichkeiten!

Übliche Betrachtungsweisen überschritten wir in vierfacher Hinsicht:

1. Die somato-psychischen Erkrankungsphasen als Weiterentwicklung der Homotoxin-Lehre von H.-H. Reckeweg lassen die eigene Position zwischen den Polen von Gesundheit und Krankheit herausfinden.
2. Weithin unverständliche und uneinsichtige Zustände von Seele und Körper wie Stimmenhören, Erscheinungen, »unbegründete« Angst, »kuriose« körperliche Empfindungen, vermutete Wahnvorstellungen werden nachvollziehbar, wenn der Gedanke der Reinkarnation und das »Modell des Reinkarnationsbewußtseins« angenommen werden können.
3. Schädliche Wünsche, Verwünschungen, Flüche können unsere Lebenskraft schwächen und sogar Krankheiten entstehen lassen oder verstärken.
4. Verstorbene im Sinne der erdgebundenen Seelen können Lebenskraft abziehen und sich die Vitalität eines geschwächten Lebenden zunutze machen.

Wer die erwähnten Beispiele gelesen hat, wird ein Gefühl für die hier gegebene Sichtweise bekommen und vielleicht bei sich selbst oder bei anderen ihm bekannten Menschen gewisse Parallelen finden können.

Wir alle können aber auch mit unseren Gedanken außergewöhnliche positive Energien entwickeln. In dieser Hinsicht sollten wir uns selbst etwas ernster nehmen. »Ich werde an dich denken«, sagen wir einem lieben Menschen, der sich einer Prüfung, einer Operation oder einer schwierigen Aufgabe unterziehen muß. Wir möchten ihm kundtun, daß wir bei ihm sind, ihm über die Entfernung hinweg helfen und beistehen wollen. In die gleiche Richtung, volkstümlicher ausgedrückt, zielen Worte wie »Ich drücke dir die Daumen«.

Unseren Freunden, die ein riskantes Unternehmen planen, wünschen wir »Hals- und Beinbruch«. Bewahre! Das ist ja keineswegs wörtlich gemeint. Nein, wir wünschen ihnen gerade, daß sie sich nichts brechen. Ohne es vielleicht zu wissen, wenden wir einen uralten »Trick« an: Um die in früheren Jahrtausenden feindlich und rachsüchtig geglaubten Götter auf menschliches Glück nicht aufmerksam zu machen und sie damit zu reizen, tat man so, als ob man Unglück wünsche, aber in Wirklichkeit wollte man die Götter übertölpeln. Man wollte sie dadurch, daß man anderen Gutes wünschte, nicht zu strafenden Handlungen reizen. Sie sollten unter sich bleiben und die menschlichen Unternehmungen nicht stören oder gar zerstören!

Noch inniger werden gute Wünsche, wenn wir einem anderen Menschen versichern, daß wir für ihn beten und es auch tun. Im Christentum ist die Fürbitte für die Lebenden und die Verstorbenen bestens bekannt. Das deutsche Volk hat in besonders eindrucksvoller Weise 1989 erkennen dürfen, daß die jahrelangen wöchentlichen Friedensgebete in den Kirchen der früheren DDR eine Kraft entwickelten, die zu einer gewaltlosen Befreiung der Menschen vom Kommunismus führte und Deutschland die Wiedervereinigung brachte.

Kehren wir zu dem einzelnen Menschen zurück. Wenn wir die Erfahrungen von Joseph Murphy in seinem Buch *Die Macht Ihres Unterbewußtseins* (164) lesen, können wir nur überrascht sein, welches Potential an geistiger Kraft in uns ruht und danach streben, es in positiver Weise für uns selbst wie auch für andere Menschen, die uns nahestehen, einzusetzen. Mit dem Erkennen unserer Möglichkeiten ist noch lange nicht der endgültige Lebensweg gefunden, der in Zukunft zu den höchsten Lebenszielen führen soll. Helfen kann uns da ein Hinweis aus dem Zen-Buddhismus: »Der Weg ist das Ziel!« So befinden wir uns wohl lebenslang auf dem Weg, wir be-weg-en uns. Wenn wir Glück haben, finden wir auch einen Weg-Gefährten.

»Alle Wege führen nach Rom«, sagt ein altes Sprichwort, abgewandelt in »viele Wege führen nach Rom«, wobei Rom für das richtige Ziel des Weges stehen soll.

Für den individuellen Lebensweg gibt es kein endgültiges und kein einzig richtiges Rezept. Wir sind auf dem Wege, wir bewegen uns, und so lange wir das tun, können wir diese oder jene Richtung einschlagen, eines oder mehrere Ziele ins Auge fassen, sie unterschiedlich bewerten und gegeneinander abwägen.

Ein spielendes Kind ist ständig in Bewegung, es setzt seine Bauklötze neben- und aufeinander, fährt mit seinen Autos hin und her, läuft dahin oder dorthin, bis es ermüdet und entspannt in Schlaf fällt.

Wir Erwachsenen haben in vielen Fällen verlernt, in spielerischer Bewegung zu sein. Wir stehen in der Gefahr zu resignieren ... Was heißt eigentlich resignieren? In des Wortes ursprünglicher Bedeutung können wir vom Sinn her aus der lateinischen Sprache übersetzen: »Seine Zeichen zurücksetzen«, also anhalten, stehenbleiben, Risiken vermeiden, sich hinter seinen Grenzen verschanzen.

Können wir nicht wieder lernen, »unsere Zeichen nach vorn zu schieben«, auszugreifen, auszuschwärmen, vielleicht sogar auszuscheren?

Wie oft hören wir von Menschen, die sich dem Ende ihrer beruflichen Laufbahn nähern, daß sie sich mit Neuerungen nicht mehr befassen wollen: »Vor einem Computer sitzen, sich noch einmal auf eine neue Technik einstellen? – Nein, danke!«

Man mag sich durchaus darüber streiten, ob es noch »lohnt«, sich dem Streß neuen Lernens auszusetzen. Tatsache ist jedoch, daß wir alle heute eine längere Lebenserwartung haben als die Generationen vor uns und damit auch nach der Pensionierung noch viele Jahre gesund und rüstig bleiben können.

Aber was sollen wir denn mit der noch vorhandenen Energie anfangen, wenn wir nicht mehr arbeiten und lernen dürfen oder sollen? Ist es sinnvoller, sich eine Krankheit »auszusuchen« oder eine schon bestehende zu kultivieren? Natürlich hätten wir damit einen »legitimen« Grund, bestimmte Aufgaben nicht mehr erfüllen zu müssen, ohne an Prestige einzubüßen!

Tätig sein, sich mit etwas Sinnvollem beschäftigen und einer Arbeit nachgehen, müssen keineswegs mit Unlust und Zwang gleichgesetzt werden, wie uns bestimmte Gruppierungen einreden und weismachen wollen; vielmehr fördern die bewußte körperliche Anstrengung, die Motivation zu gestalten, der Wille zu leisten, Selbstsicherheit und Selbstvertrauen. Es entstehen Lebensfreude und Anerkennung durch die Mitmenschen, gleichgültig ob wir noch im Beruf stehen oder uns für das Pensionsalter neue Felder der Kreativität suchen.

Schon in den sechziger Jahren wurde beobachtet, daß der Intelligenzquotient - ein aus psychologischen Tests gewonnener Zahlenwert für die Leistungsfähigkeit der Intelligenz – keineswegs feststehend ist, sondern sich nach unten und nach oben hin verschieben kann. Mangelnde Anforderungen an unser Gehirn machen uns dümmer, höhere Anforderungen an unsere geistige Leistungsfähigkeit machen uns intelligenter!

Der bei uns in Deutschland seit vielen Jahrzehnten geübte Dauerlauf wurde in den letzten Jahren durch die in Amerika entdeckte Freude an der Bewegung zum »Jogging«, und seit Anfang der achtziger Jahre wurde aus dem Intelligenztraining das »Gehirn-Jogging«, abgekürzt »Ge-Jo« (165). Was ist denn das nun eigentlich?

Gehen wir einmal davon aus, daß viele Menschen gern Karten spielen wie Skat, 66, Rommé, Bridge. Andere haben Freude an Brettspielen wie Mühle, Dame, Halma, Schach. Eine wichtige Voraussetzung für derlei Spiele ist ein gutes Gedächtnis. Welche Karten wurden ausgespielt? Wer könnte welche Karten haben? Ein guter Spieler muß sich konzentrieren, auf die Mimik seiner Mitspieler achten, mitzählen, kombinieren. Nicht zuletzt wird der Ehrgeiz geweckt. Letztlich will man ja gewinnen! Auch Silbenrätsel, Kreuzworträtsel, Puzzlespiele stellen erhebliche Anforderungen an unsere geistigen Fähigkeiten, wobei das Schachspiel die Kombinationsfähigkeit besonders intensiv herausfordert.

Das »Gehirn-Jogging« geht über die Anforderungen spielerischer Tätigkeit hinaus. Es werden Anregungen zu täglichen Übungen gegeben. Da geht es um das Erkennen von Zeichnungen und Bildern, das Korrigieren von Fehlern, das Durchstreichen bestimmter Buchstaben oder Zahlen, die Fortsetzung von Zahlenreihen (2 – 4 – 6 – ...), alles anregende und den Geist beanspruchende Aufgaben!

Unsere Bevölkerungspyramide zeigt, daß in der Bundesrepublik (noch ohne die fünf neuen Länder gerechnet) zehn Millionen Menschen leben, die über fünfundsechzig Jahre alt sind. »Davon hat jeder fünfte, also rund zwei Millionen, eine Störung der Hirnfunktionen. Das äußert sich in Vergeßlichkeit, Lustlosigkeit, Depressionen, Kopfschmerzen und einem Nachlassen der geistigen Fähigkeiten (166). Aus medizinischen Untersuchungen wissen wir heute, daß die Denktätigkeit eines Menschen deutlich den Stoffwechsel und die Durchblutung der Gehirnzellen fördern.

Andererseits wirken sich der Faulenzerurlaub, aber auch längere Klinikaufenthalte intelligenzlähmend aus (166). Im Bett liegen, geringer Außenweltkontakt, Abstand von den täglichen privaten und beruflichen Problemen machen matt, lustlos und müde und das mit steigender Tendenz. Geistiges Training durch Gespräche, reichlich Lesestoff, Geduldspiele und das schon genannte »Gehirn-Jogging« sind wichtige Hilfen, sich über die Behandlungsmaßnahmen hinaus zu regenerieren und sich geistig fit zu halten.

Wir stoßen über die spielerische und geistige Tätigkeit des Menschen wieder auf psycho-somatische Zusammenhänge! Die geistige Tätigkeit stärkt die Durchblutung des Gehirns und die Stoffwechselfunktionen. Die körperliche Anspannung, tiefe Atmung und rege fließendes Blut befähigen zu konzentriertem Lernen und optimaler geistig-intellektueller Produktivität. Die schon besprochene Doppel-Ursachen-Doppel-Wirkungs-Hypothese des Philosophen

Erich Becher aus dem Jahr 1911 (vergleiche Kapitel »Der Philosoph Sokrates ...«) erweist sich auch an dieser Stelle als immer noch gültig.

In den letzten Jahren wurden eine Reihe Gesellschaftsspiele neu entwickelt, die vom Mitspieler ein hohes Maß an Aufmerksamkeit, Konzentration, Kombinationsfähigkeit und Allgemeinbildung verlangen. Sie fordern auch den Ehrgeiz und die Rivalität heraus. Genannt seien »Börsenspiel«, »Kendo«, »Kuhhandel«, »Playboss«, »Ökolopoly« (168).

Gesundheit muß also keineswegs mit ernster Miene und Kampfgeist erobert werden, auch schon über die Freude am Spiel werden Energien geweckt, die der Gesundheit oder der Regeneration der Vitalität zugute kommen.

Krankheit als Weg zu sich selbst?

In unserer Zeit erleben wir Krankheit vorwiegend als einen Defekt, einen »Unfall«, eine Schwäche, die möglichst schnell wieder behoben werden sollten. Krankheit wird auch als Feind des Menschen gesehen, der »bekämpft« werden muß. Dazu werden »Waffen« entwickelt, damit die Gesundheit wieder »siegen« kann. Wir haben heute eine Menge »Waffen«, um Gesundheit zu »erringen«, wir sprechen sogar von »Medikamenten-Bomben«. Schon viele Krankheiten wurden ausgerottet oder zumindest eingegrenzt, denken wir an die Pest, die Lepra, die Cholera, die Malaria, aber andere »neue« Krankheiten konnten »durchbrechen«. Krankheit als solche kann, wie es aussieht, im Kampf nicht »unschädlich« gemacht werden.

Die Erfahrung zeigt, daß Krankheit auch einen Sinn haben kann. Unzähligen Menschen mußte Krankheit dazu verhelfen, zur Ruhe zu kommen, über sich und ihre Lebensziele nachzudenken, eine neue Richtung künftiger Lebensgestaltung zu finden. Pfarrer Kneipp wäre ohne die damals aussichtslose Erkrankung seiner Lungen kaum auf die Wasserbehandlung von Priesnitz gestoßen, die er später zur »Kneippkur« weiterentwickelte. Are Waerland, der Ernährungsreformer, war schwer krank, bis er über die biologisch sinnvolle Vollkorndiät genesen konnte. Daraus entwickelte er später die bekannte »Kruska« und das »Waerland-Brot«.

Von der Heiligen Hildegard von Bingen, die schon mehrfach zitiert wurde, ist bekannt, daß sie jedesmal dann krank wurde, »wenn sie aus weiblicher Furcht zögerte oder zweifelte, den Auftrag des göttlichen Willens durchzuführen« (169).

Über den Heiligen Franz von Assisi wird berichtet, daß er keineswegs immer in seiner Armut voll Freude gewesen sei. So »gehört nicht nur der Tod, sondern auch jedes Leid, ja selbst der körperliche Schmerz für Franz zu jenen Dingen dieser Welt, in denen er so etwas wie eine göttliche Geheimbotschaft an seine Seele entdeckt und entschlüsselt . . . Wie er den Tod als Bruder begrüßt hat, so wollte er auch seine körperlichen Schmerzen (und er hat unbeschreiblich gelitten) nicht *Peinen* nennen, sondern *Schwestern*« (170).

In unserem Kurort Wildbad stoßen wir häufig auf menschliches Leid, auf Schmerz und Krankheit, wann immer wir im Kurpark spazieren gehen. Menschen mit Gehstörungen, oft mit Stöcken und Krücken oder im Rollstuhl, fallen auf. Wer gelernt hat, auf die Haltung und die Mimik seiner Mitmenschen zu achten, wird immer genauer beobachten lernen, wer wirklich wieder gesund werden will oder wer einfach resigniert und »alles schleifen läßt«.

Es bleibt dabei sicher ein Geheimnis um die unheilbaren Krankheiten, die es in jedem Jahrhundert gegeben hat. Gerade die contergangeschädigten Menschen könnten ein solches Geheimnis in sich tragen. Nur der Kranke selbst wird ihre Hintergründe, die vor diesem gegenwärtigen Leben liegen können, allein oder mit therapeutischer Hilfe entschlüsseln können.

Wir werden davon ausgehen können, daß jede Krankheit für den an ihr Leidenden so etwas wie Innehalten bedeutet. Groll, Hader und Protest scheinen nicht zu helfen, sondern nur den Blick einzuengen, Körper und Seele zu verhärten. In sich hineinhören, lauschen, fühlen, das wird wohl der sinnvollste Weg sein, die Bedeutung von Krankheiten für sich selbst und vielleicht auch den Partner und die Familie zu erfassen. Oben wurde erwähnt, daß Krankheit mit Schwäche zu tun haben kann. Und sicher ist es auch so, daß der Kranke weniger Widerstandskraft besitzt als ein Gesunder.

Widerstandskraft? Wogegen? Im landläufigen Sinne doch wohl gegen Bazillen, Bakterien, Krankheitskeime, Umweltgifte und was sonst noch. Aber kann Widerstandskraft nicht auch im übertragenen Sinne verstanden werden? Kann es vielleicht heißen, der Einsicht, dem besseren Wissen, der »inneren Stimme« widerstehen? In der Schule haben wir gelernt, daß »wider« ein anderes Wort für »gegen« oder »dagegen« ist. So kennen wir Wörter wie widersprechen, widersetzen, widerlegen, »jemanden in Widersprüche verwickeln« oder bei Gericht »Widerspruch einlegen«.

Widerstandskraft hat irgendwie mit Kämpfen zu tun. Man will sich nicht besiegen lassen, nicht unterlegen sein. Gehen wir noch ein Stück weiter, dann können wir sagen, daß es letztlich um das Überleben geht. Wer keine Widerstandskraft mehr hat, muß aufgeben. So meinen wir.

Aber denken wir doch einmal an Sportarten wie Judo oder die Kunst der Selbstverteidigung, das Jiu-Jitsu. Beide sind ein Beispiel dafür, daß Widerstand nicht unbedingt sinnvoll ist. Es geht gerade darum, keinen Widerstand zu bilden, sondern den Gegner ins Leere rennen zu lassen und ihn mit seiner eigenen umgelenkten Kraft zu besiegen. Ein chinesisches Sprichwort drückt das bildhafter aus: »Je stärker der Wind weht, desto mehr muß sich der Baum biegen«.

Eine Erfahrung, die jeder von uns machen kann, ist: Wenn wir uns auf etwas versteifen, geht es selten gut. Wenn wir dagegen loslassen und den Widerstand aufgeben, bietet sich oft die bessere Lösung an!

Widerstand heißt auch so etwas wie sich entgegenstemmen; wogegen denn?

Von Schwerkranken wissen wir, daß sie viel dahindämmern und schlafen, Ruhe brauchen, keinen Besuch empfangen wollen. Sie sind ganz auf sich selbst bezogen. Im psychiatrischen Bereich kennen wir den *Stupor*. Patienten mit einem solchen Krankheitsbild sind gleichsam »abgeschaltet«. Man könnte annehmen, daß sie unbeachtet bleiben, übersehen werden wollen. Emotionslos stehen sie herum und schauen ins Leere. Wenn man sie anspricht, reagieren sie nicht oder nur minimal. Was geht in ihnen vor? Wir wissen es nicht! Vielleicht leben sie eine zeitlang wie in einer anderen Dimension, mit ganz anderen Kontakten, als wir erkennen und nachvollziehen können. Viele Stuporöse kehren nach einiger Zeit in das Hier und Jetzt zurück. In früheren Jahrzehnten holte man sie mit dem schon genannten Elektroschock in die Gegenwart zurück. Ein einsichtiger Therapeut wird jedoch Geduld haben und warten, bis ihre Zeit in der anderen Dimension abgelaufen ist und sie wieder in unsere Gegenwart zurückkehren.

Wir sprechen dann gern davon, daß sich jemand »gesundschläft«. Ohnmächtige sind eine zeitlang »völlig weggetreten«. Nach spirituellen Erfahrungen können wir davon ausgehen, daß ihre Seele während dieses Zustandes sich außerhalb des Körpers befinden und sich »überlegen« kann, ob sie nochmals in ihn zurückkehrt oder »nach drüben« schwebt.

Gehen wir wieder in die Realität: Bewußt zurückziehen können wir uns in ein Zimmer, eine Ecke, in die Natur. Eine wertvolle Hilfe dazu kann die Meditation sein. Die heute wohl bekannteste Meditationsform dürfte die Anfang der sechziger Jahre in die USA und nach Westeuropa gelangte »Transzendentale Meditation« von Maharishi Mahesh Yogi (171) sein. Er löste eine Massenbewegung aus, so daß die Zahl der Meditierenden heute weltweit mehrere Millionen Menschen umfassen dürfte.

Meditation ist keineswegs neu in der Menschheitsgeschichte. In den buddhistisch geprägten Ländern ist sie jahrtausendealte Tradition. Aus der philosophisch-religiösen Betrachtungsweise der Scholastik des Hochmittelalters kennen wir den Begriff der contemplatio (lat.), zu übersetzen mit Betrachtung, Versenkung. Sicher kann auch das Gebet als eine Form der Meditation aufgefaßt werden.

In der Meditation tauchen Gedanken und Bilder auf. Maharishi Mahesh Yoga schreibt dazu (172):

> »Ein Gedanke entsteht in der tiefsten Bewußtseinsschicht, in der tiefsten Schicht des Ozeans des Geistes, so wie eine

> Luftblase am Grunde des Meeres entsteht . . . bis er endlich als bewußter Gedanke an der Oberfläche erscheint . . .«

Über die positive wie negative Kraft der Gedanken, die uns auch immer wieder beschäftigte, schrieb der Yogi (173):

> »Ein richtiger Gedanke ist ein solcher, der seiner Natur nach harmonisch und dem Denken und seiner Umgebung nützlich ist. Jeder Gedanke hat, wie jedes gesprochene Wort, einen gewissen Einfluß auf den Denkenden und seine Umgebung. Wie ein Stein, den man in einen Teich wirft, Wellen hervorruft, die alle Ecken und Enden des Teiches erreichen, so verursacht jeder Gedanke, jedes Wort, jede Handlung Wellen in der Atmosphäre, die sich in jeder Richtung ausbreiten und auf alles in dieser Atmosphäre auftreffen . . .«

In den Kreisen des Spiritual Healing, der Geistheilung, spielt die Lichtmeditation eine große Rolle. Dabei wird das Licht als hell, strahlend, kosmisch, göttlich erlebt. Das meditierte Licht schützt im Sinne eines Lichtkegels aus göttlichem Licht; dieses Licht kann mit dem Atem ein- und ausströmen, göttliche Energien in den Körper einfließen und verbrauchte, kranke Schwingungen ausscheiden helfen (174).

Die Meditation kann als eine wertvolle Lebenshilfe angesehen werden, sie ist jedoch nicht ganz ungefährlich. Wenn tiefsitzende Ängste vorhanden sind, können diese in der meditativen Versenkung mit solcher Gewalt geweckt werden, daß der Meditierende sie nicht allein bewältigen kann. Sollten vor dem inneren Auge Szenen ablaufen, die man nicht mehr durchstehen kann, sollte man sofort mit kräftigen Atemzügen und Strecken der Muskulatur aus der Meditation aussteigen und Beratung bei solchen Menschen suchen, die mit der Meditation reichhaltige Erfahrung haben und fachlich qualifiziert sind.

Ich habe in den vorstehenden Kapiteln gezeigt, daß es Hintergründe von Krankheiten geben kann, die wir mit unserem Bewußtsein nicht ohne weiteres herausfinden können. Ich bin aber auch der Auffassung, daß wir auf die Lösung der Rätsel stoßen werden, wenn die Zeit dazu reif ist.

Die geistigen Führer und die Schutzengel

Wer kennt es nicht, das Gebet an die vierzehn Engel aus der Oper »Hänsel und Gretel« von Engelbert Humperdink! Gehören die Engel nur in die Märchen? Wie ist es mit den plötzlich auftauchenden Unfallgefahren, die uns leicht den Ausspruch vom »Schutzengel« von den Lippen gleiten lassen, wie schon eingangs erwähnt wurde?

Gerade in der Arbeit mit Patienten in extremen Situationen ihrer Rückerinnerungen gewann ich immer wieder den Eindruck, daß sie »von drüben« geschützt wurden, so daß sie sich in der Tiefenentspannung geborgen fühlen konnten. Ich erlebte auch Menschen, die deutlich vor ihrem inneren Auge Wesenheiten der »anderen Welt« wahrnahmen. Erinnern wir uns an Thea (vergleiche Kapitel »Ich habe ständig Schmerzen . . .« Seite 206), die eine marienartige Erscheinung sehen konnte.

Der evangelische Theologe Claus Westermann brachte als Professor den Mut auf, ein Buch mit dem Titel *Gottes Engel brauchen keine Flügel* (175) zu schreiben. Er versteht Engel als Boten Gottes (176) und führt dazu aus:

> »Die Engelgeschichten in der Bibel stellen uns nicht so sehr vor die Frage, ob wir sie glauben oder nicht, als daß sie uns stillschweigend auffordern, bereit zu sein für Gottes Botschaften. Wie diese Botschaften zu den Menschen kommen, das bleibt ganz allein in Gottes Fügung.«

Penny McLean beschreibt in ihrem Buch *Kontakte mit deinem Schutzengel* (177) ihr Zusammentreffen mit einem Herrn und einer Dame. Nach einem kurzen Gespräch mit ihr war dieses Paar plötzlich verschwunden, weg! Aber das Gespräch klang in ihr nach. Sie hatte eine wichtige Information erhalten. Eine solche Situation könnte in der Richtung von C. Westermanns Interpretation der Engel liegen: Boten, die zu den Menschen kommen, egal wann und auf welche Weise.

Dorothy McLean bekennt sich in ihrem Buch *Du kannst mit Engeln sprechen* (178) eindeutig zur Kommunikationsmöglichkeit mit diesen transzendenten Wesenheiten. Für sie sind sie eine Realität.

Engel als helfende und heilende Wesenheiten spielen in der White Eagle-Bewegung eine große Rolle. White Eagle war zu seinen Lebzeiten ein indianischer Häuptling. In dem *Großen White Eagle Heilungsbuch* (179) lesen wir:

> »Das White Eagle Heilen ist seit seinen frühesten Anfängen auf das engste mit dem Lebensstrom der Engel verbunden . . . White Eagle hat viele Male von dem Wirken der Engel gesprochen und vorausgesagt, daß im kommenden Zeitalter des Wassermanns zahlreiche Möglichkeiten einer Zusammenarbeit zwischen Engeln und Menschen neu erkannt und zu einer schöneren Welt und einem harmonischeren Gemeinschaftsleben der Menschen führen werden.«

Der holländische Arzt H. C. Moolenburgh befragte vierhundert seiner Patienten, ob sie jemals in ihrem Leben einen Engel gesehen hätten und berichtete über seine Ergebnisse in seinem Buch *Engel als Beschützer und Helfer des Menschen* (180). Erstaunlich war für ihn, der eine naturwissenschaftliche Ausbildung absolvierte, daß einunddreißig Personen, knapp acht Prozent der Befragten, seine Frage mit »ja« beantworteten. Dazu ein Beispiel (181):

> »Eine von meinen Patientinnen erzählte mir, daß sie als Kind auf einem großen Grundstück auf dem Land wohnte. Auf diesem Grundstück stand auch ein Bauernhof.

Eines Tages erfuhr ihre Mutter vom Arzt, daß die Tochter der Bäuerin im Sterben liege. Ihre Mutter ging sofort zu der Bäuerin, um mit ihr zu beten. Aber während des Gebetes wurde an die rückwärtige Tür geklopft. Die Mutter meiner Patientin ging, um nachzusehen, und vor ihr stand ein noch recht junger Mann, der sie fragte: ›Frau, was ist los?‹

Sie antwortete: ›Ein Kind liegt im Sterben.‹

Der Mann ging zielstrebig zum Schlafzimmer des Kindes, legte ihm die Hände auf und trieb in Jesu Namen die Krankheit aus. Dann verließ er das Haus durch die rückwärtige Tür, und niemand hat ihn je wieder gesehen. Auf dem Lande, wo jeder jeden kennt und alle alles von einander wissen, ist das sehr merkwürdig.

Unmittelbar darauf erwachte das Kind aus seinem Koma und war am nächsten Morgen sogar böse, daß es nicht zur Schule durfte. Das geschah vor etwa dreißig Jahren. Das Mädchen ist jetzt eine erwachsene Frau und lebt noch immer«.

Wenn es Engel gibt, erscheinen sie den Menschen nicht nur in einer Art Vision, sondern ganz real in zeitgemäßer Kleidung. Moolenburgh schilderte in seinem genannten Buch eine ganze Reihe solcher »Auftritte« aus der transzendenten Welt.

Jeder von uns wird da und dort in einer bedrohlichen oder gar gefährlichen Situation gewesen sein. Ich vermute, daß viele Menschen schon mit dem erleichterten Ausruf »Gott sei Dank!« der einen und anderen Notlage entschlüpfen konnten. »Noch mal Glück gehabt« ist eine andere Äußerungsform. »Mein Schutzengel hat mir geholfen« ist wohl das offenste und ehrlichste Eingeständnis, das wir geben können, wenn wir »wie durch ein Wunder« aus einer kritischen Situation »gerettet« wurden. Ich meine, wir sollten für solche Hilfen, die uns noch unverständlich sein mögen, offen und vor allem dankbar sein.

Am Ende dieses Buches sollen die Worte aus dem Buch des Predigers (Kohelet) 3,1 des Alten Testaments (182) stehen:

> »Ein jegliches hat seine Zeit, und alles Vorhaben unter dem Himmel hat seine Stunde.«

Dazu gehören Gesundheit und Krankheit, Leben und Tod und ihr ganz persönlicher Sinn für jeden von uns. Mögen wir die Zeit haben, zu heilen, was in uns krank ist, mögen wir körperliche und seelische Gesundheit gewinnen. Voraussetzung ist dazu, daß wir verzeihen und vergeben lernen, vor allem auch uns selbst, denn erst dann sind wir bereit, göttliche Gnade anzunehmen.

Fachausdrücke und Literaturhinweise

1) Die *Manie* kann man verstehen als Ausdruck überschäumender Stimmungen und Gefühle. Da und dort wird in manischen Phasen unkontrolliert eingekauft, ein übertriebener Optimismus gelebt. Der Manie steht die *Depression* gegenüber als eine zeitweise oder ständig auftretende niedergedrückte Lebensgrundstimmung.
Es gibt eine Reihe von *Zwängen*, zum Beispiel Waschzwang, Zählzwang, Putzzwang. Der Zwangskranke kann sich dagegen nicht oder nur sehr begrenzt wehren.
Unter *Wahn* versteht man eine irreale Vorstellungswelt. So kann man sich verfolgt fühlen, ohne es tatsächlich zu werden.
Die *Epilepsie* ist ein Krampfleiden, das schwach oder stark (petit mal, grand mal), selten oder häufig auftritt. Der Kranke erleidet durch den Krampf Absencen, und in schweren Fällen wird er einige Minuten ohnmächtig. Das Leiden wird in der heutigen Psychiatrie im allgemeinen medikamentös behandelt, um die Krämpfe, die zu körperlichen Schäden führen können, zu unterdrücken. Durch die Neuroleptica kann im Laufe von Jahrzehnten eine gewisse »Versandung« der Persönlichkeit einsetzen, also die Intelligenz zunehmend eingebüßt werden.
Katatonie ist eine Bewegungssperre, so daß der Patient längere Zeit bewegungslos sein, auch in unbequemen Körperstellungen verharren kann.
Der *Stupor* ist mehr eine Sperre in den Empfindungen und Gefühlen. Die Grenzen zwischen Katatonie und Stupor können als fließend angesehen werden.
Die *Schizophrenie* gilt als die extremste Geisteskrankheit. Der Patient kann in einer abgespaltenen, anderen Welt leben, zu der man »normalerweise« keinen Zugang hat. Nach meiner Auffassung hängen zumindest ein Teil der Geisteskrankheiten mit gravierenden Erlebnissen in früheren Inkarnationen zusammen, zum Beispiel Folterungen, Einkerkerungen, extreme Quälereien, Hinrichtungen.

2) Kloos, G.: *Grundriß der Psychiatrie und Neurologie.* 5. A., S. 425. München 1960.
3) aaO., S. 414.
4) aaO., S. 415.
5) aaO., S. 415.
6) Kolle, K., *Psychiatrie – Ein Lehrbuch für Studierende und Ärzte.* 6. A., S. 190. Stuttgart 1967.
7) aaO., S. 190 f.
8) Ebertin, B. R.: *Gehirn und Seele.* Neue Forschungsergebnisse und Erkenntnisse zu dem von Erich Becher 1911 behandelten gleichen Thema. Aalen 1961.
9) aaO., S. 90.
10) Ebertin, R. und Ebertin, B. R.: *Die kosmischen Grundlagen unseres Lebens.* Bd 2. S. 44. Aalen 1956.
11) Zulliger, H.: *Bausteine zur Kinderpsychotherapie und Kindertiefenpsychologie.* Bern/Stuttgart 1957.
12) Montessori, M.: *Kinder sind anders.* 12. A., Stuttgart 1988.
13) Unter *Autismus* versteht man eine extreme Kontaktstörung bei Kindern. Sie können keine Gefühle und Stimmungen äußern. Im Umgang mit ihnen erlebt man so etwas wie eine Glaswand, die keinen Zugang zuläßt.
Der *Mutismus* äußert sich vor allem darin, daß ein Kind keinen sprachlichen Kontakt mit seiner Mitwelt aufnehmen kann. Man spricht deshalb auch von »Schweigesucht«.
14) Pekny, L.: *Fingermalen als diagnostisches und therapeutisches Hilfsmittel in der Heilpädagogik.* 2. A., Zürich 1966.
15) Zulliger, H.: *Heilende Kräfte im kindlichen Spiel.* 3. A., Stuttgart 1959.
16) Ebertin, B. R.: *Spielen hilft heilen. Anregungen für die Eltern behinderter Kinder.* Aalen 1967.
17) Ebertin, B. R.: Reinkarnation und neues Bewußtsein. 2. A., S. S. 40 ff. Freiburg/Br. 1989.
18) Sacks, O.: *Der Mann, der seine Frau mit einem Hut verwechselte.* S. 8f. Reinbek bei Hamburg 1987.
19) Sacks, aaO., S. 9.
20) Werder, L. v.: *Schreiben als Therapie – Ein Übungsbuch für Gruppen und zur Selbsthilfe.* München 1988.
21) aaO., S. 190.
22) aaO., S. 191.
23) Mucchielli, R.: *Gruppendynamik.* Salzburg, ohne Jahresangabe.
24) Janov, A., *Der Urschrei. Ein neuer Weg der Psychotherapie.* Fischer-Taschenbuch. Frankfurt/Main 1974.
25) Berne, E., *Transactional Analysis in Psychotherapy.* New York 1961.

26) Hau, V., Theodor, F., Schindler, S. (Hrsg.): *Pränatale und perinatale Psychosomatik. Richtungen, Probleme, Ergebnisse.* Stuttgart 1982.
27) Netherton, M. und Shiffrin, N.: *Bericht vom Leben vor dem Leben – Reinkarnationstherapie.* Bern/München 1979.
28) Leedy, J. J. (Hrsg.) *Poetry therapy.* Philadelphia 1969; Poetry the healer. Philadelphia 1973.
29) zitiert aus Eykmann, C.: *Denk- und Stilformen des Expressionismus.* S. 28 f. München: Franke 1974.
30) Zitiert aus Werder, L. v., aaO. S. 202.
31) *Aktuell '90. Das Lexikon der Gegenwart.* S. 133. Dortmund 1989.
32) *Aktuell '91. Das Lexikon der Gegenwart.* S. 218. Dortmund 1990.
33) Aktuell '90. aaO. S. 172.
34) aaO., S. 172.
35) *Aktuell '91.* aaO., S. 219.
36) aaO., S. 219.
37) Schopenhauer, A.: »Aphorismen zur Lebensweisheit«, 2. Entnommen aus Peltzer, K.: *Das treffende Zitat.* S. 264. 4. A. Thun/Schweiz 1957.
38) *Aktuell '90*, aaO., S. 91.
39) aaO., S. 172.
40) *Aktuell '91*, aaO., S. 15.
41) *Aktuell '90*, aaO., S. 14.
42) *Aktuell '91*, aaO., S. 16.
43) *Aktuell '90*, aaO., S. 14.
44) aaO., S. 236.
45) Weizsäcker, V. von: *Pathosophie.* S. 81. Göttingen 1956.
46) *Aktuell '90.* Das Lexikon der Gegenwart. S. 32. Dortmund 1989.
47) Bloomfield, H. H., in Zusammenarbeit mit Felder, L.: *Das Achilles-Syndrom – Wie man Schwächen in Stärken verwandelt.* S. 106 f. Reinbek 1986.
48) Demokrit: »Fragmente bei Diels«, Doxographi Graeci, 234. zit. aus Peltzer, K.: *Das treffende Zitat*, S. 264, Nr. 18. Thun/Schweiz 1957.
49) Weizsäcker, V. v., aaO., S. 9 f.
50) Roberts, J.: *Gespräche mit Seth.* 2. A.. 203. Genf 1982.
51) Lusseyran, J.: *Das wiedergefundene Licht.* Hamburg 1971.
52) Ariès, Ph., und Duby, G.: *Geschichte des privaten Lebens*, Bd I, S. 475f. Frankfurt/Main 1989.

53) Barnard, Chr.: *Glückliches Leben – würdiger Tod.* S. 43. Bayreuth 1981.
54) Gebser, J.: *Über Polarität*, S. 37. In Gesamtausgabe V/2, Schaffhausen 1986.
55) Gebser, J., aaO., S. 37. Zitiert war in der Zeitschrift *Wendepunkt* aus F.-P.-Reports on the World of Health. Toronto/ Canada 28. 7. 1962.
56) Ebertin, B. R.: Katalog *Spielen hilft heilen.* Aalen 1968.
57) Es gibt heute mehrere Memory-Spiele aus dem Otto Maier-Verlag in Ravensburg mit verschiedenen pädagogischen Akzenten: Original-memory, Natur-memory, Deutschland-memory u.a.
58) Es gibt heute mehrere Scrabble-Spiele: Junior-Scrabble, Wörter und Bilder, Regenbogen-Scrabble, Scrabble für Erwachsene. Spear-Spiele, Enfield/England.
59) Ebertin, B. R.: *Kinder wollen spielen.* Aalen 1965.
60) Schiller, Fr. v.: *Über die ästhetische Erziehung des Menschen.*
61) Freud, S.: *Die Traumdeutung.* 8. A., 191.-197. Tsd. Frankfurt/ Main 1983 (Fischer-Taschenbuch).
62) Campbell, H. J.: Der Irrtum mit der Seele. 2. A., S. 10. Bern/München 1973.
63) Changeux, J.-P.: *Der neuronale Mensch. Wie die Seele funktioniert. Die Entdeckungen der neuen Gehirnforschung.* Reinbek bei Hamburg 1984.
64) aaO., S. 8.
65) Jung, C. G.: *Die Beziehungen zwischen dem Bewußtsein und dem Unbewußten.* Olten/Schweiz 1971.
66) Gebser, J.: *Abendländische Wandlung.* Gesamtausgabe. Bd I, S. 319. Schaffhausen 1986.
67) Schipperges, H., Der Garten der Gesundheit. Medizin im Mittelalter. 2. A., S. 22. München/Zürich 1987.
68) aaO., S. 22. 69) Ariès, Ph. und Duby, G.: *Geschichte des privaten Lebens*, Bd I, S. 431. Frankfurt/M. 1989.
70) aaO., S. 431.
71) *Die Bibel oder die ganze Heilige Schrift des Alten und Neuen Testaments.* Nach der Übersetzung Martin Luthers. Stuttgart 1967. 1. Mose 3; 16.
72) Dick-Read, G.: *Der Weg zur natürlichen Geburt*, 14. A., Hamburg 1984.
73) Piat, C.: *Frauen, die hexen.* S. 158 f. Freiburg/Br. 1985.
74) aaO., S. 187.
75) aaO., S, 191.
76) Messer, A.: *Geschichte der Philosophie im Altertum und Mittelalter.* 5. A., S. 76. Leipzig 1920.

77) aaO., S. 76.
78) aaO., S. 108.
79) aaO., S. 129.
80) Becher, E.: *Gehirn und Seele*. Heidelberg 1911.
81) Ebertin, B. R.: *Gehirn und Seele*. (Diss.), aaO., S. 93.
82) Becher, E.: *Einführung in die Philosophie*. S. 230. München/Leipzig 1926.
83) Reckeweg, H.-H.: *Homotoxikologie. Ganzheitsschau einer Synthese der Medizin*. S. 15. Baden-Baden 1975.
84) aaO., S. 28 f.
85) Campbell, H. J.: *Der Irrtum mit der Seele*. aaO.
86) Changeux, J.-P.: *Der neuronale Mensch*. aaO.
87) Reckeweg, H.-H.: *Homotoxikologie. Ganzheitsschau einer Synthese der Medizin*. Baden-Baden 1975.
Ein Gespräch mit dem für Fragen des Copyrights zuständigen Mitarbeiter der Fa. Heel ergab, daß kein Abdrucksrecht vergeben wird, wenn sich eine Veröffentlichung wie diese nicht nur an den Fachmann, sondern auch an den interessierten Laien wendet. Es wurde auch die Äußerung getan, daß man ja bis heute noch keine Seele gesehen habe. Kurz und gut, man steht dort bis heute auf dem Standpunkt Reckewegs, wie im Kapitel »Der Philosoph Sokrates . . .« zitiert.
88) Ebertin, B. R.: *Reinkarnation*, aaO, S. 75 f.
89) Ebertin, B. R.: »Spiel und Beschäftigung in der Kinder- Psychotherapie«. In: *Concilium Paedopsychiatricum*. Hrsg. Stutte, H., und Harbauer, H., S. 241-244. Basel/New York 1968.
90) Weitere Angaben in der Routinetherapie der Fa. Heel, Baden-Baden. Verordnungen sind nur über Ärzte und Heilpraktiker möglich.
91) Fa. Loges, Winsen/Luhe. Medikamente wie Cor-L90, Hepa-L90. Verordnungen sind nur über Ärzte und Heilpraktiker möglich.
92) Bali-Olympic-Geräte sind in Sport- und Sanitätsgeschäften und in Reformhäusern erhältlich. Hersteller: Bali-Olympic-Geräte GmbH, Postfach 36, 8972 Sonthofen/Allgäu.
93) Halter-Institut für Physiotherapie, D-7547 Wildbad/Schwarzwald. Die physiotherapeutische Behandlung mit dem Schlingentisch hat sich in den letzten Jahren immer mehr durchgesetzt und wird heute in fast allen Massage-Instituten Wildbads mit großem Erfolg angewendet.
94) Kolle, K.: *Psychiatrie*, aaO., S. 63.
95) Piat, C., aaO., S. 9.
96) aaO., S. 26.

97) Zielen, V.: *Psychose als Individuationsweg*. S. 15, Fellbach-Öffingen 1987.
98) aaO., S. 31.
99) aaO., S. 37 f.
100) Zielen, aaO., S. 38 f.
101) Zielen, aaO., S. 44.
102) Zielen, aaO., S. 45.
103) Zielen, aaO., S. 47.
104) Schipperges, H.: *Der Garten der Gesundheit. Medizin im Mittelalter*. 2. A., S. 73. München/Zürich 1987.
105) Ariès, Ph. und Duby, G., aaO., S. 430 f.
106) aaO., S. 493.
107) *Aktuell '91*, aaO., S. 12.
108) Szondi, L.: *Ich-Analyse. Die Grundlage zur Vereinigung der Tiefenpsychologie*. S. 22. Bern/Stuttgart 1956.
109) aaO., S. 231 f.
110) Szondi, L.: *Schicksals-Analyse*. 3. A., S. 39. Bern/Stuttgart 1965.
111) Golther, W.: *Handbuch der germanischen Mythologie*. S. 97. Reprint der revidierten Ausgabe von 1908. Magnus-Verlag Stuttgart (ohne Zeitangabe).
112) aaO., S. 97.
113) Pawlow, I. P. 1927. *Conditioned reflexes*. London: Oxford Univ. Press 1953-1956. *Sämtliche Werke*. Bd I-VI. Berlin: Akademie-Verlag.
114) Blöschl: *Grundlagen und Methoden der Verhaltenstherapie*. 3. A., S. 23 f. Bern/Stuttgart/Wien 1972.
115) Ebertin, B. R.: *Reinkarnation*, aaO., S. 75 f.
116) Miller, A.: *Am Anfang war Erziehung*. S. 77 ff., Frankfurt/Main 1980.
117) *Aktuell '91*. aaO., S. 312.
118) Konzelmann, G.: *Allahs Schwert – Der Aufbruch der Schiiten*. München/Berlin 1989.
119) Kant, I.: *Kritik der praktischen Vernunft*.
120) *Bibel*. Matthäus, 20, 40. Jesus zitiert dieses Wort aus 3. Mose 19, 18 des Alten Testaments.
121) Zulliger, H.: *Vom Umgang mit dem kindlichen Gewissen*. 6. A., Stuttgart 1979.
122) Weizsäcker, V. v., aaO., S. 54.
123) Walliman, S.: *Brücke ins Licht. Ein Ratgeber für das Leben und das Leben danach*. Freiburg/Br. 1986.
124) *Die Bibel*, aaO., 1. Mose 3, Vers 14-19.

125) Dick-Read, Gr., aaO.
126) Die Dreigefährtenlegende des heiligen Franziskus. Franziskanische Quellengeschichten, Band 8. Werl 1972.
127) Bainton, R. H.: *Martin Luther*. S. 159. 3. A., Göttingen 1959.
128) aaO., S. 313 f.
129) Barnard, Chr.: *Glückliches Leben – würdiger Tod*. Bayreuth 1981. Heyne-Taschenbuch Nr. 6170.
130) aaO., S. 8.
131) aaO., S. 8.
132) aaO., S. 154 f.
133) Wallimann S.: *Die Brücke ins Licht*, aaO., S. 92 f.
134) Ebertin, B. R.: *Reinkarnation*, aaO., S. 135.
135) Wallimann, aaO., S. 79 ff.
136) Campbell, aaO.
137) Küng, H.: *Ewiges Leben?* S. 11., 4. A. München 1984 (Serie Piper Nr. 364).
138) Hummel, R.: *Reinkarnation – Weltbilder des Reinkarnationsglaubens und das Christentum*. S. 17. Mainz/Stuttgart 1988.
139) Resch, A. (Hrsg.): *Fortleben nach dem Tode*. 4. A., S. 5. Innsbruck 1987.
140) aaO., S. 5.
141) Küng, aaO., S. 36.
142) aaO., S. 105.
143) aaO., S. 37.
144) Ebertin, B. R.: *Reinkarnation*, aaO., S. 103 ff.
145) Jaffé, A.: *Anna Kingsford – Religiöser Wahn und Magie*. Fellbach 1980. Aus der Reihe »Psychologisch gesehen«.
146) aaO, S. 17. Fußnote.
147) Venzmer, S.: *Die Wirkstoffe des Lebendigen*. S. 12., Stuttgart 1948.
148) aaO., S. 11.
149) aaO., S. 14.
150) aaO., S. 15.
151) Die Zusammenstellung der historischen Daten stammt aus: Hellig, G., und Linne, G.: *Daten der Weltgeschichte – Von der Altsteinzeit bis heute*. München 1980.
152) Jaffé, aaO., S. 16.
153) aaO., S. 18.
154) aaO., S. 99.
155) aaO., S. S. 112.
156) aaO., S. 125.
157) *Bibel*, aaO., Matthäus 18, 18. In ähnlicher Weise auch Johannes 20, 23.

158) McLean, P.: *Kontakte mit Deinem Schutzgeist*. S. 143 ff., München 1988.
159) Wallimann, aaO., S. 43 ff.
160) Garfield, P.: *Kreativ träumen*. Knaur-Taschenbuch. München 1986.
161) *Encyclopedia Americana*. Bd 28. S. 233 f. New York, N.Y. 1975.
162) Kalweit, H.: *Urheiler, Medizinleute und Schamanen. Lehren aus der archaischen Lebenstherapie*. S. 70. München 1987.
163) Goethe, J. W.: *Wilhelm Meisters Wanderjahre*, 1, 2, 9.
164) Lehrl, S., Fischer, B., Koch, G., Loddenkemper, H.: *Gehirn-Jogging – Geist und Gedächtnis erfolgreich trainieren*. 4. A., Wehrheim 1987.
165) aaO., S. 45.
166) aaO., S. 33.
167) Diese Spiele stammen aus dem Otto Maier-Verlag in Ravensburg und sind in jedem guten Spielwarengeschäft vorrätig.
168) Schipperges, H.: *Die Kranken im Mittelalter*. S. 42. München 1990.
169) Herderbücherei »Texte zum Nachdenken«, herausgegeben von Th. und G. Sartory. S. 25. Bd 630. 2. A., Freiburg/Br. 1977.
170) Maharishi Mahesh Yogi: *Die Wissenschaft vom Sein und die Kunst des Lebens*. Stuttgart 1966.
171) aaO., S. 59.
172) aaO., S. 61 f.
173) Wallimann, S., aaO., S. 140 ff.
174) Westermann, C.: *Gottes Engel brauchen keine Flügel*. Stuttgart 1978.
175) aaO., S. 126.
176) McLean, P.: *Kontakte mit deinem Schutzgeist*. S. 58 ff. München 1988.
177) McLean, D.: *Du kannst mit Engeln sprechen*. Forstinning/München 1983.
178) *Das große White Eagle Heilungsbuch*. 2. A., S. 97. Grafing 1986.
180) Moolenburgh, H. C.: *Engel als Beschützer und Helfer des Menschen*. Freiburg 1985.
181) aaO., S. 27 f.
182) *Bibel*, aaO.; *Prediger 3,1*.

Im Ebertin-Institut ist erschienen:

Baldur R. Ebertin

Das karmische Gedächtnis

Reinkarnation und neues Bewußtsein

4. Auflage, kartoniert, 379 Seiten, 51 Abbildungen
ISBN 3-925100-89-X

Dieses Buch zeigt, daß wir alle wesentlich mehr über unsere früheren Inkarnationen empfinden, fühlen, ahnen, träumen, als uns im allgemeinen bewußt ist.
Verhalten, Wille und Leistungsfähigkeit, Zugang zu anderen Menschen, besonders im partnerschaftlichen Bereich, aber auch Vermeidungshaltungen und Ängste bis hin zu psychosomatischen Beschwerden und Erkrankungen, stammen oft viel mehr aus weiter zurückliegender Vergangenheit, als aus frühkindlichen und späteren Erlebnissen und Erfahrungen im gegenwärtigen Leben.
Der Verfasser zeigt Wege, um aus eigener Überlegung und Kraft die in früheren Inkarnationen entstandenen körperlichen und seelischen Verletzungen zu erkennen, aufzuarbeiten und zu bewältigen.
In bisher einzigartiger Weise hat der Verfasser die gegenwärtige Lebensgeschichte und die Träume von Patienten mit deren Rückerinnerungen an besonders wichtige und gravierende frühere Erdenleben und ihrem gegenwärtigen individuellen Horoskop verbinden können.